本书获得北京大学上山出版基金资助,特此致谢!

福泽谕吉思想研究

以东亚现代化为中心

A Study on Fukuzawa Yukichi's Thought:
Focused on Modernization of East Asia

贺雷 著

青年学者文库

北京大学出版社
PEKING UNIVERSITY PRESS

图书在版编目（CIP）数据

福泽谕吉思想研究：以东亚现代化为中心 / 贺雷著. —北京：北京大学出版社，2023.9
（青年学者文库）
ISBN 978-7-301-34517-7

Ⅰ.①福… Ⅱ.①贺… Ⅲ.①福泽谕吉（FukuzawaYukichi 1834—1901）—思想评论 Ⅳ.① B313.4

中国国家版本馆 CIP 数据核字 (2023) 第 191928 号

书　　　名	福泽谕吉思想研究：以东亚现代化为中心 FUZE YUJI SIXIANG YANJIU: YI DONGYA XIANDAIHUA WEI ZHONGXIN
著作责任者	贺　雷　著
责 任 编 辑	严　悦
标 准 书 号	ISBN 978-7-301-34517-7
出 版 发 行	北京大学出版社
地　　　址	北京市海淀区成府路 205 号　100871
网　　　址	http://www.pup.cn　新浪微博: @ 北京大学出版社
电 子 邮 箱	编辑部 pupwaiwen@pup.cn　　总编室 zpup@pup.cn
电　　　话	邮购部 010-62752015　发行部 010-62750672　编辑部 010-62754382
印 刷 者	大厂回族自治县彩虹印刷有限公司
经 销 者	新华书店
	650 毫米 ×980 毫米　16 开本　20 印张　260 千字 2023 年 9 月第 1 版　2023 年 9 月第 1 次印刷
定　　　价	88.00 元

未经许可，不得以任何方式复制或抄袭本书之部分或全部内容。
版权所有，侵权必究
举报电话: 010-62752024　电子邮箱: fd@pup.cn
图书如有印装质量问题，请与出版部联系，电话: 010-62756370

目 录

绪 论 ………………………………………………………… 1

第一章　福泽谕吉思想形成的制度背景 ………………… 18
   第一节　幕藩体制及其多元的权力结构 ………………… 21
   第二节　官员遴选与身份制度 …………………………… 39
   第三节　家族继承制度 …………………………………… 55
   结　语 ……………………………………………………… 62

第二章　福泽谕吉思想形成的思想背景 ………………… 66
   第一节　实学 ……………………………………………… 69
   第二节　民族意识 ………………………………………… 87
   结　语 …………………………………………………… 103

第三章　福泽谕吉生平考略 ……………………………… 110
   第一节　幼年经历 ………………………………………… 111
   第二节　学习洋学 ………………………………………… 114
   第三节　三次出国之旅 …………………………………… 118

第四节　创立庆应义塾 …………………………………… 126
　　结　语 ……………………………………………………… 131

第四章　福泽谕吉的文明论 …………………………………… 134
　　第一节　何谓文明 ………………………………………… 136
　　第二节　外在的文明与内在的文明 ……………………… 144
　　第三节　智与德 …………………………………………… 149
　　第四节　如何实现文明 …………………………………… 157
　　结　语 ……………………………………………………… 159

第五章　简论福泽谕吉的天皇观 ……………………………… 162
　　第一节　天皇的政治意义在日本历史中的演变 ………… 163
　　第二节　福泽谕吉对天皇的定位 ………………………… 168
　　第三节　政府与国家 ……………………………………… 175
　　结　语 ……………………………………………………… 178

第六章　福泽谕吉的"官民调和论"及其对自由的理解 ……… 181
　　第一节　平民思想家 ……………………………………… 182
　　第二节　自由民权运动 …………………………………… 185
　　第三节　一人独立与一国独立 …………………………… 189
　　第四节　政府的形式 ……………………………………… 192
　　结　语 ……………………………………………………… 197

第七章　福泽谕吉视野中作为思想的西方与东方 …………… 207
　　第一节　作为思想的西方 ………………………………… 209
　　第二节　作为思想的东方 ………………………………… 213

第三节　福泽谕吉的思想与民族主义 …………………… 234
　　结　语 …………………………………………………… 240

第八章　福泽谕吉视野中作为"行动"的东方与西方 ………… 242
　　第一节　对西方：开国论 ………………………………… 246
　　第二节　对东方：脱亚论 ………………………………… 251
　　第三节　福泽谕吉的战争观 ……………………………… 269
　　结　语 …………………………………………………… 284

第九章　关于福泽谕吉的著述、影响与争论 ………………… 286
　　第一节　关于福泽著述及影响 …………………………… 286
　　第二节　关于福泽的先行研究 …………………………… 293
　　第三节　"自由主义"还是"帝国主义"，关于福泽谕吉
　　　　　　思想的一个争论 ………………………………… 295

参考文献 ……………………………………………………… 303

后　记 ………………………………………………………… 315

绪　论

意大利历史学家克罗齐有句为人熟知的名言，即"一切历史都是当代史"，而在笔者看来，一切思想史也都是当代史。一方面人们之所以对过往的思想及其演进过程深感兴趣，主要的驱动力仍在于通过这些探究可以直接或间接地介入当代正在发生着的、人们自身参与其中的各种思潮；另一方面，正如丸山真男所言，各种思想资源其实是"无时间性地"存在于各个作者的大脑之中，并随着时代的演进而被"配置转换并被置于明处"[①]，也就是说，在当代人的大脑中，前人的思想并没有一个固定的时间顺序，人们会根据现实中的不同需要加以运用。而且，如果我们进一步思考，还可以将两者结合起来，得出一切历史也都是思想史的结论，因为任何历史，其实都是以不同的符号或形象呈现在现代人面前的，无论出于什么目的，现代人对历史的各种"应用"都可以说是从广义的思想层面展开的[②]。由此可见，历史研究在任何时代都会在思想领域发挥非常重要的意义，而其中的思想史

[①]　【日】丸山真男，『日本の思想』、岩波書店、1961、十三頁。

[②]　英国哲学家及历史学家科林伍德早在其1936年发表的《人性和人类历史》一文中就已提出了"一切历史都是思想史"的观念并就此进行了更为细致的讨论，该文后被收入由其学生诺克斯替他整理的遗著《历史的观念》中（参见何兆武、张文杰、陈新译，北京大学出版社2010年版，第212页），尽管围绕这一观点存在种种争论，但依然具有启发意义，限于篇幅，在此不展开讨论。

则会以更为直接的方式对现代思潮形成影响,因而也就显得尤为重要。

中国位于东亚,自然东亚历史特别是思想史对于中国具有特别的意义,近似的文化背景使不同国家间的思想更容易相互比较,同时也使相互理解障碍更少。如果站在一个宏观的视角来考察东亚思想史的演进,那么毫无疑问,自十九世纪西方扩张势力抵达东亚以来,东亚各国思想史中最重要的主题都是围绕现代化展开的,对于无论日本还是中国的知识人来说,何谓现代化,如何实现现代化,以及在现代化的进程中如何应对来自西方的挑战等,都是思考中必须面对的主题。

在本书中,笔者选取福泽谕吉作为研究对象。作为日本近代最为重要的思想家之一,在日本研究福泽谕吉的著述可谓汗牛充栋,不过,在中国研究他的作者就不那么多了,原因后面还会讨论,希望这本小书多少能够弥补这方面的缺憾。由于选取福泽谕吉的思想与东亚现代化的关系作为研究的切入点,故名之为《福泽谕吉思想研究——以东亚现代化为中心》。之所以选取这个视角展开讨论,是因为同为东亚国家且同属汉字文化圈的日本和中国在现代化的过程中却走上完全不同的道路,日本这一曾经的中国古代文化的"学生"却在现代化的过程中反超中国,成为与西方列强并立的侵略者,同时其侵略也成为延宕中国现代化进程的最重要的因素之一。相反,日本在太平洋战争中的战败却并没有给日本的现代化进程带来严重的影响,日本并没有像同为轴心国的德国那样被分割为两个国家并各自归属于第二次世界大战后相互敌对的两大意识形态阵营,反而在美国的占领下不久就步入经济发展的正轨,开启了新一波的现代化运动。作为第二次世界大战期间曾视美国为"鬼畜"①，并以不那么光彩的方式向美国宣战的亚洲国家，日本在被美国占领后却显得异常温和且驯服，美国占领军并没有遇到什么反对占领的抵抗组织，相反却有不少日本人出于各种目的为美军提供服务。②在美国占领军的主持下，日本告别了穷兵黩武的过去，颁布了新的宪法，随后又在东亚最先跻身现代化国家之列。而在同一时期，中国则在追求现代化的过程中经历了种种曲折，既有外部侵略势力带来的破坏，也有内部冲突带来的阻力，各种原因导致中国的现代化被大大延宕了。从这个意义上看，对现代化以及现代性等问题的讨论在当代中国依旧具有现实意义。通过考察福泽谕吉的思想，我们可以了解十九世纪以来日本思想领域发生的变化，从而更加清晰地把握日本在实现其现代化进程中的思想脉络，这可以为中国提供某种可资借鉴的意义。

作为日本的"启蒙思想家"，福泽谕吉的思想和日本社会的现代化进程息息相关，因此，在讨论他的思想之前，笔者想先简要地讨论一下和现代化本身有关的问题。当我们提到"现代化"或与之相关的"现代性"等词语时，我们都会心照不宣地将其与十八世纪③以来世界上发生的显著变化关联在一起，也就是说，这里的"现代"虽然还保留着某种时间上的意味，但它已经不是

---

① 太平洋战争期间，日本以"鬼畜"称呼美国和英国，以表仇恨之意。
② 关于日本战败后民众对美国占领军的态度以及各种其他方面的细节，参见【美】约翰·W. 道尔：《拥抱战败》，胡博译，生活·读书·新知三联书店2008年版。
③ 实际上，现代化进程的启动在全球并不一致，在现代化进程的发源地欧洲，可以说在13—14世纪就已经启动了，其标志性事件包括1215年英国大宪章的签署以及14世纪在意大利兴起的文艺复兴运动，当然还有15世纪末大航海时代的开启。在这里以18世纪作为现代化进程的时间标记主要的原因是，在18世纪发生的工业革命使发源于欧洲的现代化进程开始了其全球化的扩张。

一个单纯的时间概念了，而是特指人类历史上从工业革命发生后到现当代的这一时段，尽管在此之前，人类文明已经存续了上万年。人们之所以会将这段历史时期称为"现代"，一个重要的原因就在于和此前的历史相比，工业革命之后的人类社会由于科技的发展而使生产力有了突飞猛进的提升，正如马克思的名言："资产阶级在它的不到一百年的阶级统治中所创造的生产力，比过去一切世代创造的全部生产力还要多。"①而与生产力的迅速提升相伴随的则是全球化运动的展开，原来相对封闭隔绝且独立存续的前现代文明开始了一个从相互点状接触朝向全方位交流乃至融合的演进过程。在这一过程中，各个文明的传统思想自然不可避免地会相互碰撞并擦出新的火花，可以说人类社会现代化的进程同时也是人类文明全球化的进程。现代化最根本的动力来自工业革命带来的生产力和技术的迅速进步，生产力和技术的进步一方面让人类创造出更多的财富，另一方面也从多个维度提高了人类认识世界的能力，这就使很多需要耗费大量资源才可能实现的探索，比如登月，成为可能。技术的进步还使知识的生产与传播变得更为便利也更为廉价，印刷术的发达使知识不再被少数人垄断，而是被大众所掌握。同时，技术的进步还节约了人的时间，人的单位时间产能不断提升。随着医疗技术的进步，人的寿命也在不断延长，这就使人类有更多时间去积累知识探索世界。人类探索世界能力的提升反过来又加强了人类创造财富的能力，正是这种相互促进的正反馈过程大大提升了人类的技术和生产力。

正是在这一背景下，分布在地球不同区域相对独立发展起来的传统文明启动了现代化的过程，可以说，现代化以及与之伴生的现代性问题乃是十八世纪以来人类思想领域的核心问题之一。

---

① 《马克思恩格斯选集》第一卷，人民出版社2012年版，第405页。

当然，在本书中笔者并不想就此宏大的课题展开讨论，不过关于现代化问题，笔者想在此提示以下几个要点。

首先笔者想提示的是，即便从东亚或中国的视角出发，现代化也不应该被叙述或理解为一个单纯西方化或曰"西化"的过程。在中国等东亚国家的语境中，在勾勒现代化进程的主线时，通常采用的叙述模式是将现代化等同于西化，其中的潜台词便是现代化是一个东方学习西方，并努力使自身变得和西方一样的过程。当然，毋庸置疑的是，东亚各国现代化进程的启动都是在西方（欧美）的冲击下被动地开始的①，同时在现代化进程中各国也都汲取了大量来自西方的思想资源。不过通过考察历史就可以发现，虽然十九世纪以来在全世界蔓延的现代化进程可以视为西方文明的一次"主动出击"，同时以英美为代表的西方国家也属于现代化进程的引领者，并在世界范围内率先实现了现代化。整个现代化进程本身却并非单纯是一个西方化的过程，而是各个国家从各个传统文明中不断汲取各种养分，并对其进行加工改造，从

---

① 尽管东亚现代化进程的启动毫无疑问是受西方扩张的影响，但笔者并不认为美国学者费正清提出的"冲击与回应"模式准确地概括了东亚，特别是中国的现代化进程。原因在于这一模式强调了西方作为现代化先行者的优势地位，但却忽视了中国传统文化在现代化进程中所做出的主动或被动的贡献。当然，作为一名出色的汉学家，费正清本人也注意到中国对欧洲的影响，在其专著《美国与中国》中就有题为"中国对欧洲的冲击"的一个小节，他还准确地指出直至十九世纪中期"中国对西方生活所起的影响，远比西方对中国的影响更为巨大"。日本历史学者信夫清三郎也据此指出："中国对欧洲启蒙思想的影响，以及对于欧洲美术工艺的影响表明，在当时中国与欧洲相互影响的对比中，中国决不次于欧洲。"（【日】信夫清三郎：《日本政治史》第一卷，周启乾译，上海译文出版社1982年版，第31页。）而且，此后美国学者柯文亦以《在中国发现历史》一书来回应费正清带有"西方中心主义色彩"的观点。限于篇幅，关于该问题不在此展开更为详细的讨论。

而形成新的现代社会体制的过程①。当然，这一现代社会体制中包含着相当多的源于西方文明的成分，但伴随全球化在全球蔓延的现代文明却并不是西方文明的单一延续，而是各种文明相互借鉴融合，同时去芜存菁形成的新文明。

  以现代文明的重要组成部分现代政治体制为例，如果追根溯源，我们就可以发现，现代政治体制的几个核心构件如"民主""中央集权""现代文官制度"分别来自西方和东方。其中民主滥觞于古希腊的城邦国家②，中央集权体制和通过考试选拔官员的现代文官制度则起源于中国③。当然，我们并不能说自秦以来的政体就是一种"现代"政体，但也应该看到，自十八世纪现代民族国家体制确立以来，绝大多数现代民族国家所采用的都是中央集权的政体。当然，与中国传统政体不同，现代中央集权政体通常也和地方自治相结合，同时在权力合法性的来源上也完全不同，但两者依然存在不少形式上的相近之处，正是从这个视角出发，中国古代政制经常被视为一种"早熟"的政治制度。美国知名政治学者弗朗西斯·福山在其《政治秩序的起源》一书中就以四章的篇幅来讨论这一问题，并因此认为"中国是创造现代

---

  ① 关于亚洲国家对现代西方现代化进程的影响，美国学者唐纳德·F.拉赫的巨著《欧洲形成中的亚洲》是一部非常重要的著作，可资参考。不过这部未完成的著作虽然收集了大量的史料，但对具体影响的讨论却并不充分。

  ② 实际上，尽管人们通常认为民主制度是古希腊的发明，但实际上在比希腊城邦早一千年的两河流域也出现了民主的雏形，关于该问题的更为详尽的讨论参见【美】丹尼尔·E.弗莱明：《民主的古代先祖》，杨敬清译，华东师范大学出版社2017年版。另外在印度佛教中亦出现了较为完备的选举制度。

  ③ 尽管中央集权的统治形式在不同古代文明中都出现过，但从其延续时间和稳定性来讲没有哪个文明可以与中华文明相比。

化国家的第一个世界文明"①。实际上,注意到这一点的研究者还是很多的,在对春秋战国与近代早期欧洲的政制进行比较的专著《战争与国家的形成》中,作者许田波就指出:"论国家与统治者的区别,官职与官员的分离,根据客观和贤能标准来选拔和晋升官员的科层制,公开颁布的法律所具有的普适性和公平性,人口的调查和登记,中央岁入与支出的预算,统计与报告的汇集,直接统治的能力,以及其他行政技术,中国均先于欧洲两千年就发展起来了。国家与社会之间就法律权利、思想自由和福利政策的谈判在中国大地上的出现时间要远早于欧洲。简言之,春秋战国时期的中国与近代早期欧洲在许多关键的层面上具有显著的相似性。"②中国的科举制度也一样,虽然与现代政制普遍采用的文官制度存在不少差异,但现代文官制度的发明无疑是受到中国科举制度的启发,在此就不多做赘述了③。由上可见,和"民主"被认为发源于古希腊一样,现代政治体制中也有很多要素发源于中国。

上面简单举了几个政治方面的例子,实际上,不仅在政治方面,在经济方面也有很多东方传统要素融入现代经济体制。众所周知,中国北宋时期就出现了世界最早的纸币"交子",这对于世界经济史来说是一项非常重要的发明,可以说是现在世界各国

---

① 参见【美】弗朗西斯·福山:《政治秩序的起源》,毛俊杰译,广西师范大学出版社2012年版,第145页。

② 参见【美】许田波:《战争与国家的形成》,徐进译,上海人民出版社2018年版,第5页。另该书亦引用了美国知名汉学家顾立雅的类似观点。

③ 关于科举制度对西方文官考试制度的影响参见Ssu Yü Teng(邓嗣禹)*Chinese Influence on The Western Examination System* on *Harvard Journal of Asiatic Studies* Vol. 7, No. 4 (Sep., 1943), pp. 267-312;另外可参见刘海峰:《科举制对西方考试制度影响新探》,载《中国社会科学》2001年第5期,该文对邓文多有补充。

均在采用的纸币的滥觞。[①]此外,还有作者指出,我国现行经济制度的一些基础要素同样在古代王朝中就已出现。也就是说我国的社会主义市场经济模式是汲取马克思主义经济思想的产物,其中也有对传统经济模式的部分继承。[②]

除了政治和经济,中国古代的社会制度,比如继承制度也在现代文明中有所体现,这在本书此后的章节中还会论及,在此不做赘述。

回到本书将要讨论的作者福泽谕吉,尽管他的思想深受西方现代思潮的影响,他的部分著述甚至是对西方作者的"翻案介绍"[③],也即译述,但如果仔细检视他的思想,就会发现,他并没有完全照搬他引用的西方作者,而是在他们思想的基础上,根据日本的实际情况以及自己的认识提出自己的观点,这些观点与他参照的西方思想并不相同,这在本书后面的章节还将讨论。此外,在东亚国家中,日本是最早实现现代化的国家,尽管明治维新时期很多制度典章乃是直接译自西方,但日本依然在很大程度上保留了自己的特色,并不能说是一个"西方化"的国家。即使在二十世纪末,日本已经成功跻身发达国家,强调日本特殊性的"日本人论"依然非常流行,同时还有不少西方作者讨论日本社

---

① 在【美】威廉·戈兹曼的《千年金融史》一书中,他亦认为"中国对金融发展的最主要贡献就是纸币的发明",张亚光、熊金武译,中信出版集团2017年版,第103页。

② 参见郭建龙:《中央帝国的财政密码》,鹭江出版社2017年版。

③ 这里"翻案介绍"系安西敏三用语,基本上相当于意译。在福泽谕吉所处的时代,现代著作权意识及学术规范尚未完全形成,因此在福泽的著述中往往夹杂有直接译自西人原文的内容。参见【日】安西敏三:《福沢諭吉における比較政治学の位相》,《現場としての政治学》,市川太一、梅垣理郎、柴田平三郎、中道寿一編著,日本経済評論社、2007年、一六一頁。

会各方面的独特之处①。

综上所述，我们可以说，现代化的过程既不是一个"西方化"②的过程，当然也不是一个"东方化"的过程，而是一个全球化的过程。在该过程中，无论是西方文明还是东方文明各自都有相当多的传统要素被整合进现代文明之中。我们很难想象，如果没有东西方文明的相互碰撞与融合，现代文明依然能够顺利降生，并以现在这种形式在世界各地蔓延流传。

笔者想在这里提示的第二个要点是，尽管现代化从传统文明中汲取了很多营养，也有不少国家的现代化进程是打着复古的招牌或口号进行的，比如意大利的"文艺复兴"、日本的"王政复古"，以及我国晚清时期革命者提出的"恢复中华"，所有这些口号都是以复兴传统的形式来为现代化进程命名的，但现代化过程本身绝非一个单纯复兴传统的过程。现代文明从传统中继承的各种要素均已发生了现代意义上的嬗变，已经与其源头存在着巨大的甚至本质上的不同。以现代政治体制为例，现代民主与古希腊城邦的民主之间就存在显著的区别。现代民主制度赋予每个成年公民选举权，而古希腊民主则只有成年的男性公民才拥有选举

---

① 其中比较重要的作者有美国学者查默斯·约翰逊、荷兰学者伊恩·布鲁玛、荷兰记者卡瑞尔·范·沃尔夫伦等。

② 另外还有必要提示的是："西方"本身也并非一个清晰的概念，美国学者伊恩·莫里斯在其《西方将主宰多久》（钱峰译，中信出版集团2014年版）一书中就提到，有学者发现关于"西方"的学术定义就有不下二十种之多，参见该书第4页。尽管"现代化"一词也并非一个具有清晰内涵与外延的概念，但相对于"西化"而言还是要更准确一些。

权①，当时古希腊城邦的人口中包含大量奴隶与异乡人，当然还包括没有选举权的女性，成年男性公民在人口中占比是非常低的，有人估计甚至不到全部人口的5%。②现代中央集权的政制也不同于始于秦汉的中国古代政制，即所谓"秦制"，即使和之后历朝历代不断演进的王朝政体相比也存在显著的不同。现代文官制度和中国古代科举也同样只存在形式上的近似，都是通过考试选拔官员，然而无论是考试的内容，还是入选官员所担任的职位两者都完全不同。③

最后笔者还想提示的一个要点是，现代文明具有显著的多元化特征，也就是说，每个国家所经历的现代化进程均不相同，同时每个已经实现现代化的国家也都存在明显的特色，并且这些特色还深受各自传统文化的影响。不过，尽管存在这些差异，现代文明依然存在一些非常重要的共同点，正是因为这些重要的共同点，我们可以将现代文明概括为一个范畴。现代文明最为重要的

---

① 在现代政治演进过程中选举权也是逐步扩大的，根据日本1889年与宪法一同颁布的《众议院议员选举法》的规定，日本的选举人和被选举人都要满足年缴税15日元的条件，这样符合条件的选举人只有45万人，约占当时日本总人口的1.1%（参见【日】升味准之辅：《日本政治史》第二册，董果良译，商务印书馆1997年版，第264页。另【日】野村秀行编《明治维新政治史》中有更为详细的记述，陈轩译，时代文艺出版社2018年版，第103页）。类似情况也出现于英、美等早期民主国家里，选举权普及到每一个成年公民是相当晚近的事，比如美国妇女获得选举权是在1920年，而在英国则迟至1928年。

② 因此美国学者达尔在其《论民主》（李凤华译，中国人民大学出版社2012年版）一书中提到古希腊的民主与现代民主的关系时写道："希腊民主政治体制尽管在当时是一种革新，但现代代议制民主却忽视或完全否定了它。"见该书第11页。

③ 严格意义上说，现代文官制度下通过考试录取的文官更接近于中国古代的"吏"而非"官"，一般而言，现代政府通常由"政治家"与"官僚"两部分组成，政治家负责制定主政方针，一般通过竞选选出，官僚则主要负责政府的日常事务，因专业性强，一般通过考试遴选。

共同点主要可以归纳为以下三点：首先是在政治上承认个人拥有平等的权利且这些权利应该得到平等的保护，人民而非古代帝王或神祇占据政治舞台的中心位置；其次是经济上采用市场经济作为主要经济运行模式；最后是在技术层面则以理性的现代科学方法论作为人们认识世界的方法论基础。如果一个文明具备上述三点，那就基本上可以判断其属于现代文明，尽管具备上述三点的现代文明之间可能在细节上存在种种差异。

在此提示上面这几个要点的原因在于，首先，如果我们将现代化简单地等同于西化，那就有可能因愿景的错位而给我国的现代化带来不必要的阻力。推动国家实现现代化可以说是每一个国民的愿望，但推动国家西化却未必能得到国民的认同。实际上，尽管任何国家的现代化过程都包含着向西方发达国家学习的成分，中国亦不例外，但现代化的目标当然是要把中国打造成一个现代国家，而不是一个西方国家，实际上也不可能。众所周知，日本是一个非常善于向外国学习的国家，在古代曾经学习中国，近代之后又以西方国家为榜样。尽管如此，日本的传统体制也和其学习对象中国存在显著的不同，比如始于秦汉时代并在中国延续两千年的皇权中央集权制就始终没有在日本扎根。自七世纪推古朝改革实行"大化改新"，日本就尝试建立和中国近似的中央集权体制，但却一直不很成功。在此后一千多年的历史里，大部分时间日本实行的都是武家执掌实权的幕府封建制，而在中国则基本上实行的是中央集权的郡县制。另外，中国始自隋唐的科举制度也没有被日本采用。[①]因此，尽管古代日本一直以中国为师，

[①] 日本在奈良、平安时期，亦曾仿行中国的科举制度，称"贡举"，但持续时间不长，同时参加者也逐渐转为以贵族子弟为主，因此远没有类似在中国的影响力。

但我们很难说古代日本是一个"汉化"国家。①明治维新之后，日本改为以西方国家为师，在法律、军制等方面甚至直接照搬西方，此后又因战败而被美国占领，受到很多影响，比如新版宪法就是在美国的影响下制定的，其中最为知名的标志着日本宪法是"和平宪法"的"第九条"就是出于美国的授意，但是日本与西方国家依然存在着显著的区别，并不能将其视为一个"西方"或"西化"的国家。②

其次，强调现代体制与传统体制之间的差异也是为了避免对传统的过度依赖成为推进现代化进程的障碍。如前所述，很多国家的现代化进程是以"复古"的面目出现的，之所以会这样，通常是为了减少现代化进程中的阻力，毕竟相较于全新的事物，一个"古已有之"的事物更容易被人接受。但这并不是说现代化的进程乃是复兴古代传统的过程，毕竟现代化进程中出现的传统元素已经和其本来样貌大不相同，诸如民主、科举等古代传统元素在该过程中充其量不过是一个马克思所说的被"扬弃"的对象而已。

最后，尽管每个国家的现代化道路都有所不同，即便是在已

---

① 西方的很多作者将日本文明视为与中华文明不同的单一文明，比如美国学者亨廷顿在其《文明的冲突与世界秩序的重建》一书中就将日本文明视为单一文明（周琪、刘绯、张立平、王圆译，新华出版社2010年版），同时英国学者尼格尔·弗格森在其畅销书《文明》中亦提到马图·梅尔克列举的12种文明中包括日本文明（曾贤明、唐颖华译，中信出版集团2012年版）。当然，也有日本学者提出新颖的观点，那就是日本历史的一条主线就是"中国化"，参见【日】与那霸润：《中国化的日本》，何晓毅译，广西师范大学出版社2013年版。不过，这也正好表明日本和中国之间自古以来就存在着明显的差异。

② 关于日本与西方国家的差异，荷兰作者卡瑞尔·范·沃尔夫伦在其《日本权力结构之谜》一书中有非常详尽的讨论（任颂华译，中信出版集团2020年版）。

经实现现代化的国家中也没有任何两个国家完全一样，但如前所述，现代化本身还是有其内核的，那就是普遍而受到平等保护的人权、市场经济以及占据主导地位的科学思维方式等，而对这些内核的把握则有助于我们避免在强调现代化的多元性的同时落入相对主义的陷阱。

回到福泽谕吉，虽然他是一个颇具争议性的人物，但作为日本明治时期最具影响力的思想家的地位却是毋庸置疑的。尽管福泽谕吉逝于二十世纪的第一年①，但他的影响却一直存续到现在，因此日本战后知名思想家丸山真男才称他"是明治时期的思想家。同时也是今天的思想家"②。关于这一点我还将在后文中进行讨论，这里先提出一个有趣的佐证——在日本1984年发行的新版纸币上，福泽谕吉的头像被印在了最高面值的一万元纸币上，而在2004年发行的新版纸币上，原来印于一千元和五千元纸币上的头像都被更换，分别由野口英世替换了夏目漱石，由樋口一叶替换了新渡户稻造，但只有福泽的头像被保留下来依然印在最高面值的纸币上，从这个小小的侧面可以看出，福泽至今仍在日本占据着一个不容忽视的地位。③

无论从思想的创新还是深度上来看，福泽谕吉与很多同时代的乃至更早时期的西方思想家都无法相提并论。然而在亚洲，

---

① 福泽谕吉逝世于1901年，尽管人们通常将00年视为新世纪的开端，但实际上只是旧世纪的最后一年，01年才是新世纪的第一年，故在此采用此种说法。

② 【日】丸山真男、《戦中と戦後の間》、みすず書房、1976、一四三頁。丸山说这番话是在1943年，当时正是太平洋战争激烈进行的时候，参见该文"后记"。

③ 日本将于2024年发行的新版日元纸钞也将换掉福泽谕吉，代之以与他同时代的企业家涩泽荣一，这是不是预示着日本主流观念将发生某种变化呢，还有待观察。

以福泽为代表的在明治维新中涌现出的一大批日本政治家和思想家却是最早接受西方理论并付诸实践的先驱,正是他们引领日本迅速摆脱了来自西方列强的帝国主义及殖民主义压力,走上了现代化的道路。虽然这条从抵抗西方扩张压力出发的道路在其发端后不久便偏离了正确的方向,通向一条给日本的邻国乃至整个亚洲带来深重灾难的军国主义路线,并直接导致日本在1945年战败,但这些政治家和思想家的遗产同时也为战后日本的复兴提供了某种基础。从这一视角出发,研究包括福泽谕吉在内的这一批思想家对正在勉力现代化的中国来说也具有相当重要的现实意义。

前面已经提到,在日本研究福泽谕吉的专著及论文可谓汗牛充栋,在日本国会图书馆馆藏目录中能够检索出的以福泽为题目的书籍就有两千余种,而且还存在不计其数的涉及他的专著与论文,可以说几乎所有关于明治时期及之后的日本思想史研究都会涉及福泽的思想。然而我国对福泽的研究却并不十分深入,究其原因,大概有二:其一和福泽谕吉本人的思想有关,在国内提到福泽谕吉,让人首先联想到的往往是他的《脱亚论》,并进而联想到日本军国主义侵华的历史,这就使他的思想经常会被贴上军国主义源头的标签而不再受到关注;其二则是尽管福泽谕吉在日本思想史上地位非常重要,但作为一个后发现代化国家的"启蒙思想家",他的很多思想源自西方,这样一来,对于我国的研究者来说,与其研究作为"转述者"的福泽谕吉,不如直接研究西方现代思想的"源头"。不过,通过考察他对日本现代化进程中出现的问题的思考,仍然会对我们目前所面临的一些问题提供借鉴,这其实也是笔者对福泽发生兴趣的原因之一。另外,作为一个对日本很多方面都产生深刻影响的思想家,对福泽的研究也有助于我们了解现在的日本。尽管目前我国与日本之间在很多问题上还存在明显的分歧，但无论我们如何看待日本，了解日本都是有必要的。福泽本人也为我们提供了一个很好的例子，尽管他对西方的很多做法，特别是西方对日本的所作所为非常反感，但终其一生，他都在大力鼓吹源于西方的"文明论"，并始终主张从西方经验中汲取对日本有利的东西。

本书尝试较为全面地就福泽谕吉的政治思想展开讨论，主要从民族主义与自由主义的视角出发来把握他的思想。作为一个思想家，福泽著述颇丰，尽管其思想中存在这样那样表面上看来自相矛盾的地方，但如果从民族主义的视角出发，我们或可发现这些矛盾背后隐藏的内在的逻辑一致性。同时，虽然福泽的自由主义思想带有较为浓重的民族主义色彩，但无可否认，它也为日本建立一种相对开放的政体提供了思想基础。此外，在对福泽的思想进行考察时，笔者还尝试保持一种对中日两国现代化进程进行比较的问题意识。虽然中国面对来自西方的挑战要早于日本，但中国的反应却远较日本迟缓。如果考察中国近代思想家中与福泽相类似的人物，可以说从严复到后来的梁启超、胡适等人的思想中都包含有与福泽思想的某些类似之处，但这些中国作者却并没有成功地在中国实现类似于明治维新的思想变革。通过对两国进行比较，一方面能够使我们更深入地把握福泽谕吉等日本思想家的思想，另一方面也有助于我们了解同时代中国思想家的思想，当然这后一部分并非本书的主题，在本书中就不展开了。

本书的整体结构如下：在本书前两章，笔者将讨论福泽谕吉思想发生的制度背景和思想背景，在这部分讨论中，笔者一方面尝试从发生学的角度追寻福泽思想形成的深层次脉络，同时在对中日两国制度及思想的异同进行比较的基础上也想尝试回答这样一个问题：为什么在现代化进程中，日本和中国走上了如此迥异的两条道路。

对于任何作者来说，其生平经历都会对其思想的形成及演进发挥重要的影响，福泽谕吉当然也不例外。在本书第三章中，笔者就尝试结合福泽的生平经历来讨论福泽思想的形成与发展。除了幼年经历，主要选取了洋学、外国之行与创建庆应义塾等三个小的侧面展开讨论，之所以选取这几个侧面，因为笔者认为这几个侧面对其思想的影响最为关键。

本书第四、五、六章分别讨论了福泽谕吉的文明论、天皇论以及官民调和论，可以说这几"论"以及福泽关于自由问题的认识涵盖了他对内政思考的主要侧面。文明论毫无疑问是福泽谕吉内政思想的核心，《文明论概略》也是他最重要的著作。在其关于文明的讨论中，福泽谕吉有一个非常重要但经常被忽视的思想，即如果想要实现文明，那就必须改变民众的观念。在讨论现代化转型时，人们往往更强调制度转型的作用，然而如果只是单纯的制度转变，民众的观念没有跟上，那就很有可能使制度转型走向失败。考察政治演进的历史，既有"制度先行"的也有"观念先行"的，但最后观念和制度必须互相匹配，如果无法匹配，那往往就会引发各种社会动荡。现在已经有不少学者注意到这一点，而在其思考日本如何实现文明转型的过程中，福泽已经准确地意识到转变观念的重要性，这在当下依然有其现实意义。

本书第七、八章主要讨论了福泽谕吉对外国的认识以及与外交相关的思想，受丸山真男的启发，笔者将其分为"思想"与"行动"两个部分。前者主要讨论他宏观上的外交观念，主要围绕对东西方的看法以及民族主义的主题展开，后者则涉及微观上他对外交实践中各种与"行动"有关的观点。笔者主要从"开国论"和"脱亚论"两个主题展开讨论，同时在此基础上进一步讨论福泽关于战争的看法。

本书的最后一章，笔者将简略介绍福泽谕吉的著述与影响，与此同时，还将介绍关于福泽谕吉政治思想的先行研究。在该章的最后部分，笔者将介绍围绕福泽思想形成的一个争论，该争论既和本书讨论的问题有关，同时也是福泽谕吉思想引发的一个相当重要的争论。

以上就是本书的简单框架，由于本书的写作涉及很多和现代化相关的问题，笔者也尝试从这一视角切入对福泽谕吉思想的讨论。不过由于学力有限，同时又涉及不少宏观问题，因此肯定存在很多不够成熟的地方，其中难免会有挂一漏万之处，还有赖方家指正。笔者之所以勉力选择这一视角，主要是因为无论是福泽谕吉的思想，还是东亚现代化的进程，都蕴含着很多至今依然具有现实意义的课题，如若笔者的这本小书能为这类课题的研究起到添砖加瓦、抛砖引玉的作用则实属幸甚。

第一章 福泽谕吉思想形成的制度背景

1793年,当英国使节马嘎尔尼还走在觐见乾隆的漫长的旅途中时,俄国第一位被派往日本的正使拉克斯曼已经来到日本,其目的也是为了建立与日本的通商关系。这两个事件表面上非常类似,都是欧洲国家试图打开东方市场,建立现代贸易关系的一次尝试。其过程和结果也颇为类似,两国的使者都受到了彬彬有礼的接待,同时也都没有达成目的。但两次使节访问中的一个细节,即礼仪问题却预示着此后中国和日本将走向两条截然不同的现代化道路。当拉克斯曼拒绝采用日本端坐垂头的礼节而主张采用起立敬礼的俄国礼节后,日本方面同意了他的要求,[①]并没有在礼仪方面纠缠不休。而在中国,礼仪问题则成为马嘎尔尼觐见乾隆时的一个焦点问题。尽管最后马嘎尔尼完成了这次觐见,但其间围绕礼仪所展开的种种争议甚至主导了这一事件的发展,最终

---

① 【日】信夫清三郎:《日本政治史》第一卷,周启乾译,上海译文出版社1982年版,第87页。

第一章　福泽谕吉思想形成的制度背景

导致马嘎尔尼来访的本来目的反而被忽视了。[①]从这件事可以看出，在面对来自西方的使节时，当时的日本政府并不囿于自己的传统礼仪，而是采取一种与西方所寻求的国与国关系相近的态度与之交往。而当时的清政府则固执地试图将西人来航这类事件纳入其固有的华夷观念中，将英国希望按英国的方式在两国之间缔结通商关系的诉求解释为化外蛮夷向中华上国臣服进贡的行动。

关于中日两国在面临西方文明冲击时所采取的不同态度，有日本作者提出的解释是："日本人与中国人对西方事物的好奇心不同。"[②]然而实际上，好奇心的有无并不能为该问题提供一个合理的解释，反而容易让人联想到某种关于民族性的神话——现实中又有哪个民族对未知事物没有好奇心呢？实际上，在接触到西方事物时，中国人同样也显现了他们的好奇心，当利玛窦展示从西方带来的奇特器物时，"当地官员、乡绅、民众争往观看，深为吸引"[③]。利玛窦在其《中国札记》中也曾写道："我认为中国人有一种天真的脾气，一旦发现外国货物质量更好，就喜好外来

[①] 参见【法】佩雷菲特：《停滞的帝国》，毛凤支、王国卿译，生活·读书·新知三联书店1993年版。另外，美国学者何伟亚试图从后现代的视角来探讨该事件的意义，然而尽管在抵制资本主义方面，后现代思潮能够与遥远的清朝取得共鸣，但以后现代思潮的价值观对前现代的历史事件做出判断是否合适，是一个需要进一步探讨的问题。笔者认为，虽然同属对扩张性资本主义的抵制，但前现代清朝的所谓抵制并不足以为现代的我们提供可资利用的思想资源，因为清朝所试图维持的体制并不是比当代资本主义体制更少压迫的体制。参见【美】何伟亚：《怀柔远人》，邓常春译，社会科学文献出版社2002年版。此外宋念申在其《发现东亚》一书中亦从不同的视角提出了不同的解释。

[②] 【日】信夫清三郎：《日本政治史》第一卷，周启乾译，上海译文出版社1982年版，第102—104页。

[③] 熊月之：《西学东渐与晚清社会》，上海人民出版社1995年版，第34页。

的东西甚于自己的东西。"①从该记载可以看出,所谓中国人不善于接受新事物的话语只是一个神话。当然,笔者并不否认各个民族之间存在某种国民性上的差异,但所谓各民族不同的国民性通常只是更为深层次的文化差异的外现,如果将外现的国民性差异绝对化,那就不仅会影响我们给一个问题提出合理的解释,还有可能遮蔽更多的问题。更有意义的工作是对各国国民性差异背后的成因进行探究,从而在表面的差异中挖掘出更为深入的意涵。

众所周知,日本近代化转型的标志性运动是明治维新,该运动成功地使日本摆脱了旧有的封建体制,向现代资本主义体制转变。该运动中涌现出了一批富于远见的思想家②,他们的思考与写作为明治维新的成功提供了非常有力的支持,福泽谕吉(1835—1901)就是其中的代表性人物之一。如果我们对福泽谕吉和他同时代的维新志士们的背景进行考察,就会发现他们之间存在不少相似的地方,他们大都出身中、下级武士,接受过传统的儒学教育,但并不拒斥西学,在积极学习西学的同时对儒学抱有清醒的认识,能够从批判的角度看待儒学等。这一系列相似性背后隐藏着的是日本明治维新前的社会背景,通过对该背景中的诸多因素进行考察,我们可以发现包括福泽谕吉在内,明治时期涌现出众多主张参照西方经验以实现现代化的思想家是有其原因的。在本书中,关于这部分内容笔者将从两个方面展开讨论,其一是制度背景,其二则是思想背景。之所以选择这两个方面,是因为无论中国还是日本都被视为与英美等自发现代化国家相对应的后发现

---

① 【意】利玛窦:《利玛窦中国札记》,何高济译,中华书局1983年版,第23页。

② 实际上明治维新只是一个标志性事件,可以说日本现代化的"胎动"在1853年佩里率黑船来航时就已开始了。

代化国家①，也就是说，对中日两国来说，现代化进程的启动源于西方扩张带来的压力，但在西方扩张势力到来之前，两国无论是在制度上还是思想领域都存在着不少显而易见的差异。通过对这些差异进行讨论，我们宏观上或可对两国在现代化进程中所选择的不同道路进行解释，微观上则可以对福泽谕吉思想的形成与发展提供必要的背景支持。

本章首先从制度背景的角度出发来尝试对该现象进行解释。在对制度背景进行探讨时，笔者尝试通过将其与中国的相关制度进行比较的方式展开叙述。在现代化进程中，中日两国互为重要的"他者"，通过对两者进行比较，或可使我们更深入地揭示两国的前现代制度在现代化过程中所发挥的作用。

第一节 幕藩体制及其多元的权力结构

在对资本主义社会体制出现之前的社会形态进行概括时，我们通常会使用"封建社会"一词。根据人们叙述历史的一般思路，人类社会沿着一条从原始社会到奴隶社会，到封建社会，再到资本主义社会的线性路线发展。然而在现实中，人类社会的发展要远比这一简单的历史主义概括更为复杂。以奴隶制为例，这一非常古老的社会形态既存在于古代亦存在于近代，不仅曾与封建社会并存，甚至还与资本主义社会并存。奴隶制在美国一直持续到1865年，此时距美国建国已过去了近90年。然而与此可堪对

---

① 这里的"后发"字面上仅指时间上相对而言滞后，并没有受到外来影响的意思，不过作为一个常用词语，依然沿用本义。

照的是，在日本的历史中却始终没有形成奴隶社会。①再比如，作为封建等级制度残余的种姓制度今天在印度的某些地区依然具有相当程度的影响力，但现时的印度显然不是一个传统的封建国家。由此可见，上述对社会制度演变的叙述与其说显示了社会发展史中某一阶段的共性，毋宁说是遮蔽了不同文明社会形态之间的差异。以封建社会为例，虽然明治维新前的日本德川时代和中国清代在我们通常的叙述中都笼统地被称为"封建社会"②，但实际上两者之间存在着非常明显的差异，德川时代日本的社会形态实际上更近似于西欧在资本主义兴起之前的社会形态，而同时代的清代社会则更近似于民族国家体制确立之后形成的新型社会。现实中"封建社会"一词其实具有两重含义：一重是狭义的，指代国王等一个地区的最高统治者通过向诸侯分封领地而维持统治的模式；另一重则是广义的，那就是所有前现代社会的总称，这里的"封建社会"一词显然指的是后者。

实际上，日本在德川时期就已经有学者注意到中日之间这种体制上的差异，幕府官员羽仓外记（1790—1862）在对中国与日本进行比较时就直指两国的体制是"中为郡县，我为封建"③。现

---

① 参见王金林：《简明日本古代史》，天津人民出版社1984年版，第403页。

② 对于"封建"一词的辨析已经有学者进行过讨论，比如关于封建社会一词的现代源流及演变，参见冯天瑜：《史学术语"封建"误植考辨》，载《学术月刊》2005年第3期，及同作者：《五四时期陈独秀"反封建"命题评析》一文。另外笔者还注意到，与中国五四时期的很多作者一样，部分西方学者也对使用"封建"一词描述中国古代社会非常谨慎，比如法国学者谢和耐在《中国社会史》一书中就避免使用"封建"一词，他认为："对封建一词的滥用已经使该词失去了任何意义"（耿昇译，江苏人民出版社1997年版，第50页）。

③ 【日】信夫清三郎：《日本政治史》第一卷，周启乾译，上海译文出版社1982年版，第168页；另外荻生徂徕在其著作《政谈》中也对日本历史上的郡县制与封建制进行了区分。

第一章　福泽谕吉思想形成的制度背景

在也有中国学者认为中国清代体制其实应该被更准确地称为"郡县制"①。在本书中，笔者并不想采用"封建"一词来指代中国的前现代社会，尽管在某种意识形态的建构下，封建社会在我国已经带有等同于前现代社会的约定俗成的定义。在对德川时代的日本和清代的中国两种"封建社会"进行比较时，还是以"幕藩体制"及"皇朝体制"分别为两者命名更为准确。

日本德川时代的幕藩体制始于1603年②，其创始人为德川家康。实际上，在德川时代之前的战国时代，幕藩体制就已经萌芽，但真正被确立，还是在德川氏掌权之后。如其所名，幕藩体制以位于权力中心的幕府与位于权力边缘的约两百六十多个藩构成，各藩的领主亦称"大名"，意指其声名显赫。根据与幕府关系的亲疏程度，这些大名分为亲藩大名、谱代大名及外样大名。亲藩大名是由德川家的直系及旁系亲属构成的，谱代大名则是在关原之战③前就已经归顺德川的大名，也就是说为德川幕府的建立出过力的领主，而外样大名则指在关原之战之后方才归顺德川政权的大名。在政治上幕府拥有统领各藩的权力，它可以利用该权力对各藩进行撤销、转封和惩罚。在财政收入上幕府则拥有各藩无可匹敌的势力，在德川中期幕府所占有的封地已号称有八百万

---

① 参见张鸣：《家族价构与公司价构》，载《读书》2006年5期。
② 虽然通常将德川时代的开始年份定为1600年，但在这里我采用的是德川家康被后阳成天皇任命为征夷大将军的年份，因为这标志着德川幕藩体制的正式确立。当然也有观点认为幕藩体制的完成是在三代将军家光时期，但笔者认同1603年的观点。
③ 关原之战发生于1600年的美浓关原地区，德川家康借此一战清除了反对自己的势力，最终奠定了统治整个日本的基础。

石①，占全国封地总数的四分之一，而各藩的势力则相对较弱，拥有五十万石以上封地的藩只有七个，仅占所有藩的不到3%，其中收入超过一百万石的则仅有加贺藩的前田家一家，而占半数以上的藩收入都在五万石以下。可以说，与任何单独一个藩相比，幕府在实力上均占据着压倒性优势，正是这种优势使德川时代成为日本历史上相对比较稳定的时代。但是，我们也必须看到，尽管德川幕府实力强大，但其收入也仅占全国收入的三分之一左右，没有到半数。所以至少在经济实力上它并不具有掌控中央政权的绝对优势。因此，虽然与日本此前的封建体制相比，德川幕府的中央控制有所加强，但在本藩领地内，各藩相对独立的经济和政治权力依然得以保留。可以说，幕府虽然权势强大，但除了在自己的领地之内，并不直接掌握直至下层的统治权，对各藩的百姓及下级武士来说，真正的上司乃是本藩领主而非幕府将军②。

美国历史学家麦克莱恩在其著作中对当时地方大名的权力进行了较为细致的叙述：

> 大名在各自的领地内还是最大限度地保留了管理内部事务的特权。实际上，大多数大名都喜欢把他们的领地想象为

---

① 这里的八百万石意指很多，因为"八"在日语里有多的意思，并不是具体的数字。整个德川时代，属于幕府将军的领地即"幕领"是不断变化的，大概从最初的两百多万石到七百万石。在这里需要补充的是整个德川时期，从幕府到各藩的领地均以"石"为计量单位。因为日本地形复杂，土地面积和产出多少之间没有必然联系，所以从战国时期开始，就出现了以农作物产量来计算领地的方式，名为"石高制"。丰臣秀吉掌权后，经过"太阁检地"，掌握了各地的农业产出状况，石高制得以确立，此后在德川时代沿用下来。

② 李文：《武士阶级与日本的近代化》，河北人民出版社2003年版，第103、155页，福泽也指出欧洲存在的类似情况，在其《文明论概略》一书中就指出："欧洲各国，人民只知有贵族，而不知有国王。"商务印书馆1959年版，第124页。

第一章　福泽谕吉思想形成的制度背景

自治公国：他们可以傲慢地对忠诚的武士团发号施令，他们守卫各自的边界，监视宗教机构，<u>随心所欲地向农民和商人征税</u>，随时发布自己的法令，只要他们自己认为有必要就施行严刑峻法，他们鼓励有益于当地经济的商业企业，为了维护和平可随意干预领地内居民的私人生活。在领地内，每个大名都拥有单方面的权力，可以禁止人们外出旅行，迁离故乡，甚至不准举办他出于任何理由认为无法接受的节日或宗教庆典。①

从这段叙述可见，虽然与日本更早的幕府，如镰仓幕府及室町幕府相比，德川幕府的权力得到明显加强，但在各地方大名领地内具体行使权力的依然是大名而非幕府。这与同时期清朝定皇权为一尊的中央集权体制相比，权力要相对分散得多。

在此有必要说明的是，在日本也有论者将德川时代的幕藩体制视为一种"中央集权体制"，认为日本德川时代的政治制度离封建制更远，而更类似于中央集权体制。当然，如果和前述德川时代之前的武士政权，如镰仓幕府和室町幕府相比，德川幕府的集权程度无疑是大大地加强了，但如果和同期清朝的皇朝政体相比，德川幕府无疑与之还存在着相当大的差异。至少有两方面德川幕府的集权程度是无法与同时期的清朝相比的。

一方面是在政治上，尽管各个大名均向德川幕府表示效忠，但在其自己的领地上，大名依然是独立行使权力的最高领导，大名的家臣也是向大名而非幕府将军效忠。如果说德川幕府只是各个大名中的一个庞然大物，通过自己的军事及经济实力对其他大名实施统治；在同时代的清朝，中央政府和地方政府的关系则是

---

① 【美】麦克莱恩：《日本史》，王翔、朱慧颖译，海南出版社2009年版，第23页，下划线为笔者所加。

上级与下级的关系。其中最为关键的区别在于德川时代的大名并非由幕府任命，而是世袭制的；然而清朝的官员则均是由皇帝任命的，即使是吏部任命的官员也必须在皇帝面见之后方得上任，而且很多官员需要完成的任务直接由皇帝通过军机处下达，甚至相关官员也无权过问。①另外，从继承制度这一侧面我们也可以看出两者之间的显著区别：在日本，不仅幕府将军实行嫡子继承制②，各地大名乃至平民也是实行嫡子继承制的，这就保证大名的领地不会因子孙析产而变得分散，从而丧失实力。然而在中国，自汉代以来就已确立了诸子析产的继承制度，③只有帝及少数贵族采用嫡子继承制。至于清朝，这一继承制度更为巩固，只有皇位是嫡子继承，④官员及平民的遗产均须析产，也就是说除了皇权不会因继承而被分散，其他势力都会随着子孙的繁衍而逐渐弱化，从而不会对王权构成威胁。在本章第三节对此问题还将详细讨论。

---

① 参见钱穆：《中国历代政治得失》中关于清朝政制的章节。九州出版社2012年版，第143—154页。

② 指拥有继承权者乃是子嗣中拥有较深资历和较强能力者，长子并不是自动拥有继承权，其目的也是为了维护家族势力的延续。参见【日】山本七平：《何为日本人》，崔世广、王炜、唐永亮译，国际文化出版公司2010年版，第161页。

③ 汉武帝颁布的《推恩令》要求诸侯将封地分给子弟而不是仅留给一位继承人，从而使诸侯的封地越来越小，这一制度巩固了中央集权体制，削弱了诸侯的势力，是析产制发挥作用的滥觞。另外，早在秦孝公时商鞅变法中就已提出分割继承之法，即所谓："民有二男以上不分异者，倍其赋"，见司马迁：《史记·商君列传》，中华书局 1982年版，第2230页。可见在战国时期，就已经出现了通过析产以削弱民众宗族势力的观念。

④ 也有少数"世袭罔替"的"铁帽子王"亦为一子继承，但清朝开国之初仅有8家获此封号，终清朝一朝亦总共只有12家，在总人口中的占比可以忽略不计，且因为世袭的只是爵位，而被封爵之人则可因获罪被褫夺爵位，因此不会对皇权构成挑战。

第一章　福泽谕吉思想形成的制度背景

另一方面是在财政上，德川幕府并不向各地方大名征税①。众所周知，征税权是政府权力的一个重要组成部分，政府运行的费用通常主要来自税收，在辖区征税本身既是行使权力，同时也象征着征税主体对该辖区的统治。如果不能在全国范围内征税，那么政府行使统治的能力就会受到影响，同时也表明这种统治是不完整的。我国自秦汉建立中央集权制国家以来，历代政府基本上都是在全国范围内征税②，同时代的清朝亦不例外，向全国征收田赋。而德川幕府自己征收的田赋仅占日本所有田赋的三分之一左右，其余均由各方领主征收。虽然为了维护统治，德川幕府设计了"参觐交代"制度，一方面通过以大名及其家人为人质的形式保证他们的忠诚，另一方面通过迫使他们参与建设江户并在江户铺张消费的方式间接获取收入，但这与中央集权的征税形式相比相差甚远。③

---

① 参见【美】安德鲁·戈登：《日本的起起落落》，李朝津译，广西师范大学出版社2008年版，第15页；亦可参见【美】马里乌斯·B.詹森主编：《剑桥日本史》第五卷，王翔译，浙江大学出版社2014年版，第7页。

② 中国中央集权的财政制度始于汉代，作为从封建制到郡县制的过渡期，汉初还保留着一些封建制的特点。在汉文帝时代，在全国范围内征收的农业税一度停征，中央政府仅靠富人捐助及山海税来维持，同时诸侯势力则因对自有领地内经济的汲取与控制而得到加强。不过这仅是昙花一现，七王之乱后，景帝乘胜取缔了诸侯在财政和司法领域享有的权力。在漫长的历史里，中央集权的财政政策衍生出很多变化，限于篇幅，不在此展开讨论。有兴趣者可参考钱穆先生的《中国历代政治得失》，同时郭建龙的《中央帝国的财政密码》也对中国历朝历代的财政问题进行了详细的讨论。

③ 前述有作者将德川幕府的统治方式视为"中央集权"，主要依据就是幕府通过制定"参觐交代"制度对各藩进行掌控。但笔者认为这种让各藩在江户保留人质的制度，与其说显示了德川政权对各藩强有力的控制，毋宁说反而显示了这种控制的软弱。很显然，如果德川政权具有足够强的实力，那么就会直接吞并这些大名，褫夺其领地及权力，而不是靠强迫他们到首都做人质的方式来保证他们的忠诚。

从以上两点可以看出，虽然德川幕府的集权程度较之前朝有所加强，但很难称其为"中央集权"政权，德川时代的日本也并非中央集权国家，从某种意义上说，它和现代的"联邦型国家"[①]或许更为接近。在此顺便补充一点，欧洲的封建制在近代以来也发生了权力集中的变化，故而出现了佩里·安德森所说的"绝对主义国家"[②]，这也是一种近似于中央集权的国家体制，可以视为从封建体制向现代中央集权国家过度的中间体制，但无论如何，这种发端于16世纪的国家体制和现代中央集权的民族国家体制之间还是存在不少差异。

在对德川时代的权力格局进行分析时，还有一个因素不容忽视，那就是天皇。明治维新后，日本于1889年颁布了首部现代意义上的宪法，即《大日本帝国宪法》，其正文起首第一句便是："朕承祖宗之遗烈，践万世一系之帝位。"这里的"朕"就是明治天皇。而"万世一系"则是强调天皇制之长久。作为世界上延续时间最长的君主制度，到明治天皇已历经一百二十二代，绵延近两千年。可以说，明治维新这一日本政治体制的现代化改革就是围绕天皇展开的。那么天皇在日本历史上又是怎样一种存在呢？

考察日本古代历史，天皇世系可以说是一以贯之的，从上古

[①] 日本学者三谷博即认为德川时代的日本是一个"联邦型国家"，参见其《黑船来航》，张宪生、谢跃译，社会科学文献出版社2013年版，第7页。而韩国学者金日坤则认为日本是"分权式的集权体制"，尽管听上去颇为古怪。另外也有作者认为是"半中央集权半封建"型国家，参见萧瀚：《明治维新转型陷阱》，载《中国改革》2018年第5期。不过笔者认为幕藩体制还是更接近于封建体制，特别是在幕末时期，德川的统治日渐衰落，西南强藩开始崛起，很难说还存在围绕幕府的"中央集权"。

[②] 参见【英】佩里·安德森：《绝对主义国家的系谱》，刘北城、龚晓庄译，上海人民出版社2016年版。

第一章　福泽谕吉思想形成的制度背景

传说中神的后裔一直延续到今天，因此才有"万世一系"之说。日本第一代天皇系神武天皇，在传说中，他是天照大神即太阳神的后代，由于年代久远，神武天皇之后的最初几代天皇的事迹已与神话传说混而为一，无法考据其真实性，不过，日本古坟时代遗留下的古坟能为早期天皇的存在提供考古上的佐证。自第十五代应神天皇（270—310在位）始，史书中关于天皇事迹的真实性才逐渐可考，自飞鸟时代（593—710）起，关于天皇的历史记述就比较完整可信了。①

从六世纪末到七世纪经过圣德太子主持的推古朝改革，日本迈入了"封建社会"②。不过我们可以发现，虽然从一开始以天皇为代表的皇家势力就试图掌握政治主导权，仿照同期中国建立中央集权的政治体制，如在圣德太子制定的《宪法十七条》③中就有"国靡二君，民无二主。率土兆民，以王为主"（第十二条），"君则天之，臣则地之"（第三条）等条款，但此后在日本历史中这种建设以皇权为中心的中央集权体制的努力却并不很成功。可以说，从八世纪奈良时代天皇集权达到高峰之后，日本天皇的皇权就一直在衰落，不断受到各种政治势力的侵蚀与挑战。虽然

---

① 日本早期历史主要记载于公元八世纪成书的《古事记》与《日本书纪》两部文献中，前者主要记载神话传说，后者则是一部编年体史书，两者内容上存在不少近似甚至相同的部分，不过，对于上古天皇，两者的记载均带有很强的文学性，与其说是历史，毋宁说更近于神话。

② 此处的"封建社会"，意指资本主义社会形成之前的前现代社会，故加引号，实际上之后不久的"大化改新"试图确立的乃是以中国为模板的中央集权的皇权专制体制，不过这一努力并不成功，在天皇被外戚或武家等其他政治势力褫夺权力之后，日本才进入真正意义上的封建制。参见王金林：《简明日本古代史》，天津人民出版社1984年版，第71页。

③ 由于年代久远难考，日本亦有学者认为《宪法十七条》并非圣德太子所作，在此不做进一步考据，仅依日本史的一般观点。

之后平安朝的恒武天皇（781—806在位）一度恢复了被僧侣专权破坏的中央集权的皇权专制体制，但并没有维持多久。自九世纪初叶，外戚藤原氏的势力就不断扩张，终于在九世纪晚期形成了外戚专权的"摄关政治"。此后，皇室和藤原氏之间曾一度围绕权力展开争斗，最终以藤原氏的胜利告终。在此之后长达九百年的历史中，日本再也没有出现过以天皇为中心的稳定的中央集权统治，反而形成了一连串以外戚、武士专权为主的封建统治政体。① 这种情况一直延续到德川时代。

然而，日本历史中另一个独具特色的现象是：尽管天皇的实际权力很早便已式微，但其作为最高权力象征的地位却一直保留了下来，并没有被掌握实权者取缔，而且还经常在政治斗争中被各方势力加以利用。比如在镰仓幕府末期，有实力的武士如足利尊氏等人就企图借助天皇的旗号取北条氏而代之。② 镰仓时代晚期，后醍醐天皇一直谋求恢复天皇的实权，在镰仓幕府灭亡后，其主导的"建武中兴"也在一定程度上恢复了皇权统治，然而仅仅维持了三年就被足利尊氏建立的室町幕府取代。此后在十五世纪发生的"应仁之乱"中，两大对立政治势力中的一方细川胜元也曾打着幕府和皇室两面大旗声讨另一方山名宗全。③ 进入德川时代，在强势的德川幕府统治下，天皇的权力进一步被削弱。首先在政治上德川幕府公布了《禁中并公家诸法度》，对天皇的权力及行动进行限制，在经济上则将皇室的领地减至微不足道的三万石④，仅占当时日本全国耕地的千分之一，即便算上公卿贵族的

---

① 参见王金林：《简明日本古代史》，天津人民出版社1984年版。
② 北条氏是镰仓幕府的创立者，同上书，第254页。
③ 同上书，第292页。
④ 这是十八世纪初的数字。此数量只相当于小型大名。

第一章　福泽谕吉思想形成的制度背景

七万石也仅相当全国的千分之三。①但尽管如此,天皇名义上的崇高地位却依然得以保留。与以往历代幕府将军一样,德川幕府首领德川家康及其后代继承者的官职"征夷大将军"依然是由天皇册封。同时,各大名虽然对幕府俯首称臣,但他们的官位亦由天皇下诏任命②。由此可见,德川时代天皇的经济及政治势力虽然受到严重削弱,但其作为权力合法性来源的象征性地位却并没有被取缔。德川时代晚期,随着幕府统治权力的衰退,以及西方威胁的日益迫近,改革的势力,也即主张"尊王(天皇)攘夷"的尊攘派再次尝试借助天皇的力量来实现自己的政治抱负。1846年朝廷罕见地向幕府发出的"命令书"标志着天皇再次公开过问政治,而1858年幕府以向皇室征求意见为借口推迟与美国缔结修好通商条约的举动则标志着幕府政权正在走向衰落,因为它试图倚重皇室的权威来解决这一棘手的问题。最终幕府并没有获得皇室敕许,这进一步表明,在尊攘派的支持下,皇室已经开始表达自己独立的意见,而不再像以往那样只是一个对幕府决策亦步亦趋的傀儡。③这一过程发展的终点便是明治维新,强藩势力和天皇联合,一起推翻幕府统治,进而在日本开启了以天皇制为核心的近代中央集权体制。

可以说,纵观整个日本政治史,天皇和掌握实权的各派政治势力一直处于一种此消彼长的博弈过程中,虽然天皇在大多数情况下处于下风,但因为种种原因,其作为日本国家象征的地位却

---

① 参见王金林:《简明日本古代史》,天津人民出版社1984年版,第330、333页。
② 【日】荻生徂徕:《政谈》,龚颖译,中央编译出版社2004年版,第110页。
③ 参见【日】安冈昭男:《日本近代史》,林和生、李心纯译,中国社会科学出版社1996年版,第13页。

依然保留下来，①并最终在日本政治现代化的过程中发挥了重要作用。

上面简单介绍了德川时代幕藩体制，以及幕府与皇室的关系，接下来简单讨论一下该体制带来的影响。

从上面的介绍可以发现，日本德川时代的政治权力格局呈现出一种多层次的多元化态势。在政权的实际操作层面，存在着幕府与各藩，特别是与外样强藩之间相制衡的权力关系；在政权的象征层面，又存在着将军与天皇之间相制衡的权力关系。②这种权力多元化带来的直接后果就是权力分散，权力分散带给社会的影响首先就是思想领域活跃。因此权力越集中，对思想意识形态的控制通常也就越严格；反之权力越分散，控制也就越松懈。纵观古今中外的历史，权力高度集中的时代往往也是思想僵化的时代，权力分散的时代往往也是新思想层出不穷的时代。以中国为例，从商周到清朝长达四千多年的前现代历史中，思想最为活跃的时代就是王权衰落、群雄并起的春秋战国时期，在这一时期，涌现出儒、道、法、墨等诸子百家各种新鲜的思想，不仅为中国，也为世界文明史做出了重要贡献。随着秦统一六国，确立皇权一元的皇朝体制，此后的时代虽然亦曾出现过文化繁荣的情

---

① 至于日本天皇之所以能够从古至今一直延续下来，有很多因素在发挥作用，首先天皇作为神的后裔被日本人视为是联系天神与人间的纽带，日本人直到战后才摆脱了天皇是"现人神"的观念；其次作为大和民族统一的象征，天皇对于维护边远地区的向心力可以发挥积极作用；最后天皇在历史上的多数时间里只是虚君，并不行使实际权力，对掌控实际权力的人并不会构成威胁。

② 对于现代政治来说，权力的相互制衡是一个非常重要的环节，其重要性在某种意义上甚至会超过权力的来源。尽管德川时代晚期的权力制衡还远非现代意义上的权力制衡，但仍旧减少了改革的阻力。

第一章　福泽谕吉思想形成的制度背景

况,但再也没有重现春秋战国时期思想领域的辉煌①。反观日本的德川时代,虽然在其前期和中期,权力的分散还不明显,德川幕府为巩固统治亦试图加强思想领域中的控制,如宽政(1789—1801)年间实行的"异学之禁"就标志着幕府试图采用朱子学作为正统思想。但尽管如此,幕藩体制相对分散的权力模式依然给各种"异学"保留了相对较大的发展空间,德川时代的思想领域也因此呈现出一种相对活泼的面貌。首先,即使在被幕府奉为正统的朱子学内部也出现了众多学派,同时在儒学的大框架中,还出现了与朱子学相抗衡的"古学派""阳明学派"等,其中"古学派"又可以进一步分为"古义学派"与"古文辞学派"等。这些都与日本当时的政治体制存在着千丝万缕的关系,比如幕府与皇室的对立就导致朱子学不同学派的分化和学派内部的争论。在德川统治前期,"幕府所提倡的朱子学虽能为幕府服务,而朝廷提倡的朱子学却不能为幕府服务,因此在朱子学的内部也形成了矛盾。"②至于德川时代晚期,更是形成了代表幕府的朱子学与代表朝廷和拥护"王政复古"的民间儒者的阳明学之间的对立。③

德川幕藩体制这种相对分散的权力结构不仅在统治者所尊奉的正统儒学中为不同派别提供了成长空间,同时也给非正统的儒学之外的各种思想留下了发展余地。比如在德川时代还出现了对儒学采取批判态度的国学派,而国学派的思想为日后明治维新时日本确立民族国家意识奠定了基础。此外,随着町人,即工商业者的势力不断加强,还出现了重视商业的町人思想等,不胜

---

① 另外可为佐证的是,在中央统治相对薄弱的南北朝和南宋也出现了思想领域的活跃,但产生的思想成果已不能与春秋战国时期相比。

② 朱谦之:《日本的古学及阳明学》,人民出版社2000年版,第3页。

③ 同上书,第2页。另参见同作者《日本的朱子学》,人民出版社2000年版,第161页。

枚举。

在此还有必要强调的是,幕藩体制还扩展了洋学传播的途径。虽然代表西学的兰学[①]在日本的发展初期是受到幕府控制的,最早开始关注西方国家的新井白石就是幕府官员,而青木昆阳、野吕元长等兰学先驱也都是受幕府之命学习荷兰语的[②]。同时各藩也是不可忽视的积极学习兰学的重要力量,兰学的主要创始人如前野良泽(中津藩)、杉田玄白(小浜藩)出身藩医,而平贺源内(高松藩)则是下级武士。在德川时代晚期,更有部分强藩加入到积极传播洋学的阵营中来。由于各藩一方面是幕府将军的属从,一方面又在自己领地内拥有相对独立的权力,为了巩固本藩势力,一些沿海地区的大名在与西方接触时也开始学习洋学。比如水户藩就是受英国捕鲸船在大津海滨登陆一事的刺激而感到有学习英语的必要,从而开始汲取英学知识的。可以说,一些幕府无法完成的改革措施反而在诸强藩中得到了贯彻[③]。在明治维新之前,洋学在日本的传播就存在幕府主持的官学与各藩主持的私学并存的状况。后来成为维新强藩的萨摩藩的藩主岛津齐彬更是致力于改革,建立藩校造士馆,积极引进西方技术,岛津齐彬本人也因此成为"幕末四贤侯"之一[④]。幕末引进洋学的过程可以说呈

[①] 西学在日本的传播早期常以其语言载体而得名,所谓"兰学"即是指以荷兰语为载体传播的西学,后面提到的"英学"则是指以英语为载体传播的西学。

[②] 王金林:《简明日本古代史》,天津人民出版社1984年版,第396页。

[③] 【日】信夫清三郎:《日本政治史》第一卷,周启乾译,上海译文出版社1982年版,第176页。

[④] 指为明治维新做出重要贡献的四个政治人物,分别是岛津齐彬(萨摩藩)、山内容堂(土佐藩)、松平庆永(福井藩)、伊达宗城(宇和岛藩)。他们作为各藩藩主积极学习西学,并在明治维新时期为确立以天皇为核心的明治政权做出了很多贡献。

第一章　福泽谕吉思想形成的制度背景

现出幕府与各强藩齐头并进的局面，一方面加速了洋学的传播，另一方面也使幕府无法垄断洋学带来的先进技术及思想，也就间接促进了此后幕府的倒台。同时，洋学在强藩中的传播也为维新后建立中央集权制的新型政体储备了人才资源。总之，幕藩体制这种相对分散的权力结构为德川时代思想领域的活跃提供了基础，特别是德川时代晚期相对活跃的思想则为日本的现代化转型提供了知识及思想储备。关于德川时代的思想背景，笔者还将在下一章进行更详细的讨论。

幕藩体制权力分散带来的另一个重要影响是减少了体制转型时的阻力，任何政治体制转型都是一个权力再分配的过程，不可避免地会对旧有的统治者形成挑战。旧有统治者掌握的权力越小，思想越开明，转型阻力也就越小。幕藩体制正好在这两方面符合要求，也就是说，幕府有限的权力使将军难以擅权专断，这既降低了权力对将军的吸引力又增加了他听取不同意见的机会，这就从两方面降低了将军顽固保守旧制的意愿。

在幕藩政治中，虽然幕府拥有处置各藩的权力，但最高统治者将军个人的权力还是相对有限的，幕府做出的决定并非由将军本人专断，而是在很大程度上依赖手下的官僚，特别是"老中"①，而幕府官僚则多由亲藩及谱代大名担任，从而能够传达出一些与统治中心不同的意见。这就使幕藩体制在面临危机时，幕府可以通过与各藩交流以获取更多的信息及思想资源。尤其是在幕末，幕府权力有所衰退时更是如此。在应对佩里来航带来的冲击时，幕府曾向各地方大名征询意见，这等于变相修正了原来的

---

①　"老中"是幕府官僚机构的官职名，类似现代政治中的总理。从某种意义上说，有时将军本身也类似一个"虚君"，实际主政者是下属官僚如老中等，将军本人成为幕府这一官僚机器的"橡皮图章"。

老中专制①。而且，当幕府向各藩咨询应对外国人的计策时，各藩大都提出了自己的意见，在被咨询的五十四个藩中只有四个藩表示追随幕府。由此可见，幕末时期大多数藩并非完全对幕府亦步亦趋，而是拥有自己的见解。②这种情况已显现出一种类似现代议会政治的萌芽，同时也表明，幕末随着幕府权力的衰落和一些强藩的崛起，幕藩体制的权力结构存在进一步分散化的趋势。正是在这种情况下，德川幕府的最后一代将军德川庆喜做出了"大政奉还"的决定，虽然佐幕及倒幕两派势力之间爆发了戊辰战争，但这场战争仅仅持续一年半就结束了，规模也很有限，只有两万多人参加战斗，并没有演变成一场惨烈的内战，这与德川庆喜对武力抵抗的消极态度不无关联。在伏见鸟羽一战失败后，退回江户的德川庆喜做出支持幕府内部的恭顺派，罢黜主战派的决定，避免内战的扩大化。

另外，根据美国学者亨廷顿的研究，在现代化转型的过程中"比较原始和简单的传统政治体制经常被彻底摧毁。相比而言，较复杂的传统政治体制则更能适应新环境的需要"③。德川时期日本这种分散且多元的权力结构恰恰表明这是一种更为复杂的政治体制，亨氏同样注意到日本传统政体的这一特点并进而论述道："正是由于日本传统政体的相对复杂性，才使它得以进行调整，顺应了当今世界的潮流。1868年以前的两个半世纪里，日本天皇是统而不治，德川幕府大权独揽。其时，政治秩序的稳定并不完全依赖幕府的稳定。故而当幕府的权威衰亡时，另一个传统机

---

① 【日】信夫清三郎：《日本政治史》第一卷，周启乾译，上海译文出版社1982年版，第209页。
② 同上书，第210页。
③ 【美】塞缪尔·P. 亨廷顿：《变化社会中的政治秩序》，王冠华、刘为等译，上海人民出版社2015年版，第15页。

第一章　福泽谕吉思想形成的制度背景

构——天皇，便成了日本现代化军阀的工具。幕府的覆灭并未导致日本政治秩序的崩溃，而是'恢复'了天皇的权威。"[①]根据亨氏的研究，"完全仰仗某一个人的政治体制是最简单的政治体制。同时，这种体制也是最不稳定的"[②]。日本这种多元的权力结构使作为政府首脑的幕府将军难以大权独揽，这样就为日本的政治体制提供了某种复杂性，而正是这种复杂性为日本转型提供了稳定性的基础。实际上，在东亚各国的现代化进程中，日本在国内遭遇到的改革阻力相对而言是最小的。

另外，幕藩体制相对分散的权力也为商人势力的成长提供了空间。由于各藩财政相对独立，需要将田赋转换为货币，这就出现了通过代理各藩的商品买卖而迅速致富的商人阶层。同时，权力的分散也使他们得以相对稳定地保有自己的财富。作为统治阶层的武士并没有依靠手中的权力来大肆剥夺这些富裕商人的财产，虽然也有商人因太过奢侈而被所在藩问罪并被没收财产，同时也存在一些武士赖账不还的情况，但这种情况并不普遍。在幕藩体制下，藩的政治势力被限定在本藩内部发挥作用，而当时的商人却可以跨越各藩进行交易。在规范各藩行为的《武家诸法度》里一方面规定："国人之外，不可交置他国事"（元和令），意即不可与其他藩勾结，各自在本藩独立行使权力；另一方面又规定："不得以私设关卡、渡口等增加往来之烦"（正德令）[③]，这就为在各藩之间往来的行商提供了便利。因此，在德川幕府建立后不久就出现了势力超越一藩的豪商，比如大阪巨商鸿

[①] 【美】塞缪尔·P. 亨廷顿：《变化社会中的政治秩序》，王冠华、刘为等译，上海人民出版社2015年版，第15页。
[②] 同上。
[③] 转引自薛立峰主编：《日本政治概论》，东方出版社1995年版，第488—490页。

池就可以"一手操纵三十余藩的经济",而向米商淀屋贷款的大名就有三十三个之多,很多江户时代的豪商,比如三井、住友等都一直延续到了今天。此外,在当时的商业界还组成了各种商人公会,即"仲间",其中有些仲间的势力更是遍及全国。[①]这样就使单独某藩并不具备随意剥夺商人阶层的财产的权势,等于间接保护了商人的产权,从而使经济得以发展。富有商人的出现,其意义不仅仅在于经济上,还包括他们形成了一套自己的价值观念,这种重视商业的价值观念,在明治维新后日本制定新的国策时亦发挥了非常重要的作用。

总之,可以说幕藩体制分散的权力结构为雄藩和豪商势力的崛起提供了空间,在德川时代末期,这些崛起的势力为推翻幕府实现现代化转型提供了人力及物力上的准备。

最后还应指出,幕府、天皇二元权力结构在倒幕过程中同样发挥了重要作用。最为重要的乃是天皇的存在为倒幕势力提供了合法性,通过拥戴天皇,倒幕势力可以获得更多的支持。首先,天皇本身就是高于幕府的权力象征,这就让倒幕的强藩不会被幕府军及民众简单地视为叛军,倒幕行动亦因此不会被视为叛乱,而被视为在西方势力咄咄逼人的威胁下拯救日本的行动。其次,拥戴天皇可以表明倒幕的目的并非为了某藩的私利,而是为了"王政复古"的公义,这样就能在尽可能大的范围内争取各方势力支持。最后,天皇至高无上的地位也为倒幕势力的团结提供了一个核心。既然天皇受到各藩倒幕势力的共同拥戴,各股势力自然就不会围绕倒幕的主导权而展开内部斗争,从而削弱倒幕派的实力。

天皇在日本近代化转型期所具有的另一重意义是,天皇作

---

① 参见刘金才:《町人伦理思想研究》,北京大学出版社2001年版,第82页。

第一章　福泽谕吉思想形成的制度背景

为日本国家的象征与明治维新建立包括日本所有列岛在内的民族国家的设想存在着契合之处,同时,在历史上天皇大多时间是虚君,这也与明治维新建立君主立宪的中央集权制国家的设想相符合。也就是说,维新的目的是建立中央集权制的现代民族国家,天皇一方面自古以来就是日本的象征,历史上也一直在努力建立以自己为核心的中央集权政权,这样两者就很好地接合在一起。历史上一直被边缘化的天皇由此重新回到政治舞台的中心。

总之,天皇的存在一方面为倒幕势力提供了合法性,一方面又为倒幕成功后建立新型民族国家提供了充分的想象空间,从而为日本现代化的敏捷转型做出了贡献。

第二节　官员遴选与身份制度

如果对德川时代的治理模式进行简单概括,大体如下:德川幕府是整个日本实际上的最高统治者,所有大名,即拥有一万石以上领地的封建领主均须效忠于德川幕府。同时,大名又在各自领地里享有统治权,该统治权通常并不会受到德川幕府的干预。在领地较多的大名之下还有一些小领主,这些小领主和大名的关系与大名和幕府的关系近似,这很容易让人联想到西欧封建制"我的封臣的封臣不是我的封臣"的情况[1]。德川幕府作为中央政府主要负责下述统治任务。首先是管理幕府自己的领地,主要包括两部分:一部分是直接向幕府缴纳禄米的"天领"及"预所",天领由幕府设置郡代、代官管理[2],预所数量较少,由各藩

---

[1] 这虽然是欧洲封建制的普遍特点但亦存在例外,比如英国。
[2] 郡代和代官均由勘定奉行管理,主要负责幕府直辖地的税收以及司法等各种管理事务,郡代掌管的地域较大,一般在十万石以上,代官则管理的地域较小。

或寺庙代管；另一部分则是分封给"旗本"和"御家人"间接管理的土地，"旗本"及"御家人"相当于德川幕府直属的家臣或近卫军，他们本身有自己的领地，但都在一万石以下，大部分只有几百石甚至更少。两者的区别是旗本通常拥有更多封地且有资格觐见将军，御家人级别更低，封地较少并且没有觐见将军的资格。其次幕府除掌管自己的领地之外，还直接管理重要的城市，如京都、大阪等，类似于现在的直辖市。幕府还掌管全国的主要道路及航路，通过垄断矿山开采权来掌控货币的发行，同时还管理日本全国的对外贸易。除此以外，幕府还垄断立法权与司法权，上至天皇公卿，下至诸藩及寺院僧侣等均需遵守幕府颁布的各种"法度"，如不遵守，幕府有权予以惩罚。值得提及的是，由于地方上各藩实行藩务自治，所以幕府通常只对藩主进行管理，而管理的方式则是通过"参觐交代"制度完成，也就是说各藩藩主都要在江户和自己属藩间轮流居住。①这实际上是一种变相的人质政策，即让地方藩主及家属有一半时间居住于幕府掌控的江户，从而减少他们谋反的机会。②

德川时代的幕府官制分为中央和地方，中央的最高统治者是将军，将军手下有很多官员，级别最高的是"大老"和"老中"，负责中央整体政务，如制定政策，管理皇室与各藩大名，

---

① 该制度于1635年开始实行，最初仅限"外样大名"后扩展至所有大名。参见【日】升味准之辅《日本政治史》第一册，董果良译，商务印书馆1997年版，第11页，另在欧洲如英、法等国的封建历史时期也出现过与之类似的国王以领主为人质的控权方式。

② 这一政策之所以能起到约束藩主谋反的效用主要在于：首先，藩主在江户居住时被置于幕府的监督之下；其次，生活在江户的藩主的家人实际上也是人质，藩主在江户时期，自己藩内事务要委托给家臣，这样也削弱了藩主对本藩的控制力；最后，各藩在江户居所的花销，以及参觐交代时路上讲排场花费的路费也消耗了各藩的经济实力。

第一章 福泽谕吉思想形成的制度背景

以及处理外交事务等。大老职位最高，原则上只有井伊家等四家强势谱代大名有资格担任，但该职位并非长设。大老之下是老中，这是长设的职位，一般四到五名，负责上述事务，这有点类似于现代议会制政府的内阁。"侧用人"乃将军近侍，负责将军与老中之间的联系，这个职位虽然级别不如前两者高，但因为直接侍奉将军，有时反而拥有很大的权力。"若年寄"同样有四名，负责管理将军的家臣如旗本、御家人等。此外还有负责管理寺庙神社的"寺社奉行"，负责管理财税司法的"勘定奉行"，以及负责江户城市管理的"江户町奉行"等官员。另外，在老中之下还设有负责监察大名的"大目付"，在若年寄下还设有"目付"，负责监督旗本和御家人等家臣。德川幕府在地方上也设立一些官员负责管理。主要有前面提到的负责管理京都的"京都所司代"，管理大阪的"大坂城代"，此外在一些比较重要的城市幕府还设置了"奉行"。幕府天领的管理如前所述交由四大郡代以及四五十名代官管理。

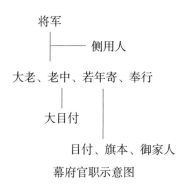

幕府官职示意图

这里需要指出的是，地方各藩领地的统治与管理则由各藩自己实行，领地大的藩也会设置类似于幕府的地方政府，只不过规模要小得多，另外也只管理本藩辖区内的事务。

在对日本德川时代与中国清代的官制进行比较时，我们可以发现两者最主要的区别在于日本都是从世袭领主（亲藩、谱代大名）中选拔任用官员的，一般平民参与政治的可能性极低。①德川家康在打败各类对手建立幕府之后，就开始设立官职。经过逐步完善，最终在德川幕府第三代将军德川家光主政时期，建立起了主要由德川一门、谱代大名和旗本垄断的权力结构。幕阁主要官员老中从年禄五万石以上的德川一门和谱代大名当中选拔任用，若年寄以下的官员则从旗本当中选拔任命。②在这种体制下，官员的任用主要取决于当权者的个人喜好以及各路政治势力（主要是幕府与亲藩、谱代大名）之间的权力博弈，这也从一个侧面印证了笔者在上一小节提到过的幕藩体制权力分散的状况。③另外，由于幕府与大名的地位都是世袭的，这就使来自其他阶层的平民几乎不可能成为官僚。而且，尽管同属武士阶级，与幕府将军关系不那么紧密的外样大名同样被排斥在中央统治体系之外。

在幕藩体制下，官员通常由最高主政者任命，在中央就是幕府将军，在地方各藩中则为藩主。在选拔官员方面，将军具有决定权，正如升味准之辅所言："只要他（将军）想恢复人事支配

---

① 平民身份的人如果有机会能够侍奉领主也是有可能成为官员并被进身为武士阶层的，比如大久保长安（1545—1613）就系猿乐师之子，因管理能力强而受到武田信玄的赏识，从而被提拔成武士，在武田信玄被灭后又因曲艺技能而被德川家臣大久保忠邻青睐并推荐给德川，从而走上仕途。但这样的例子几乎是孤例，平民晋升为官员的可能性微乎其微。另外下级武士或者僧侣等身份较低的人如果从事学术、医术或艺术等并获得主公的赏识，也有可能晋升为职官，比如德川家宣的宠臣间部诠房也是猿乐师出身。但其身份本来就是武士，只是通过学习猿乐得以侍奉将军从而有机会发挥自己的政治才能。

② 参见【日】升味准之辅：《日本政治史》第一册，董果良译，商务印书馆1997年版，第12页。老中、若年寄均为官职名，而谱代、旗本则为不同级别的贵族武士。

③ 关于围绕官员任免与将军继承等各派势力的明争暗斗，请参见上书第一册中的相关叙述。

第一章　福泽谕吉思想形成的制度背景

权（当然要看能力和情况），那是容易独自行使专制的权力和提拔及重用人材的。"①一般情况下，将军在选官任用的时候通常都会参考下属的意见，以免选人失当，②如果将军年幼或能力不强，则会由将军的亲属、亲信（侧用人）和/或老中等类似内阁的官僚集团来确定，而当将军比较强势的时候，他自己就会根据自己的判断选任官员。比如八代将军德川吉宗就是一个强势的将军，他上任之后马上罢免了前任将军的亲信间部诠房和新井白石，尽管后者在理政方面颇有声望。另外，将军本人的好恶也决定着官职地位的高低。比如五代将军德川纲吉设置了侧用人的职位，担任该职位的宠臣柳泽吉保权倾一时，地位甚至超越老中，然而六代将军德川家宣一上台就罢免了柳泽吉保，到了第八代将军德川吉宗，更是不再设置侧用人这一职位了。

从德川时代选拔官员的方式中可以总结出以下两个特点：一是非常重视身份等级，官员几乎全部从武士也即统治阶级中选拔；二是没有相对固定的选拔程序和制度，将军及其亲信在任免官员过程中掌握着非常大的权力，特别是当将军比较强势的时候，其意见可以发挥决定性作用。这与同时代清朝科举取士的方式存在着显而易见的区别。

与上述在贵族中选拔官员的体制相配合的是，在德川时期，日本还在整个社会中实行严格的身份等级制度，整个社会被分为"士、农、工、商"四个世袭阶层，除此以外还有地位更低的

---

① 参见【日】升味准之辅：《日本政治史》第一册，董果良译，商务印书馆1997年版，第13页。

② 日本德川时代儒学家荻生徂徕在其《政谈》中曾提到："东照宫先将军（指德川家康）的时候，每当他要任命要职的时候，必定先征求下面人的意见，下面人说某人适合这一职位，他就一定会任命该人。"见【日】荻生徂徕：《政谈》，龚颖译，中央编译出版社2004年版，第123页。

"秽多"和"非人",普通人很难逾越自己所属的阶层。这四个阶层中"士"指武士阶层,也是掌握政权的统治阶级,而其余的"农、工、商"则属被统治阶级,地位较低。比如农民,他们虽然在四阶中位列第二,仅低于作为统治者的"士",但实际上的待遇并不高,而且附属于土地,没有自由。

上述日本德川时代的官制与身份制度给当时的日本社会带来很多重要的影响,主要可以概括为以下几点。

首先最重要的是在意识形态方面。日本德川时代,幕府所推崇的官方意识形态依然是儒学,然而,由于日本并不存在以对儒家经典的掌握为标准的科举考试,这就导致无论在官方还是在民间,儒学都远不像在中国那样具有垄断性的影响力。这主要体现在两个方面。一方面,日本儒学内部形成了诸多学派,这些不同学派在明治后期与各种新思想相结合,为新的意识形态的确立打下了基础。另一方面,由于严格的身份制度,除武士阶层以外,掌握儒学对社会其他阶层的人改变社会地位与生活条件并没有什么实际意义,因此日本的儒学主要在贵族武士及少数喜好儒学的民间学者之间传播。在日本平民那里,儒学并不占据崇高的地位,这就为民间形成与儒学不同的各种思想派别,比如町人思想等创造了条件。

在日本近世流行于町人中的通俗文学作品中,经常可以看到对儒学及学习儒学的下级武士的嘲讽,这就从一个侧面显示出儒学在日本民间地位并不高。比如在式亭三马的《浮世理发馆》中就塑造了一个穷酸的下层武士"孔粪"[①],从他的名字就可以看出,普通百姓对儒学及其宗师孔子并不很以为然。此外,在"洒

---

① 【日】式亭三马:《浮世理发馆》,周作人译,中国对外翻译出版公司2001年版。

第一章 福泽谕吉思想形成的制度背景

落本"①的代表作《圣游郭》中，其故事线索竟然是释迦、孔子和老子三圣一起去逛李白开的妓院。②我们完全无法想象类似的内容会出现在中国古代通俗文学作品中。由此可见，不仅儒、释、道，以及中国文学在日本平民眼中地位也远没有像在中国那样崇高。这种情形为明治时期外来新思想的传播提供了便利，毕竟，思想的垄断性越强就越容易排斥"异端邪说"，从而阻碍新思想的输入与传播。

德川官制与身分制度还给教育带来了影响。由于没有科举考试，自然日本德川时代的教育也不像同时代的清朝那样主要围绕科举展开，而是存在很多不同类型的学校。一般来说，讲授儒学的官方学校招收的学生仅限于武士子弟，而面向普通平民的学校则是"寺子屋"，其教育内容则主要以培养对平民有实用意义的读、写、算能力为主。③另外，在德川时代晚期，一些强藩设立的藩校也将教学中心从儒学转到算术、医学及天文学等实用知识上。④在明治维新前期甚至出现了因洋学盛行汉学式微而在学校中取消汉学教学的现象。⑤这种教育上的转向最终为明治维新奠定了近代科学知识的基础。与之相比，中国虽然更早接触到来自西方的学术，但西学教育真正兴起还是在1905年取消科举之后。传统的惯性导致直到二十世纪三十年代，一般乡村的私塾教育仍

---

① 洒落本是江户时代中期兴起的戏作文学即通俗文学的一种，主要描写当时游乐场所中的情况，亦可视为游乐场所的游乐指南。
② 【日】吉田精一、山本健吉编、『日本文学史』、角川書店、1989、一一五頁。
③ 参见王桂：《日本教育史》，吉林教育出版社1987年版，第84—91页。
④ 参见上书。
⑤ 参见郑彭年：《日本西方文化摄取史》，杭州大学出版社1996年版，第211页。

以教授传统儒学典籍四书五经为主。这种惯性甚至顽强地持续到今天——二十世纪末在中国兴起的"国学热"中，仍然涌现出不少以背诵传统的四书五经以补充甚至替代小学教育的国学班，这很难与中国儒学传统撇开关系。作为影响全民的意识形态，儒学在古代中国的核心地位与科举存在密切关系，这将在后面的部分讨论。

　　德川时代这种严格的身份制度所具有的第三重意义源于它限制了社会各阶层之间的流动，尽管有极少数富裕町人以金钱为后盾取得了"苗字带刀"①的武士特权，但对于绝大多数平民来说，他们的身份从一出生就是固定的，根本不存在"朝为田舍郎，暮登天子堂"的可能。这种缺乏流动性的等级制度一方面束缚了农工商等被统治阶层的自由，另一方面也迫使各阶层精英在自己阶层的"本职工作"中努力耕耘，不会出现同时代清朝"商不安于阛阓，农不安于畎亩，工不安于场肆，士不安于黉宇"的局面。②各个相对固化的阶层因此形成了各具特色而不是完全统一的价值观，这也就为德川晚期及明治时期新思想的传播奠定了基础，因为价值观越多元就意味着在不同的价值观之间存在着越多的容纳不同思想的空间，这比具有垄断性的单一价值观更能为新思想的受容与传播提供土壤。

　　另外，严格的身份制度不仅限制了底层向上层的流动，它同时也降低了统治阶层自身的流动性，这就使贵族阶层能够较为稳定地延续。因为他们地位世袭，不像中国的科举制度那样需要通过在考试中胜出以保持自己的地位，这就为德川末期，地方强藩

---

① 即拥有自己的姓名，佩戴刀具，在德川时代这是武士阶层的特权。
② 参见杨齐福：《科举制度与近代文化》，人民出版社2003年版，第27页。

第一章　福泽谕吉思想形成的制度背景

成长为一股强有力的政治势力创造了条件。反观当时的中国，由于科举考试竞争异常激烈，[①]父子两代均靠科举获得功名的可能性是很低的。虽然父代为官对子嗣在科举中取得功名是一种有利因素，但极低的成功率使通过科举世代为官的家族极其罕见。纵观清代，能够靠科举世代为官的家族不过安徽桐城张氏家族和山东诸城刘氏家族两家，这比"富不过三代"的财富代际传承要难得多，而这也使中国难以形成与中央皇权相抗衡的政治势力。

日本德川时代严格的身份制度的意义还在于，由于存在这种制度性的压抑，中下级武士几乎无法进入高层施展政治抱负，这反而使他们在幕末更加坚决地要求政治改革，以打破这种阻碍他们施展才能的门阀制度。[②]明治维新的主力之所以是这些中下层武士，原因在于一方面他们因出身武士而有机会掌握知识，这使他们可以从更高的认知水平来观察这个世界，并对日本前途拥有自己的思考；另一方面又因出身贫寒无法以所学谋所用，严格的等级制度使他们很难有"立身出世"的机会。正是这种矛盾促使当时日本的先知先觉者（大多数是年青的中下层武士）走上推翻幕府建立现代政体的道路。相比之下，同时代中国清代的年轻知识分子的升迁途径却始终存在，他们更希望藉由科举取得"功名"以实现阶层跃迁，因此他们对当时的政治制度采取的更多是依附认同而不是反抗的态度。

从上面对幕府职官的简介可以看出，德川官制与同时期清代官制之间存在非常显著的差异，正是这一差异给两国的现代化转

---

①　以科举的第一场乡试为例，能够通过乡试而取得功名的比例很低，通常都是几十人中取一，甚至有150人中取一的例子。参见杨齐福：《科举制度与近代文化》，人民出版社2003年版，第21页，注1。

②　参见李文：《武士阶级与日本的近代化》，河北人民出版社2003年版，第153页；另外福泽也曾说过门阀制度是他父亲的大敌。

型带来了深刻的影响。下面再看看中国的情况，如果我们比较当时中日两国精英对汲取西方文明的态度，通常会发现中国知识人对待外来文明经常持一种警惕与排斥的态度，这种态度常常成为汲取外来文明的障碍，日本知识精英对外来文明的态度反而更为务实。人们经常将这种务实态度归结为日本具有从外来文明中汲取养分的"拿来主义"传统，这种观点固然无可厚非，但在日本的"拿来主义"与中国所谓的"排斥主义"背后还存在着不同的选官制度带来的更为深刻的影响。

在讨论该问题之前笔者还想指出，我们并不能简单地用"排斥主义"一词来概括清代中国知识人对待西方文明的态度。考察历史，从明末清初直到清康熙年间，西学在士大夫间曾相当流行。[①]然而，与日本不同的是，这一波传播西学的热潮在中国并没有延续下来，而是逐渐被后来兴起的经学热淹没。[②]另外，西学在中国主要流行于已经通过科举考取功名的中上层官僚之间，在备考的士人与民间知识分子中间并不流行。而且我们还可以发现中国士大夫具有一种明显的倾向，那就是经常将西学附会在中国传统儒学思想上来加以理解与阐释。正如徐海松所言："他们（士人）回应西学的一个共同前提，都是力求在儒学的框架内去认知

[①] 参见沈定平：《明清之际中西文化交流史》，商务印书馆2001年版；徐海松：《清初士人与西学》，东方出版社2000年版的相关讨论。

[②] 需要指出的是，西学在中国与日本的不同命运不仅和中国和日本这两个"受体"各自的特质有关，同时也和传播的"主体"有关。在中国传播西学的主要是天主教的传教士，受罗马教会及天主教本身的限制，他们往往不会变通，比如坚持不让中国信众从事祭祖等传统仪礼。天主教刚开始在华传教时，这些还是被允许的，但后来却被禁止，这也促使康熙下了禁教的决心。反观日本，西学的主要源头是荷兰，荷兰属于新教国家，荷兰人更注重于经商而非传教，因此反而在日本存续了下来，而刻板的天主教在丰臣秀吉执政时期就被驱逐。关于该问题的讨论可参见宋念申：《发现东亚》，新星出版社2018年版。

第一章　福泽谕吉思想形成的制度背景

和评判西学。即便是主张全面接受西学的奉教士人，也竭力鼓吹耶儒相和。"[1]因此，如果使用"排斥主义"一词来概括清代士人对西学的态度，首先就要厘清这种"排斥主义"本身包括两层意思，一方面当然包括如杨光先等人对西学的全盘否定，另一方面也包括这种试图在儒学框架内认知西学的尝试。因为这种做法导致西学失去影响清朝政治体制的能力，从而使清朝应对西方扩张的动作更为迟缓。我们可以看到，明治维新后，以福泽谕吉为代表的一大批日本知识精英从接受西方的自然科学知识转为接受西方的政治思想（尽管这种接受未必准确地认识到西方政治思想的实质），并进而诉诸实践，以应对西方扩张带来的压力，而在同时代的清朝，哪怕是最细小的政治体制改革也步履维艰。

清代之所以在改革上步履维艰，当然存在多方面的原因，但科举制度在其中发挥的作用不容忽视。科举制度是一种通过考试选拔官员的制度，而考试的参加者基本不受身份的限制，与日本仅在世袭贵族中选拔官员的体制相比，它更为开放，也更能促进社会各阶层在政治及经济层面向上流动。客观地说，如果从现代政治视角来看，中国的科举制度与德川时代日本的官僚选拔体制相比，在制度层面具有无可质疑的先进性，因为它打破了社会各阶层的界限，使得低阶层民众亦有机会晋升，促进了社会的流动，更符合现代人关于平等的观念。西方早期到达中国的观察者常常因此觉得中国的官员选拔体制很先进，西方国家在实现政治现代化之后创立的通过考试选拔公务员的文官制度就借鉴了中国

---

[1]　徐海松：《清初士人与西学》，东方出版社2000年版，第374页。

的科举制。①

一般来说，现代政治体制中的官僚主要包括两部分：一部分是政治家，他们拥有各自不同的政治主张，通过获取民众的认同而取得权力；另一部分则是公务员，他们从事政府部门的事务性工作，通常和政治立场无关，但却需要相关的专业知识或技术，这一部分则通过考试选用。②由此可以看出，现代官僚体制遴选官员的制度其实有两个源头：政治家的遴选源于古希腊的民主制，而公务员的遴选则源于中国的科举制，并非单一源于西方传统。在此需要说明的是，我们经常会将现代政治体制与西方政治体制等而视之，这其中固然是因为政治现代化运动发轫于西方，同时也是西方文明在近代的强势扩张所致，这种扩张在语言中的体现就是形成了一套"西方中心主义"的话语体系。在该体系里，"西方"往往成为"现代""先进"乃至"正确"的代名词，但实际上，"西方"并不等于"现代"，现代政治体制的建构亦非单纯西方的发明，而是从东西方传统中都汲取了丰富的营养。我们不能忽视中国传统政制对现代政治体制形成所做出的贡献。科举体制可以说就是我国对世界政治文明做出的重要贡献之一。孙中山先生曾言："考试制度在英国实行最早，美国实行考试不过二三十年，现在各国的考试制度，差不多都是学英国的。穷源溯流，英国的考试制度原来还是从我们中国学过去的。所以中国的

---

① 西方文官制度的确立以1870年英国颁布第二个枢密院令为标志，后来逐渐传播到欧洲其他国家。与之相比，此时中国以考试取士的科举制度已经有一千多年的历史了。参见艾永明：《清朝文官制度》，商务印书馆2003年版，第390页。同时参考该书"绪论"注10。

② 现代政治的官僚制度非常复杂，可以说几乎每个国家都有自己独有的形式，在此就不展开讨论了。不过在官员中区分政策制定者与执行者并采用不同的遴选方式，则是大部分现代政治体制的共性。

第一章　福泽谕吉思想形成的制度背景

考试制度，就是世界上最古最好的制度。"①实际上，中华文明之所以能够自上古延续至今，科举制度也在其中发挥了重要作用。纵观中华历史，如果根据政治形态对其进行分期，大体可分为三个阶段：从上古到周朝可谓第一阶段，该阶段确立了封建制。从秦朝统一六国建立中央集权的郡县制开始进入了第二阶段。此后，虽然秦亡汉兴之际存在继续秦制（郡县制）还是回归周制（封建制）的路径选择，但汉朝大体上还是继承了秦朝的体制，东汉末年国家陷入分裂，进入军阀割据的三国时代，此后晋朝短暂统一后不久再次分裂为南北朝。这一阶段是中央集权的郡县制初创阶段，还不是十分稳定，因而出现了后期的分裂。自隋朝再度统一之后，中国的政体就相对比较稳定了，由此进入第三阶段，即皇朝政制的成熟期。此后虽然历经唐、宋、元、明、清等朝代鼎革，但每个王朝都比较完整地保持了中央集权的统治，没有再次出现三国时期那样严重的分裂。自隋朝开始实行，并在此后的王朝中得到不断巩固的科举制度，在其中发挥着不可忽视的作用。②

---

① 孙中山：《五权宪法》，《孙中山选集》，人民出版社1956年版，第585页。
② 科举的作用主要体现在两方面，一方面是通过提高阶层流动性以削弱世袭贵族的势力，另一方面则是将知识精英笼络在一起，同时也便于整合统一的意识形态。当然，这是一个非常复杂的问题，在此无法展开进一步的讨论，但科举与王朝的稳定性之间的相关性逻辑还是很好理解的。当然，笔者注意到也有学者将中国古代之所以能够保持大一统的特征归结为中国的"超大规模性"，并将这一超大规模性归之于中国独有的地理位置。但笔者认为，中国古代各朝代的"超大规模"不是原因而是结果。自科举滥觞于隋朝之后，类似三国两晋南北朝时期的长期分裂就基本上没有出现过，虽然与宋朝并立有辽金元等政权，但在中原政权的内部则始终保持了中央集权体制，这和科举制之间很有可能存在因果性。关于中国"超大规模性"的阐述参见施展：《枢纽》，广西师范大学出版社2018年版。

然而到了清代，这种从现代政治视角来看相对"先进"的科举制度，却成为我国近代化转型的一大障碍。

科举体制的障碍首先体现在它给西学的接受与传播带来了消极影响，这主要体现在两方面：一方面科举体制由于几乎向所有阶层的民众开放，[①]吸引了来自各个阶层的精英，从而形成"万般皆下品，惟有读书高"的主流价值观。对于下层知识分子来说，科举制度几乎是他们改变社会地位的唯一途径，众多知识分子将如何通过科举取得功名视为人生追求的重要甚至唯一的目标，这就使得他们除科举考试涉及的知识之外无暇他顾，自然不会关注外来的西学。另一方面则是科举制度本身也在树立以儒学为正统的思想观念。明代之后，科举考试的内容被限制得异常狭窄，主要围绕四书五经出题，[②]这种内容固定的考试进一步加强了儒学的唯一正统性，这种正统意识又因科举的现实意义而不断得到强化，两者的结合极大地限制了清代士人的眼界，使得他们认为只有四书五经才是正经学问，其他与科举无关的学问都是末技隐学。这就导致任何与科举无关的思想都难以形成与儒学相抗衡的影响，更遑论来自"蛮夷"的西学了。

科举体制带来的另一障碍性作用在于，通过科举体制选拔的官员并不适合应对西方带来的挑战。清代早期，虽然也有一些官员研究西学，但多数并非自主的行为。比如康熙宠臣李光地学习

---

① 当然，科举本身对人的身份也有一定的限制，比如身为妓女、伶人等从事"贱业"的人及其后代，大户人家的家奴，罪犯的后代等是不能参加科举的。不过这些只是社会中很小一部分人。参见艾永明：《清朝文官制度》，商务印书馆2003年版，第18页。

② 科举考试有统一的教材，比如四书就以朱熹的《四书集注》为本，考生不能采用他人学说，如果采用，"就算离经叛道，是绝对不能容许的"。参见王道成：《科举史话》，中华书局1988年版，第53页。

第一章　福泽谕吉思想形成的制度背景

西学就是直接受到康熙的影响，而并非出于自己的兴趣。①到了鸦片战争期间，这些官员"文官怀印而逃，以投池为故套，武弁弃城而溃，以退守为自全，问敌情则茫然无知，闻讹言则各自奔散"②，根本无法应对新的局面。这种情况虽然也引起清政府部分官员的重视，并尝试进行改革，但改革总体来说并不成功。这就直接导致尽管我国面临西方的冲击要比日本早几十年，但却没有像日本一样迅速涌现出一批熟悉西学，知道如何与西方打交道的人才。

实际上，中国历史中不乏有识之士意识到科举禁锢思想之危害。早在南宋，八股取士初现之时，学者陆象山（1139—1193）就曾指出："今时士人读书，其志在于学场屋之文，以取科第，安能有大志？"③至于清初，顾炎武在其批判科举制度的《拟题》一文中亦指出："八股之害，等于焚书。而败坏人才，有甚于咸阳之郊，所坑者非但四百六十余人也。"还指出："此法不变，则人才日至于消耗，学术日至于荒陋，五帝三王以来之天下，将不知其所终矣。"④清末梁启超更是指出，科举正是科学不兴的原因。⑤实际上，在清朝统治阶层内部也对科举之害存在一定的认识，乾隆年间，官员内部曾就是否停废科举展开争论。其中力主保持科举制度的大学士鄂尔泰就曾说："非不知八股为无用，而

---

① 参见徐海松：《清初士人与西学》，东方出版社2000年版，第236页。
② 参见杨齐福：《科举制度与近代文化》，人民出版社2003年版，第30页。
③ 参见韩立红：《石田梅岩与陆象山比较研究》，天津人民出版社1999年版，第22页。
④ 顾炎武：《日知录》，甘肃民族出版社1997年版，第732—735页。
⑤ 参见梁启超：《中国近三百年学术史》，东方出版社1996年版，第22页。

牢笼志士，驱策英才，其术莫善于此。"①清朝末期，也曾尝试对科举制度进行有限的改革，将算学和经济引入科举，并在1888年开设算学专科。但从《清稗类钞》记载的一则逸闻可以看出，类似改革并没有扭转科举体制所导致的思想僵化的局面。该逸闻记载："黄漱兰督学江苏时，有某生者，廪生也，试算学，用数目处，以亚拉伯字书之。黄阅之大怒，即悬牌曰：'某生以外国字入试卷，用夷变夏，心术殊不可问。着即停止其廪饩。'某遂以发狂死。"②在算学试卷中应用阿拉伯数字竟被考官认为是"用夷变夏"之举，这种考试是否能真正促进新学也就可想而知了。此外该逸闻还带给我们两方面的信息，一是从一个侧面反映了清末在民间，来自西方的实学已经有了一定的发展，否则该生也不会以阿拉伯数字替代汉字中的数目字；另一方面，从该生被停廪后"以发狂死"的结局来看，通过科举晋升依然在当时的士人心目中占据着垄断地位，否则仕途的终止也不会给该生带来如此巨大的刺激。直至清末，废除科举提倡西学才逐渐在统治者内部形成共识，在论及科举存废时，张之洞（1837—1909）曾言："科举一日不废，即（新式）学校一日不能大兴。"③但尽管如此，科举的正式废除已经是新世纪的1905年，此时距清朝的最后覆灭也只有六年时间了。

科举制度滥觞于隋，经过各朝代的改进，在明代成熟并在清朝延续。但这种考试制度主要是为稳固王朝政治而设计，特别是在清朝，它严重地限制了当时知识分子的眼界。在没有和外来文化发生正面冲突的时候，这一制度可以对王朝的稳固发挥重要作

---

① 王道成：《科举史话》，中华书局1988年版，第133页。
② 徐珂编撰：《清稗类钞》二，《以外国字入经古试卷》条，中华书局1984年版，第619页。
③ 朱寿朋编：《光绪朝东华录·五》，中华书局1958年版，第4998页。

用。但在西方列强纷至沓来，携武力以求开埠的清末时代，科举这一"御内"之良术就不仅不能稳固皇朝，反而成为应对外来挑战的障碍。

通过与科举体制进行比较，就会发现日本德川时代选拔官员的体制给现代化转型带来的阻力更小，然而吊诡的是，如果从现代政治的视角来看，德川时代阶层世袭的官僚制度与科举制相比反而是落后的。然而恰恰是这一落后体制为新思想在日本萌芽与传播保留了一定的空间，从而使日本在面临来自西方的现代化的冲击时，涌现出一批具有前瞻性的思想家和政治家，福泽谕吉就是其中出色的代表。正是他们引领日本更为灵活迅速地应对西方挑战，从而相对顺利地走上现代化的道路。相反，中国选拔官员的科举制虽然与现代政治理念更为契合，但这种"早熟"的政治形态却为中国的现代化进程平添了不少阻力。

第三节　家族继承制度

虽然对于任何社会来说，经济制度和政治制度都是影响最为显著的基础制度，但除此以外，还有很多制度也发挥着非常重要的作用，比如家族继承制度、婚姻制度等。单纯从概念出发，很难对它们进行简单归类，因为它们对社会的影响涉及很多方面，无论是政治还是经济，甚至法律都与这些制度相关联。在社会演进的过程中，这些制度同样也会对演进的方向及路径产生影响。在本小节中，笔者将着重讨论日本的家族继承制度，该制度同样给日本的现代化进程带来重要影响，特别是将其与中国同时代的诸子析产的分割继承制度进行比较时，这一制度的影响更为明显。

近代以来，随着明治维新成功地推翻幕府，建立以天皇为核心的中央集权体制，"万世一系"的天皇皇室在日本也受到相当程度的重视，悠久的历史被认为是日本皇室优于其他国家皇室，比如清朝皇室的重要原因。德川时代，由于幕府主政，天皇的地位只具有象征意义，但当满族入主中原并建立清王朝之后，在日本的知识分子中开始流行一种"华夷变态"之说，即以日本为"中华"，而以当时的中国清朝为"蛮夷"。他们的依据就是清朝皇室乃出于蛮族，并不具有文化传统上的优越性，相反，与清朝相比，自古就受中华文明影响的日本反而与中华文明的血缘更近，因此在文化方面更为优越，也更有资格成为"中华"文明的代表。同时，自古以来一直延续的天皇皇室则成为这一理论的佐证。明治维新时期，出于以天皇为核心确立日本作为一个民族国家的整体意识的需要，新政府进一步强调天皇这种万世一系的血统，以向国民宣传天皇所代表的皇国日本的神圣性。当然，如果从现代政治的视角来看，皇室血统绵延不断并不算是优点，对于现代国家的统治者来说，更为重要的是其治理国家的能力，而非其在历史中血统延续时间的长短，毕竟现代政治统治者或曰治理者的合法性基础，已经从古代的神圣血缘演变为现代的依照民意实行善政。战后，根据新宪法，日本天皇被规定为一个象征性的存在，不再拥有实权，然而此时其"万世一系"的重要性反而凸显出来，这种绵延不绝的皇室血统正好成为日本民族历史悠久且富于生命力的象征，为加深日本民族凝聚力发挥作用。考察历史可以发现，日本在德川时代就已经出现对天皇"万世一系"的血统延续性的强调，尽管不同的强调者各自出于不同的目的，但从中可以发现日本文化具有一种很强的延续家族传统的倾向，这与

第一章　福泽谕吉思想形成的制度背景

中国文化更重视文明（道统）延续的倾向存在明显区别，①而在家族传统的延续中，日本的继承制度同样发挥了重要的作用。

　　日本的传统继承制度主要为家督单独继承制，但在漫长的历史中，日本的继承制度也有其复杂的演变过程。在镰仓时代（1185—1333）武士家族通常是由嫡子继承家长的地位，而家产则由各子嗣分割继承，到了室町时代（1336—1573）晚期，日本的武士家族开始出现单独继承制，其目的在于防止分家。②德川时代，由嫡子继承家长地位同时继承全部或大部分家产的制度最终被固定下来的。③同时，德川幕府为了保证自己的收入，对于农地的买卖、分割采取严格限制的手段，比如在1673年幕府发布的《分家限制令》中就明文规定拥有不足一定面积土地的村吏或农民不得分家分地，之所以会颁布这一限制令，目的在于方便收税，因为如果家业分散，收税的工作就将变得非常繁杂，税收成本也会大幅提高。发布这一规定的结果使单独继承制从武士阶层扩展到农民等其他阶层。尽管推行这种继承制度的初衷是为了便于幕府征税，但它同时也能够使家族势力得以延续，这种继承制度在社会各阶层的普及也为此后豪商的形成提供了制度基础。

　　值得注意的是，日本这种单独继承制度最主要的特点是更注重家族势力而非血缘的延续，也就是说，重要的是保持家族的地位和权力，为此在继承的过程中设计了不少制度，最重要的就是在选择继承人时根据的是能力而非年龄，长子并不必然继承家督的位置，此外还有隐居及养子制度。历史地看，日本的这种单

---

　　① 中国从古至今一直延续下来的并非是皇帝，而是儒家创始人孔子的家族，以此可见与日本的区别。
　　② 参见王炜：《日本家庭制度的形成及特征》，载《日本问题》1990年第2期。
　　③ 参见李卓：《中日家族制度比较研究》，人民出版社2004年版，第69页。

独继承制度其实是和幕藩体制一脉相承的,自其出现之始,就包含有维持家族(幕府、藩)的势力不至于因代际传承而衰落的目的。而在德川时代这种继承制度具有两方面的意义,一方面它可以使各藩的势力在代际传承的时候得以保留,并不会因此而逐渐没落。这不仅使幕藩体制能够稳定延续,同时在德川末期幕府势力下降时,还为雄藩的形成创造了条件。由于江户时期各藩的领地和俸禄的数量通常都是固定的,如果采用分割析产的继承制度,那么用不了几代,各藩的领地和俸禄就会分散到微不足道的地步,其势力自然也将随之消亡。另一方面,在江户时代中晚期,从事商业及高利贷业的町人发展成一股重要的势力,很多豪商聚集了大量的财富也和这种继承制度有关,因为它可以使财富在代际转移时仍能保持集中,从而为财富的继续增殖创造有利条件。这样一来,幕末时期在幕府统治之外形成了两股相对独立的势力,即西南雄藩以及一些积累了大量财富的豪商。前者最终在幕末时期联合在一起借助天皇的势力推翻了幕府,通过明治维新建立起中央集权的新型国家。而后者则为明治维新后日本转型为以商品生产为主的新型资本主义社会提供了财富与人员上的储备。而这两股势力之所以能够形成,与上述单独继承制度有着密切的关系。

实际上,在德川时代前期,儒学学者荻生徂徕(1666—1728)就已经认识到这种继承制度有可能形成"尾大不掉"的强藩,并因此威胁到幕府的统治,所以他曾向将军建议采取析产制的继承方式,从而将藩国规模限制在三十万石之内。①但他的建议并未得到幕府的重视。

---

① 【日】荻生徂徕:《政谈》,龚颖译,中央编译出版社2004年版,第185页。

第一章　福泽谕吉思想形成的制度背景

关于家族继承制度在这里还想补充两点：前面已经提到，日本的继承制度有一个非常重要的特点，那就是更注重家族的延续而不是血缘的继承，所以经常有让养子或女婿继承家业的情况。养子在德川时代非常普遍，比如福泽谕吉在年轻时就曾当过他叔父的养子，后来因为他哥哥去世，他要继承家业才又改回原姓，在幕末维新中扮演重要角色的四个大名中就有三个是养子[①]。这种养子制度的最大好处在于，它把家族和家业的延续看得很重要，为了能使家业得以延续，养子的条件规定得很宽泛，比如《贞永式目》就规定如果家主夫妇没有子嗣，在家主去世后，遗产由妻子继承，这时妻子同样可以收养养子以继承家业，[②]甚至会出现将继承权给予更有能力的养子而非自己亲生儿子的情况。[③]这样，虽然在血缘上家族未必一直延续，但家族和家业却能世代延续并保有自己的实力。

还有一点是隐居制度，这也是日本继承制度中很有特色的地方。所谓隐居制度是指当一个家族的户主年老体衰或丧失行为能力时，他就可以"退休"，将权力移交给继承人。这种制度的好处是，一方面它可以保证一个家族的统治者始终具有较为旺盛的精力，同时也能够在较大程度上避免权力转移给家族带来的动荡。这种制度在日本历史上多次出现，比如十一世纪到十二世纪的"院政"就是太上天皇在隐居中主政的体制。室町时代的将军

[①] 四个大名为：岛津久光、伊达宗城、松平庆永、山内丰信，其中只有岛津久光不是养子。参见李文：《武士阶级与日本的近代化》，河北人民出版社2003年版，第152页。

[②] 参见【日】山本七平：《何为日本人》，崔世广、王炜、唐永亮译，国际文化出版公司2010年版，第160页。

[③] 参见李卓：《中日家族制度比较研究》，人民出版社2004年版，第195页。

足利义满为了顺利地交接权力，在其子义持9岁时便隐居让位于他。德川幕府的开创者德川家康更是通过隐居让位于三子德川秀忠，向天下宣示将军职位的世袭制度。在上层，这种制度对于德川时代幕府与部分强藩代际之间交接权力无疑起到强有力的稳定作用。在民间，该制度同样为一些工商家族的世代延续发挥了稳定作用。

我们可以看出，无论是养子还是隐居制度，很明显都是以保存并扩展家族势力为目的的，它们对日本形成权力多元、分散的政治体制发挥了重要作用。我们经常可以看到，日本不少世家都有很悠久的历史，譬如世界上历史最古老的家族企业中，排名前两位的金刚组和粟津温泉酒店就都是日本企业，且都已经延续了上千年，或许就和这种家族继承制度有着相当大的关系①。日本很多德川时代的财阀都存续到现在，比如今天的三井财团就创立于1673年，距今已有三百多年。另外还有不少商家也发源于德川时代，比如日本历史最为悠久的百货公司松坂屋就创立于1611年，至今已有四百多年的历史，现在仍在经营。这些历史悠久的财团商家之所以能够延续下来，没有因分家析产而逐渐衰落，可以说正是拜日本传统继承制度所赐。

日本传统继承制度带来的另一个影响是促进人口流动。由于嫡子之外的子嗣没有继承权，所以成年后往往不得不自谋生路，他们有些人去给别人当养子，也有一部分来到城市，成为工商业者，从而为城市的繁荣提供了条件。到了明治时期，他们则成为迅速发展起来的现代工业的劳动力的重要来源，为工业发展提供

---

① 在研究长寿企业的专著《工匠精神》中，作者后藤俊夫将"人事风险"列为企业传承风险的首位，由此可见继承制度的重要性。参见该书第二章的讨论。【日】后藤俊夫编：《工匠精神》，王保林、周晓娜译，中国人民大学出版社2018年版，第25—71页。

第一章　福泽谕吉思想形成的制度背景

了人力资源。

另外值得一提的是，这一嫡子继承制度在明治维新后也没有被取缔。尽管维新后制定的《明治民法》是一部带有现代色彩的法律，比如该法取消了日本传统的一夫多妻制，男人纳妾因此不再合法，同时还规定了重婚为非法等。但是，这部法律却依然保留了"家督（户主）继承制"，将这种产生于武士家族的单独继承制度以法律的形式固定下来。《明治民法》规定继承人享有原户主的所有权利，同时也要承担其义务。虽然该法也规定了财产的平均继承原则，但同时也明确规定被继承人财产的一半应作为"遗留分"归家督继承人所有，也就是说家督至少可以继承财产的一半以上。这部民法一直实行到日本战败，直到1948年才由新修订的民法取代。从这一点可以看出，单独继承制在日本传统中具有很强的生命力，即使在迅速推进的现代化改革中，也没有被更具平等色彩的析产继承制度迅速取代。

反观中国，除皇族与少数贵族外，一直采取分割析产的继承制度，[1]诸子析产的继承制度在汉朝就已经出现，在唐朝更是以法律的形式固定下来，而《大清律例》中也规定"嫡庶子男，不问妻妾婢生，止以子数均分"[2]。这种制度使财产随着子嗣的繁衍而变得分散，因而难于形成与中央皇权抗衡的稳定且可一直存续的豪族势力。中国古代流传的所谓"富不过三代"的说法，正是对这种继承制度带来的财富分散效应的真实写照。

---

[1]　关于中国家庭继承制度可参见【法】安德烈·比尔基埃、【法】克里斯蒂亚娜·克拉比什-朱伯尔、【法】玛尔蒂娜·雪伽兰、【法】弗朗索瓦兹·佐纳邦德主编：《家庭史》下册，袁树仁、姚静、肖桂译，生活·读书·新知三联书店1998年版，第713、722、724页的讨论；另参见【美】杜赞奇：《文化、权力与国家》，王福明译，江苏人民出版社1996年版，第83页。

[2]　参见李卓：《中日家族制度比较研究》，人民出版社2004年版，第305页。

此外，由于这种继承制度使每个男性继承人都可以继承到一份遗产，这就使富有家族的每个继承人都可以衣食无忧，从而也就缺乏父辈拼搏奋斗的创业精神。[1]再加上崇尚多子多福的伦理观念也导致子嗣众多，加速了财产的分散。同时，受科举的影响，富有家族的第二代往往转为通过科举求取"功名"，比如在中国曾经很有名的晋商，很多富裕家族的子孙往往"与官府结托，投身政界，而不是投身工商业，成为工商业者"[2]。而日本的继承制度却使家督继承人之外的子嗣为了生存不得不去开创自己的事业，从而不致游手好闲。同时严格的身份制度又使得他们往往只能在自己所属阶层的范围内寻找职业，这就使阶层内部的竞争更为充分，从而为町人即平民阶层势力的不断发展奠定了基础。总而言之，中日两国不同的继承制度也给两国的现代化进程留下深深的烙印。

结　语

在本章中，笔者从三种制度出发对日本及中国在现代化之前的制度背景进行了简略比较。必须说明的是，日本及中国的前现代社会的制度差异并不仅仅局限在这三种制度上。笔者只是选出对现代化转型影响较大的制度展开讨论。另外，虽然本章将三种制度分节展开讨论，但实际上它们是结合在一起发挥作用的。比如德川时代末期雄藩的形成就与上述三个制度因素都有关系。通过制度比较可以看出，中、日两国的制度差异给两国现代化进程

---

[1] 参见李卓：《中日家族制度比较研究》，人民出版社2004年版，第337页。

[2] 参见张正明：《明清晋商及民风》，人民出版社2003年版，第183页。

第一章 福泽谕吉思想形成的制度背景

带来非常大的影响。在日本，严格的身份等级制度使中、下层武士深受其苦，同时也促使他们反抗，并最终成为明治维新运动的主角。在明治维新后的政府官吏中，士族出身的官吏占到三分之二以上，其中大多数是中下级武士。①正是由于德川时代严格的身份等级制度，一方面使他们无望在现行制度下施展抱负，另一方面又使他们有机会接触并学习来自西方的知识和思想，这就使他们同时拥有推动改革的动力和思想武器。本书讨论的福泽谕吉就是典型的例子，在自传中，他曾提到父亲因受等级制度之害而无法施展抱负的苦闷②，他自己亦对这种体制非常反感。明治时期的很多重要思想家都拥有相似的出身背景，如加藤弘之、中江兆民等都是如此。此外，幕藩体制和继承制度也为统治阶层内部孕育出可与幕府相抗衡的天皇及雄藩势力提供了土壤，最终这两股势力联合起来推翻了幕府的统治。同样受德川时期制度的影响，在民间也出现了从事工商业的町人阶层，他们在明治维新后成为日本发展经济的重要力量。如果从发生学的角度来看，明治维新的成功并非是偶然的，在其成功的背景中，传统制度发挥了重要作用。同时，福泽谕吉等一批知识精英的出现也并非偶然，而是与德川时代的制度背景存在千丝万缕的联系。

通过前述对日本与中国制度差异的考察，我们可以发现，如果从现代视角来看，中国的传统制度其实是比日本更"先进"的，也就是更近似于现代制度。随着日本现代化的演进，本章提到的上述传统制度基本上都已经被废止，幕藩体制随着明治维新的成功，大政奉还，版籍奉还，废藩置县而被废除，最终建立的

---

① 参见李文：《武士阶级与日本的近代化》，河北人民出版社2003年版，第243、246页。
② 【日】福泽谕吉：《福泽谕吉自传》，马斌译，商务印书馆1980年版，第6页。

是以天皇为中心的中央集权的国家统治，从而为在全国范围内推行改革提供了便利。德川时代严格的身份等级制度也随着明治维新后宣布"四民平等"而被打破，只有嫡子继承制度一直延续到战后，但也随着新民法的颁布而被从法律上废止了。相比之下，中国中央集权的郡县制度、通过考试选拔官员的科举制度，以及诸子平分家产的继承制度却都在现代化的过程中得到继承，只不过是以新的形式出现在新的社会中。由此我们可以看到，日本德川时代的旧制度恰恰是因其落后反而引发摧毁它的动力，从而能更迅速地完成现代转型，同一时期中国清代的旧制度反而因其"先进性"成为现代化改革的障碍，这正从某种意义上体现了历史的吊诡之处。

在本章篇末还想再次强调的是，在考察东亚各国现代化进程时，经常会因为关注其中"西方冲击—东方回应"的模式而把现代化的进程想象为一种"西化"的过程。不过笔者认为，虽然发端于十七八世纪的现代化浪潮始于西方，但整个现代化进程并不单纯是一种东方在西方冲击下开始效仿西方建立现代政治体制的过程。实际上，在从前现代政治体制向现代政治体制的演进过程中，无论是西方还是东方都为现代政治体制的形成提供了重要养分。因此，政治只有现代与前现代之分，并无东西方之分。另外，顺便补充一下，在政治理念方面，中国政治传统所推崇的"中庸之道"同样具有相当重要的现代意义。特别是在当下，一些西方国家的政治体制因各种主张的极端化而面临严重的观念对立及党派冲突时，如何避免极端思想导致的族群、阶层或派系撕裂等问题，中国传统思想所尊崇的"中庸""和为贵"[①]等理念或

---

① 这种避免极端化的思想弥漫于中国的传统思想中，不仅有儒家提倡的"中庸之道"，佛学中也有避免"断""常"两极的"中道"思想等，限于篇幅，在此不展开讨论。

第一章 福泽谕吉思想形成的制度背景

可提供某种借鉴意义。综上所述，尽管东亚政治现代化进程是在西方刺激下启动的，甚至可以说是对西方扩张的反动，但并不能简单地把这一过程说成是一个"西化"的过程，现代政治体制也不能简单等同于"西方"政治体制。

当然，最后还须提醒的是，尽管现代政治从东方和西方传统政治文明中都汲取了养分，但无论是东方还是西方的传统政治都与现代政治存在着本质上的不同，最为关键的区别则是对个人权利的强调。所以说，正如古希腊的"民主"不同于现代民主，中国古代的科举制度也不同于现代被广泛采用的现代文官制度，我们并不能将古代制度雏形与现代制度混为一谈。

第二章　福泽谕吉思想形成的思想背景

在上一章对日本德川时代的制度背景进行了简单考察之后，本章将继续对该时代的思想背景进行考察。尽管明治维新运动前后日本思想界发生了显著转变，但这一转变并非是在完全割裂传统的情况下发生的，相反还在很多方面继承了日本传统思想。正如福泽谕吉在其《分权论》中论及自嘉永年间（1853）佩里来航[①]以来日本发生的种种变革时所言，在各种变革中"尤以政治的变革最为迅速，最为活跃"[②]，同时他也指出，这种导致政治变革的力量虽然来自士族，但并非新生力量，而是通过对"旧来固有之力的变形"而实现的。作为这个时代思想领域中一个非常重要的变革者，福泽虽然对代表西方文明的洋学多有汲取，同时又对代表传统的汉学时加挞伐，但从他上面这段话可以看出，即使是他也不认为明治时期的日本文化是完全从西方移植的，而是将日本的"固有之力"集中于"文明开化"的结果。日本思想史研究者松本三之介在其对明治维新及其后的思想状况进行概括时提出日

[①] 指1853年，美国海军准将马修·佩里率舰队驶入江户湾，以武力胁迫日本打开国门的外交事件，因军舰为黑色，亦称"黑船事件"。

[②] 《福澤諭吉全集》第四卷、岩波書店、1970，二三八頁。由于本书对该"全集"引用之处甚多，为简便起见，以下凡引用《福澤諭吉全集》之处均以书名卷数及页码的方式标注，如本条按此方式将标注为：《福澤諭吉全集》第四卷、二三八頁。

第二章　福泽谕吉思想形成的思想背景

本的思想是在国权与民权①的纠缠中曲折地展开的。作为该时期最重要的思想家之一，福泽的思想同样可以被纳入这个框架。福泽思想中两个最为重要的脉络是自由主义②与民族主义，它们分别对应着民权与国权。如果我们对德川时代的思想史背景进行考察，就会发现两者分别与在日本德川时代获得进一步发展的"实学"思想以及民族意识相关联。在本章中，笔者尝试通过对实学与民族意识的思想史背景进行考察，从而展开对福泽谕吉思想的背景研究。

正如在上一章提到过的，与同时代的清朝相比，日本德川时代的学界存在着相对多元的学术传统。③这种多元性主要体现在两个方面，一方面在日本存在很多学术源流，如果对其进行最简单

---

① 参见【日】松本三之介：《国权与民权的变奏》，李冬君译，东方出版社2005年版。在这里国权与民族主义相关，而民权则与自由主义相关，虽然现代民族主义和自由主义的思想都发源于西方，但民族意识却在日本思想史中具有悠久的渊源，而这种日本传统的民族意识如何在与西方近代民族主义思想的碰撞中生成日本近代民族意识则是一个复杂的过程。西方的到来让日本开始自觉地以日本为单位思考问题。而西方扩张压力的急迫性则使日本更为注重"国权"，同时，民权之"民"本身也是个带有集体色彩的词汇，使其和"人权"之间形成微妙的区别，这也从一个侧面映射出日本更注重集体的状况。

② 在福泽所持的自由主义之前似乎应该加一个"准"字，因为福泽所信奉并提倡的自由主义与欧洲原发的古典自由主义已经产生了很重要的不同，福泽主张的自由主义受到来自民族主义的深刻影响。不过，福泽的思想可以说是一种对自由主义的误读，实际上这种误读不仅仅为福泽一人所拥有，也同时为很多与其同时代的日本思想家所分享，可以说日本的自由主义乃是一种误读的自由主义。关于福泽谕吉自由主义思想的特点，还将在以后的章节进行讨论。

③ 虽然清朝尤其是晚清也存在着西学影响逐渐扩大的迹象，但不同于日本。中国的民间思想与以乾嘉学派为代表的"考证学正统派"（梁启超语）相比，并不能形成多元并进的局面。而下面提到的日本三个学术流派，一方面他们之间存在对话与讨论，另一方面也都没有受到来自官方的强有力的排斥，其中很多的代表人物还与幕府权力或地方领主的权力保持着密切关系。

的梳理，那么大致可以分为以下几个主要流派，以兰学为主的西学流派，以朱子学、阳明学等为主的儒学流派，以及主张日本之特殊性及优越性的国学神道流派。①当然，任何类似的简单划分都难免以偏概全，上述三脉学术流派也都不是孤立存续的，而是相互影响、借鉴，并在相互碰撞中不断发展，同时很多学者的思想也并非仅仅受到其中一个流派的影响，而是多有汲取。②而且，德川时代的思想界当然不仅仅存在上述三个流派，在此之外，还存在很多草根思想家的思想，如町人思想、农民思想等，由于这些思想在创新之外还从很多方面汲取营养，其中往往混合了儒学、神道及世俗思想，所以很难对其进行简单归类。另外还有佛教思想，但在德川时期佛教思想至少在思想界因屡屡受到神、儒学者的排斥而逐渐式微，③并没有产生广泛而深远的影响。日本学术多元性还体现在上述每个学术流派内部也分出很多派别，其中最为典型的是儒学，这在前面已经述及，在此不再重复。

在本章中，笔者主要就兰学、儒学及国学三个流派来讨论它们在日本近代化转型及福泽思想的形成中的意义，主要围绕前述两个主题，一是实学，另一个是民族意识来展开叙述。因为实学与民族意识既是日本明治维新时期思想的主要内容，同样也是构

---

① 日本学者永田广志将这个时代的主要思潮做了更为细致的区分，但笔者认为，朱子学、阳明学、古学及心学可以笼统归于儒学，而神道与国学则存在密切的联系。参见【日】永田广志：《日本封建制意识形态》，刘绩生译，商务印书馆2003年版，第154页。

② 比如儒学者山崎闇斋的思想中就混合了神道思想以及儒学思想，而另一位儒学者海保青陵的"合理主义"思想则有学者认为与兰学存在关联，关于此参见韩东育：《日本近世新法家研究》，中华书局2003年版，第217—218页。

③ 参见【日】村上专精：《日本佛教史纲》，杨曾文译，商务印书馆1999年版，第298—300页，另朱谦之在《日本的朱子学》中将排佛思想的勃兴视为朱子学兴盛的原因之一，见该书第153页。

第二章　福泽谕吉思想形成的思想背景

成福泽谕吉思想的重要元素。

第一节　实学

在日本，近代实学的现代意义包括两个方面，一方面是以自然界为对象的采用实证方法进行研究的自然科学，这主要以兰学为代表；另一方面则是人文学科中能够在现实中发挥实际作用的学科。前者自然科学的"实学"地位一般不会引发争议，而后者的"实学"定位却通常具有相当大的模糊性，因为在这里"实"与"虚"的对立其实是一种主观价值判断。正如日本思想史学者源了圆所言："当人们不满意现存之思潮或价值观，社会价值体系发生动摇时，则有些人将支持当时价值观之学问贬为'虚学'或'伪学'，而将自己的学问称为'实学'。"[①]福泽等思想家对实学的提倡就属于这种情况，他们将西洋文明视为"实学"，同时将与之相对立的传统儒学视为"虚学"而予以摒弃。然而回顾历史，在德川时代初期，儒学反而是作为"实学"而被提倡的，与之相对立的"虚学"乃是当时在日本颇为流行的佛教思想。德川时代初期的大儒学家林罗山（1583—1657）就曾指所有儒学之外的学问皆为"虚学"[②]。为避免陷入价值评判的窠臼，同时也是为了从思想的现实意义出发，笔者将主要围绕日本在德川时代发展出来的一脉对人性采取现实主义态度的传统思想展开讨论，因为对人性的理解直接联系着伦理价值观等一系列现实中必须面对

[①]　《从开明思想言实学》载葛荣晋主编：《中日实学史研究》，社会科学出版社1992年版，第205页。

[②]　参见严绍璗：《日本现代化肇始时期的文化冲突》，载李玉、汤重南主编：《21世纪中国与日本》，北京大学出版社1996年版，第118页。

的问题。

一、兰学所带来的实证主义意义上的实学

遵循上述实学的两个方面考察德川时代传统思想对明治时期"实学"兴起所具有的发生学上的意义,首先可以提出,兰学的兴起为自然科学在日本的传播奠定了基础。实际上,兰学只是德川时代西学在日本的代称,因其主要源于荷兰而得名。在此之前,以1543年葡萄牙人漂流到日本种子岛并传入洋枪为标志,西学开始在日本传播。由于当时的外国人在日本被称作"南蛮",所以西学最初被称为"南蛮学"。主要经由传教士传入的南蛮学虽然并不能代表当时欧洲科学的最高水平,但却基本上具备了此后兰学所包含的大部分内容,①如医学、天文学,地理学等。由于始自丰臣秀吉并延续到德川时代初期的禁止天主教运动,南蛮学的传播中断。然而,由于基督教②内部的矛盾以及出于对贸易的渴望,信奉新教的荷兰在日本禁教行动中站在了支持幕府一边,如为镇压岛原天草起义提供军舰及大炮等,③从而使荷兰人避免了与葡萄牙人一起被驱逐的命运,这就为后来西学在日本的传播留下一个窗口,而兰学之名亦出于此。德川幕府的锁国体制④以及思想

---

① 参见【日】杉本勋编:《日本科学史》,郑彭年译,商务印书馆1999年版,第121—132页。

② 在中国,基督教往往被视为新教教派的同义词,此处我采用"基督教"一词系指包括天主教、东正教、新教各流派在内的宗教总称。

③ 参见王金林:《简明日本古代史》,天津人民出版社1984年版,第354页。

④ 一般认为日本在德川时代实行锁国体制,不过,尽管德川家康在1612年颁布了基督教禁令,但他对基督教的态度还是相对宽容的,主要担心其成为挑战幕府的不安定势力,他对对外贸易也持宽容的态度。在三代将军家光执政时期,锁国制度才开始严格化,特别是在岛原之乱(1637)之后,幕府才开始严禁基督教传播。

第二章　福泽谕吉思想形成的思想背景

钳制虽在一定程度上限制了西学在日本的传播，但西学并没有完全被禁绝，在兰学兴起前，依然在民间保持着小规模的传播。①

虽然兰学在德川时代的兴起主要是由于第八代将军德川吉宗（1684—1751，1716—1745任将军）时期采取的"弛禁"政策，这一政策允许宣扬非基督教教义的西方书籍在日本流传，但在前两任将军的"正德文治"时代，幕臣新井白石（1657—1725）就已经显现出对西方学问的强烈兴趣，此时在幕府和民间都出现了关注兰学的学者。虽然兰学最初的开拓者大多是藩医，从而使医学在兰学中占据一个非常重要的地位，但兰学并不仅仅局限于医学，同时这些藩医的兴趣也并不仅仅集中在医学之上，而是多有涉猎。如与福泽谕吉同属中津藩的藩医前野良泽（1723—1803）就在医学之外还从事物理学、天文学及地理学等方面的研究；另一名医生桂川甫周（1751—1809）则对世界地理很感兴趣。②实际上，医学本身也带动了相关自然科学的传播，如药学、博物学、化学甚至物理学等，日本最早的物理学著作《气海观澜》（1825）就出自兰医青地林宗（1775—1833）之手。这种由医学带动的自然科学传播成效非常显著，它使明治维新时期很多倾向西学的知识分子拥有相当程度的自然科学知识基础。以福泽为例，他曾就学于兰学者绪方洪庵的适塾，当他于1860年访问美国时，美国人曾非常热情地向他们一行人介绍美国的近代科技，然而福泽对这些知识已经了解得非常清楚了。③

---

①　参见杉本勋编：《日本科学史》，郑彭年译，商务印书馆1999年版，第199页。同时兰学在日本的传播空间也受到当时日本社会传统制度的保护，参看本书上一章的讨论。

②　同上书，第236页。

③　参见【日】福泽谕吉：《福泽谕吉自传》，马斌译，商务印书馆1980年版，第98页。

兰学给日本实学发展带来的影响不仅仅在于它传播自然科学，更重要的是它同时也向日本介绍了西方自然科学背后所蕴含的讲求实证的方法论。既是兰医同时也是兰学者的杉田玄白（1733—1817）之所以决定翻译《解体新书》，就是因为他与前野良泽等人想求证该书所述是否与人体实际情况一致。通过解剖死刑犯人的尸体，他们发现该书插图所绘与人体完全一致，于是第二天，他们就开始翻译该书。由此可见，杉田玄白等人已经拥有了实证的观念，而这种观念亦随着他们对兰学的学习而得到巩固。在前野良泽的《管蠡秘言》（1777）中的《戏论五行》一节中，他就采取排斥中国的五行说而主张西方四元说的立场。从今天自然科学的角度来看，无论五行说所主张的金、木、水、火、土还是四元说所主张的土、水、火、空气，实际上都是对物质世界非常不准确的概括。然而前野却认为五行说因其和仁义礼智信、东南西北中等牵强地联系在一起，毫无实证的基础，因此是"仅中国一地之私言"，而四元说却因其仅讨论构成物质世界的要素，所以反而是一种具有普遍性的理论。①前野的这一主张表明他已经深刻地意识到中国学术与西方学术在方法论上的差异，正是这种差异导致尽管在中国和西方古代都存在对世界的"朴素唯物主义"的解释，但西方却在此基础上通过实证研究发展出近代关于物质构成的元素理论，以及更进一步的量子力学等研究物质基础构成的科学，而中国却并没有发展出类似的自然科学。在德川时代后期的天文学家高桥景保（1785—1829）所著的《北夷考》中，更是在卷首对"汉土"（中国）与西洋的方法论进行了

---

① 参见杉本勋：《日本科学史》，郑彭年译，商务印书馆1999年版，第237—238页；同见王家骅：《儒家思想与日本文化》，浙江人民出版社1990，第153页。

第二章　福泽谕吉思想形成的思想背景

界定:"凡汉土立空理,西洋立实理。空理者何也？所谓理,乃坐而论阴阳、三才、格物致知者也。实理者何也？所谓气,实验其物后论其理,使契合标的者也。汉土与西洋学之所异,盖如此也。"[①]在这里高桥虽然沿用了儒学中"理""气"[②]的概念,但他同时也指出"实验其物后论其理,使契合标的者也"[③]的方法论正是中、西学术之间的差异之所在。

兰学在向日本传播自然科学知识的同时,也开阔了当时知识分子的眼界,使他们意识到在中国学问之外还有一套完全不同但更符合实际的学问,于是就萌发出对儒学的批判意识,自然也就不再迷信儒学。由于兰学在实践中显示出比汉学相关部分更强的与现实世界的一致性及合理性,这就为以后同样来自西方的人文思想的传播奠定了基础,福泽本人也意识到了这一点,他曾说过:"我日本国输入新文明的道路,恰巧始于此物理之门。"[④]

客观上,兰学的存在削弱了儒学的垄断性。同样,兰学的传播也对很多儒学者的思想产生了影响,如早期儒学者贝原益轩(1630—1714)就不排斥兰学,并对荷兰外科医术持肯定态度:"彼国俗穷理,往往长于外治,疗病有神效……"[⑤]到了德川时代

---

① 转引自【日】吉田忠:《兰学与实学》,载《中日实学史研究》,中国社会科学出版社1992年版,第294页。

② 虽然"气"在中国是作为与"形而上"的"道"相对立的"形而下"的概念,但宋学中的"理""气"概念不能简单地认为就是与西方的"精神"与"物质"分别对应的概念。

③ 转引自【日】吉田忠:《兰学与实学》,载《中日实学史研究》,中国社会科学出版社1992年版,第294页。

④ 【日】福泽谕吉:《福翁百话》,唐沄、张新华、蔡院森、侯侠译,上海三联书店1993年版,第286页。

⑤ 王家骅:《儒家思想与日本文化》,浙江人民出版社1990年版,第97页。

晚期更是出现了"嫁接儒学与洋学的尝试"[①],幕末重要的思想家如佐久间象山(1811—1864)、横井小楠(1809—1869)等人便是代表。总而言之,可以说兰学在日本的传播为明治时期新思想的引入及扩散提供了知识与方法论的基础。

二、对人性采取现实主义态度意义上的实学

一般提到德川时期的实学,主要讨论的通常都是兰学,但与兰学一样,日本德川时代的其他学派也具有某些实学的色彩。在这里,实学之"实"并不是指兰学所涵盖的如医学、物理、化学等涉及实体对象的自然科学,而是体现在其他学派的伦理思想中存在一种对人性的现实主义态度上。也就是说,日本的儒学、国学等学派在处理伦理问题时,能够从实际人性出发,而不是凭空谈论一些抽象的道德伦理概念。当然,这里"实学"指的是本节开始部分所说的第二个方面的实学,即源了圆提到的根据价值判断而定义的实学。

那么,如何才算是从实际人性出发呢?其实,无论在东方还是西方,对人性如何界定的问题都是伦理思想中的核心问题之一,在中国就存在孟子的性善论与荀子的性恶论等不同观点,[②]围绕该问题的种种讨论也一直延续至今。在西方也一样,自古希腊起至于现代,各种关于人性的论述层出不穷,对人性的讨论依然延续在目前的伦理学及政治哲学的研究中。

如何界定人性的问题实际上包括两个层面,其一是关于人性本身是什么的问题,其二则是应该以何种态度来应对人性的问题。然而无论从哪个层面出发,这类问题都属于道德或政治哲学

---

① 同上书,第151页。
② 参见冯友兰:《中国哲学简史》,北京大学出版社1996年版。

第二章　福泽谕吉思想形成的思想背景

范畴中，没有或不可能给出标准答案的问题。之所以没有标准答案，主要是因为社会科学与自然科学间在方法论上存在的巨大差异，在此不做展开讨论。不过可以简单提示一点，当我们考察人性是什么时，我们面对的是每个个人，尽管在个人的行为中可观察到很多共性，但我们却无法像在自然科学研究中那样，假定这些作为个体的个人是一个个性质完全相同的原子。也就是说，人，作为社会科学研究的最小单位，本身乃是一个变量而非常量，这就使我们不可能像自然科学研究那样，在不考虑个体差异——比如假定所有同一元素的原子都具有相同性质——的基础上依然能够得出准确的结论。我们可以看到，应该以何种态度应对人性的问题本身属于休谟所说的"应然"问题，它关乎道德或政治理想，并不能通过研究"实然"问题的自然科学方法论来界定。①

在对人性的种种叙述中，通常存在善与恶，利他与利己两种概括性话语，②由于人们经常将善与利他联系在一起，而将恶与利己联系在一起，这就使两种话语貌似一致地接合在了一起。比如在汉语中，将利己与恶结合在一起的"自私"一词就是一个贬义词，说一个人非常"自私"或"自私自利"并非褒扬而是贬损。但实际上，这两种话语间存在着非常重要的差别，"善"与"恶"属于价值判断的范畴，"利他"与"利己"则通常属于事

---

① 苏格兰哲学家休谟即认为从实然是无法推断出应然的，在两者之间存在一条逻辑上的鸿沟，当然，也有很多道德实在论者反对休谟的这一观点。这属于伦理学中经常被讨论的经典问题之一。笔者比较认同休谟的观点，也就是说尽管我们可以用一些主观性的因素，比如"共情"来填补这一逻辑的鸿沟，但毕竟两者不属于同一范畴。

② 概括地看，至少就中国哲学而言，关于人性善恶的话语更占据主导地位；西方哲学讨论更多的则是利己与利他，对两种话语的界定至今仍未能形成一致的看法。

实判断的范畴，这样后者就有可能为我们提供一种价值中立的对人性的叙述。之所以对这两种范畴进行区分，其意义在于，这可以使我们避免价值判断带来的主观偏见，从而以一种现实主义的客观态度看待人性。①

在对人的本性进行利他或是利己的界定时，任何单一的定义都肯定会招致有力的反驳。当界定人是利他的时候，我们在现实中可以观察到人大量的利己行为，甚至很多表面上的利他行为本身也包含着利己的因素；同样，当我们界定人是利己的时候，我们也会发现很多反例。现实中经常可以看到乐于助人的案例，家庭中父母，尤其是母亲对待子女的行为模式更不能被判定为利己。而且，无论是在更为强调子女赡养义务的社会中，还是对此不那么强调的社会中，父母对子女的爱在整体上并不存在显著的差异。所以在讨论人性时应尽量避免对人性进行或利己或利他的二元对立式的界定，人性实际上具有利己与利他两个侧面。当然，这并不表明人性可以被划分为两种，我们也不可能将人分为利他之人与利己之人两类，现实中我们观察到的每个人几乎都会做出利己与利他的行为。

笔者认为，关于人性更为准确的叙述是：如果从主观的视角来看，人性是自利的。但如果从客观的视角来考察人的具体行为，则既存在利他的行为也存在利己的行为。也就是说，人从自利的动机（不管是有意识的还是无意识的）出发，在现实中会做出各种利他或利己的行动。

虽然本章的目的并非讨论人性，但在对人性的现实主义态

---

① 这一点源于休谟将判断分为价值判断和事实判断两类，认为价值判断是主观的，事实判断是客观的。比如【美】普特南：《事实与价值二分法的崩溃》，应奇译，东方出版社2006年版，但这一挑战在学界尚未形成定论，故在此依然沿用休谟的旧说。

第二章 福泽谕吉思想形成的思想背景

度进行界定之前，还是有必要对何谓人性做出判断，在做出上述判断之后，笔者在此还想做一点说明。人们经常会把自利与利他行为对立起来，之所以会这样，是因为混淆了主观与客观两种视角。行为者任何自愿的行为，如果从该行为者自身的视角出发，在行为发生的时间点上必然是自利的，因为否则行为者就不会如此行为。[①] 但如果从其他人的视角来看同一行为，则有可能被认为是利他的。最常见的例子就是当一个人在为慈善机构捐款的时候，他自己从中获得的心理上的满足，即效用，肯定会大于他所捐出去的款项给他带来的损失，因为否则他就不会捐款。这种效用可能包含多重含义，既有可能是单纯出于帮助他人的快乐，也有可能仅仅是为了不辜负他人对自己的期望。对于捐款人来说，前者相当于用一定的金钱来交换帮助他人所带来的愉快感受，这种感受包括帮助他人行为本身的快乐，以及受到他人感谢或赞扬时的荣誉感等，而后者则相当于用一笔钱来避免他人的期望得不到满足进而可能给自己带来潜在损害。然而，其他人并不会关注捐款者内心的各种活动，他们看到的只是他捐出金钱帮助别人，于是从他人的视角来看，这就可以被视为单纯利他的行为。

关于客观上的利他行为同时也是主观上的自利行为这样一个判断，还有必要在这里进一步说明一下。现实中，人们最常见的利他行为主要体现在以下几个方面：首先是父母亲友之爱；还有就是人在现实中参与的各种慈善活动；另外，在紧急情况下舍己救人也是经常可以看到的利他行为。这些利他行为都不能否定人性主观自利的判断，因为上述行为均可以解释为人从自利的角度

[①] 当然，这有个前提，那就是人拥有自由意志。尽管至今人到底是否有自由意志还是一个没有确定结论的问题，但笔者支持人拥有自由意志的观点。一方面这符合我们的直觉，另一方面社会也是按照人有自由意志的方式运行的，否则法律的合法性就难以保证。

出发所做出的行为。父母对子女的爱有时甚至会导致父母放弃生命，但这仅仅表明父母将对子女的爱视为比自己的生命更为重要的事，尽管在外人看来，也许并没有什么事会比自己的生命更为重要。这里有必要提示的是，关于人性的讨论，不仅是道德哲学关注的问题，同时也是经济学关注的重要问题之一，被认为是经济学的理论基础的"理性人假设"就与之息息相关。当然，"理性人假设"也是经济学中受到批评最多的理论之一。不过，笔者却认为对"理性人假设"的批评并不能从根本上颠覆经济学，这是因为如果我们将理性视为人"趋利避害"的行为动机，则所有对理性人假设的批评不过是反映了一个现实，即虽然人们多数情况下能对何为利何为害达成共识，但利与害在根本上并不存在唯一的标准。简而言之，人类只是在"趋利避害"的动机上存在共性，这也是基本的人性，但对何为利何为害的判断却可能产生分歧，正是这种分歧会使人们为了同样的目的做出完全相反的行为。比如同样为了获取快乐，有的人会努力赚钱，有的人则会努力花钱。另外一种对理性的批评则建筑在行为的成功与失败上，即尽管所有人做事都有着清晰的目的，但该目的是否能够实现却往往被认为和"理性"相关，成功者常常被认为是理性的，而失败者常常被认为是"盲目的"，也就是非理性的。然而实际上，一个人的动机和行为之间存在着非常大的差距。比如所有人投资的动机都是为了赚钱，但在现实中，我们却能看到很多注定会赔钱的愚蠢的投资行为，比如拿一大笔钱用于赌博或购买彩票。如果我们从结果出发来判断这个人是否理性，那肯定会得出他是非理性的结论。但如果我们从其主观动机出发来判断呢？尽管赌博是一个愚蠢甚至有害的行为，但依然有很多人参与，他们或者把赌博视为赚钱的捷径，或者只是视为一个找乐的游戏，但无论如

第二章　福泽谕吉思想形成的思想背景

何，参与赌博都是出于自利的动机。

另外，现实中人的行为并不总是经过深思熟虑的，很多行为是受到心理冲动的驱使。同时，作为社会性动物，道德伦理、来自他人的压力都会潜在地影响人的心理，使其在特殊情况下做出一些在旁观者来看并不符合其利益的举动。然而，尽管这些人在心理冲动下做出的行为是利他的，比如见义勇为，乃至舍己救人的行为，但在该行为发生的时刻，即使没经过深思熟虑，行为者的所作所为也必然是顺从了自己当时的意愿的，否则该人就不会如此行事。如果一个人平时没有很强的正义感和责任感，那么他就不会冒险去制止一个正在抢劫的歹徒。对于做出如此行为的人来说，在其行为的瞬间，驱使其如此行事的正义感和责任感必定超越了对自己所冒风险的考虑。同理，消防员在救火时，其职业伦理也促使其甘愿冒受伤乃至失去生命的风险。总之，人的行为是受自己主观意愿驱使的，而这种主观意愿与客观利益并不必然是一致的。

最后还有必要补充说明的是，尽管关于何为人性的讨论自古以来就没有停止过，古今中外也出现过各种不同甚至对立的话语，但是普遍主义的人性预设还是非常必要的。原因很简单，如果没有这一普遍主义的预设，即人类拥有共同的人性，那么所有社会科学都将丧失讨论的基础，同时还会出现以国别、种族、民族，乃至地域划分的完全不具有共性的"学派"，这样人文社科领域的学术讨论也就失去了意义。因为任何分歧只要一句话就可以解决，那就是：我们和你们虽然同为人类，但却拥有完全不同的人性，因此根本不存在共同的理论。所以说普遍主义的人性是一个必要的预设，如果否认这一点，社会科学的讨论就无法进行。

通过上面简单的讨论我们可以看到，从主观视角出发，人们的行为都是自利的，但这些行为在现实中却可以分为利他与利己两类。当然，这就会涉及另一个非常重要的哲学问题，那就是自由意志。限于本书的主题，不在此就该问题展开详细讨论了。①

正因为自利的人性体现在人的具体行为上时包括利己与利他两种样貌，我们才有可能通过某种方式，比如制度设计来引导人的行为。休谟就认为"利己心才是正义法则的真正根源"，将社会制度的基础建立在人的"利己心"上。②在一个善的社会，人们的自利行为并不会对他人及社会带来坏处，而如何实现善的社会，则引发前述关于人性的第二个层面的问题，即对人性的态度问题。该问题表现为，我们是应该接受现实，从着重考虑人性利己一面出发，通过设计出一套约束性制度，对自利人性的潜在破坏力进行限制，以达至善的社会呢？还是应该着重考虑人性利他的一面，通过以教育等手段充分提升人的利他意愿，同时抑制或消除人的利己意愿，以达至善的社会呢？可以说，前者重点在惩恶，代表一种对人性的现实主义态度；后者重点在扬善，代表一种对人性的理想主义态度。这两种思路正对应着政治思想中强调

---

① 理性、自由意志等问题一直是非常重要的哲学问题，近年来有不少作者从跨学科的角度对这一哲学问题进行研究，并发表了不少重要的研究成果，比如美国学者丹尼尔·卡尼曼的著作《思考·快与慢》就讨论了将人的思考分为直觉主导（快）与理性主导（慢）两类，而另一美国学者理查德·塞勒的著作《"错误"的行为》则讨论了一些典型的人们会去做的非理性行为，另外，美国学者罗伯·萨波斯基的《行为》则从神经学的角度讨论了与人的行为有关的各类问题，包括自由意志，还有美国学者乔纳森·海特的《正义之心》从心理学的角度探讨了道德问题等。不过，单纯从哲学的角度来看，这些作者的观点与笔者在此讨论的问题并不构成矛盾。

② 【英】休谟：《人性论》下册，关文运译，商务印书馆1980年版，第569页。这里休谟所说的"利己心"其实就是笔者所说的自利之人性。

第二章　福泽谕吉思想形成的思想背景

制度的法治与强调道德的德治的分野。①通过对日本德川时代的政治思想进行考察，就会发现当时已经出现对人性的现实主义态度的萌芽，这种萌芽表现出与强调法治的西方近代政治思想的某种契合性，从而也为明治维新引进各类制度创造了空间。当然，明治维新并没有使日本完成法治转型，这一转型的真正实现还是在第二次世界大战以后。但在明治时期日本至少在形式上已建构出法治的框架，而德川时代思想背景中的实学②则有助于降低日本在引进以法治为核心的各类制度时所遇到的阻力。

　　回到德川时代的实学，我们可以看到，儒学脉络中这种对人性的现实主义态度主要体现在与正统的朱子学相颉颃的古学派儒者的思想中。古学派的先导者山鹿素行（1622—1685）认为："人心唯好利恶害者二，是称好恶之心。依此心立教，遂述圣人之极。观《大学》之以好好色、恶恶臭为诚意之章，人心之好恶天下一也，若无此利害之心，则为死灰槁木，非人也"，"今以

---

① 在《中国哲学史大纲》（东方出版社1996年版，第284页）中，胡适指出荀子的性恶论的"自然结果是主张严刑重法来制裁人的天性"，并指出荀子的弟子韩非、李斯等法家思想与之相承的关系，这就揭示出"性恶论"与法家思想的潜在联系。当然，这里必须指出的是，性恶论与法家的联系并不能简单地等同于对人性的现实主义态度与法治的联系，因为人性的现实主义态度并不认为人性为恶，而是认为人性利己的一面可能成为恶行的原因。同时中国古代的法家思想与法治思想之间也存在差异，其最根本的差异在于法家思想并无法律至高无上的思想，虽有"王子犯法，与庶民同罪"的说法，但只是"王子"而非"王"，法家所主张的法只是统治者采用的一种统治手段，而非对统治者自身所可能导致的暴政的限制，因此依然是法"制"而非法"治"。同样有必要在这里指出的是，尽管上述两对关系并不等同，但前者却可以为后者的发生提供适宜的土壤。另外提倡法治（制度主义）与提倡德治（道德主义）这两种态度也可以视为政治思想中"消极"与"积极"两种基本观念的区别，也就是说，法治意在惩恶，通过减少恶行的发生而实现善的社会，而德治意在扬善，通过促使善行增多而实现善的社会。

② 指前述第二层含义的实学，即以现实主义态度看待人性之"实"学。

天下之人情来计之，人性无不以利为本，以利为本，此道方得以立而行，君君、臣臣。若失却此利心，则君臣上下之道不立。"①这里，山鹿承认人的好利之心，并将儒学的伦理建立在"利"的基础上，这无疑是承认人性具有现实的一面。山鹿还认为："性不可以以善恶言，孟轲所谓性善者，不得已而字之，以尧舜为的也。后世不知其实，且认为性之本善，立工夫，尤学者之惑也。"②这就否定了善和恶作为人的本性的叙述方式。而且山鹿素行还认为："去人欲非人"显现出了对人的欲望的客观现实态度。③

同属古学派的伊藤仁斋（1627—1705）也提出了人性与道德的区别："仁义理智四者，皆道德之名，而非性之名，道德者，以遍达天下而言，非一人之所有，性者以专有于己而言，非天下之所该也。"④在这一点上，他的思想与西方伦理思想存在某种一致性。在对西方伦理思想进行考察时可以发现，其对"善恶"的讨论并非集中在人性上，而是集中在对"善恶"本身的讨论上，即对人的生活实践中何谓善，何谓恶的讨论。⑤而在这段话中，伊藤仁斋也将道德问题与人性问题分而视之，在他那里道德被视为

---

① 「謫居童問・欲心」，『山鹿素行全集』第十一卷、岩波書店，1940，五十四—五十五頁。

② 【日】山鹿素行「聖教要録」、『日本倫理彙編』第四卷、育成会，1901，二十五頁。

③ 王家骅：《儒家思想与日本文化》，浙江人民出版社1990年版，第130页。

④ 【日】丸山真男：《日本政治思想史研究》，王中江译，生活·读书·新知三联书店2000年版，第35页。

⑤ 关于善与恶的讨论可参见《西方伦理学名著选辑》（商务印书馆1996年版）中的相关章节，实际上西方的伦理学思路一直围绕着何谓幸福生活这样一个主题展开，而诸如道德、善恶、公正等问题的解决则被视为幸福生活的条件。于是回答何谓道德、善恶等问题就成为伦理学的核心问题。

第二章　福泽谕吉思想形成的思想背景

普遍的价值判断标准，而人性则因人而异。

古学派另一支的代表荻生徂徕（1666—1728）虽然在很多方面与伊藤仁斋存在分歧并对他提出批评，但在对人性的现实主义态度上却与仁斋存在一脉相承之处。他提出："人之性万品，刚柔、轻重、迟疾、动静不可得而变矣，然皆以善移为性，习善即善，习恶即恶。"①这里的"万品人性"虽类似于现在所说的"性格"，但"善移"则是人性的共同特点，而善恶则非人性所固有的性质，而是后天之"习"的结果，于是徂徕通过强调"习"的作用而将善恶与对人性的本质性叙述脱离开来，从而得出"故荀、孟皆无用之辩"②的结论，也就是说，人性并非存在先天善恶，所以性恶性善的论辩是没有意义的。在此基础上，徂徕进一步承认人的求利本性，同时还认为否认人有利欲的观点乃穿凿附会之说："然亦当以人之以为利而欲之者为本焉。若以其以为不利而恶之者为本，则凿矣。"③

荻生徂徕的弟子太宰春台（1680—1747）则发展出更为完整的现实主义人性观。他首先认为无论孟子的性善论还是荀子的性恶论都是错的，并非前者对而后者错。同时他还认为"饮食男女"之"大欲"乃是"虽释迦、达摩亦不能无"的欲望，并指出："故人欲非罪，穷人欲者罪也。"也就是说，人人皆有的欲望并非罪恶之源，罪恶源于对欲望的不加节制。由于承认人的欲望，他进而认为："凡施政事，协人情则民易从，悖人情，则民不从"，而顺乎民情的施政方式则是尽可能使民众富裕起来，这

---

① 【日】荻生徂徕、「辯名・下・性情才」、『日本思想大系・36・荻生徂徕』，岩波书店，1973，一三七頁。
② 同上，一三九頁。
③ 【日】荻生徂徕、「萱園六筆」、『荻生徂徕全集』第十七卷、みすず書房，1976，四五六—四五七頁。

样民众就不会因欲望得不到满足而作恶。①尽管太宰春台的这一思想并非现代意义上的政治思想,但这种现实主义人性观却与现代政治思想存在某种契合之处。

在日本德川时代其他思想流派的思想家中,亦可以发现类似的对人性的现实主义态度。作为"独立思想家"的三浦梅园（1723—1789）对人性就有自己的看法。关于人性的善恶,三浦梅园认为:"盖言善者,以情欲所有之明为言;言恶者,以情欲所有之私为言;未知心性条理之分者也。"②也就是说,无论认为人性是善的还是恶的,都只是片面的,是仅就人性的一个方面而言。综合来看,善与恶都与人的情欲联系在一起,善代表情欲之明,而恶代表情欲之私,这就是说情欲与人的本性联系在一起,无所谓善恶,只有情欲主导了人的行为后才会出现善与恶的分野。

除了上述认为人性无所谓善恶的观点之外,日本德川时代还出现了进一步对人的私欲予以肯定的观点,这就与主张"存天理、灭人欲"的朱子学产生了较为明显的分歧。如国学派思想家本居宣长（1730—1801）就指出:"世之儒者,以不忧身之贫贱,不求富荣,不求快乐为之佳事,此乃非人之实情。多贪名之伪作也。"③认为儒家提出的道德学说是一种与人性相背离的虚伪学说。他同时提出:"人欲岂非亦即天理乎?"④对"人欲"持一

---

① 参见韩东育:《日本近世新法家研究》,中华书局2003年版,第156—159页。

② 【日】三浦梅园:《赘语·善恶帙》上,参见朱谦之:《日本哲学史》,人民出版社2000年版,第152页。

③ 【日】丸山真男:《日本政治思想史研究》,王中江译,生活·读书·新知三联书店2000年版,第37页。

④ 【日】本居宣长,「直毘霊」,『宣長選集』、筑摩书房、1986、六十页。

第二章　福泽谕吉思想形成的思想背景

种肯定的态度。

　　福泽谕吉在将传统儒学斥为虚学的同时提倡实学。然而实际上在德川时代晚期已经有很多儒学学者开始提倡实学。前述幕末时期被认为是明治维新思想先驱的佐久间象山、横井小楠等作者都是实学的提倡者及实践者。作为一位儒学者，佐久间象山提倡"有用之学"，他还提出了著名的"东洋道德西洋艺"的口号，这很容易让人联想到清代洋务派的"中体西用"说。但与"中体西用"说不同，佐久间象山是将重心置于"西洋艺"上的。① 尽管佐久间象山是一个儒学者，但他对洋学抱有浓厚的兴趣，甚至还积极从事自然科学的研究和实验，他实际上是将研究自然"实理"与宋儒的"穷理"之说联系在一起。② 这与同时代大桥讷庵（1816—1862）的"西洋不知穷理"论相比更为准确。另一位重要作者横井小楠亦指出："后世学者于日用上毫无所知，而只就书本理会，是非学古人之学，而成为所谓古人之奴隶。"③ 强调"日用"，同时反对做古人之奴隶的教条主义态度。

　　上述德川晚期实学思想的出现一方面可以归结为通过清朝在鸦片战争中的失败，日本学者发现了洋学的先进性，同时西方势力的逼近也给日本知识分子带来很大压力；另一方面也可以说体现了此前日本学界中强调"经世致用"的传统。该传统可以一直追溯到德川时代前期的贝原益轩（1630—1714）、新井白石等

---

①　参见葛荣晋主编：《中日实学史研究》，中国社会科学出版社1992年版，第278页。
②　【日】永田广志：《日本哲学思想史》，陈应年、姜晓成、尚永清等译，商务印书馆1983年版，第261页。
③　【日】山崎正董编、『横井小楠遺稿』、日新書院、1942、九三二頁。

人，而该传统在其后的怀德堂学派中亦有所反映。①

上面对德川时期日本实学的脉络进行了简略考察，在此还想说明的是，日本德川时代虽然存在上述实学的脉络，但实学本身并非德川时代学术的主流线索。首先作为实学的主要载体，兰学以及在德川晚期发展起来的洋学只是德川时期日本学界的一脉支流，其真正发展壮大还是在明治维新之后。而且即便在明治维新之后，洋学也并非一统天下，曾经是德川时代主流思想之一的儒学也没有完全丧失影响，甚至还在抵抗全盘西化，同时确立日本民族国家意识方面发挥了重要作用。此外，尽管在德川时期儒学出现了实学意识的萌芽，但也必须指出，这种实学萌芽一方面受日本的现实因素影响，一方面也可以在中国儒学中找到其源头。日本思想史学者源了圆在其《从开明思想言实学》一文中就指出日本出现实学的一个因素是："朱子学之思想构造有使实学成为可能之依据。"②不过，与日本相比，实学在清代中国却并没有像在日本那样发扬光大，源了圆认为其中一个重要因素是科举制度禁锢了知识分子的思想，③而他的这一观点恰好可以印证笔者在上一章关于科举的讨论。

---

① 详见王家骅：《儒家思想与日本文化》，浙江人民出版社1990年版，第92页。

② 参见葛荣晋主编：《中日实学史研究》，中国社会科学出版社1992年版，第206页。另外丸山真男在其《日本政治思想史研究》（王中江译，生活·读书·新知 三联书店2000年版）中曾以荻生徂徕为例指出德川时期一些具有资本主义思想萌芽性质的思想的"自源性"，但已经有很多学者指出丸山真男的观点忽视了这些思想与中国儒学之间的联系，关于此请参见王青：《日本近世儒学家荻生徂徕研究》，上海古籍出版社2005年版，及韩东育：《日本近世新法家研究》，中华书局2003年版。

③ 参见葛荣晋主编：《中日实学史研究》，中国社会科学出版社1992年版，第206页。

第二章　福泽谕吉思想形成的思想背景

第二节　民族意识

除了在上一节提到的实学外，日本德川时代也为后来日本民族主义的兴起奠定了思想上的基础，这综合体现在日本德川时代民族意识的萌芽上。关于民族主义对于现代化的意义是一个复杂的问题，笔者将在本章结语中进行简单的讨论，本节将先从兰学、儒学和国学三个方面来分别讨论民族意识在日本的发生和发展。

实际上，日本民族意识的起源并非始自德川时期，可以说在七世纪初的飞鸟时代日本就已经出现原始民族意识的萌芽，这首先体现在日本一直试图在与中国的关系中寻求一种与"中华"对等的国与国的关系上。607年推古朝派遣的遣隋使所携带的国书中就以"日出处天子致书日没处天子"开头，虽招致隋炀帝不悦，认为其"无礼"[1]，但在此后随裴世清回访的遣隋使中，日本再次以"东天皇敬白西皇帝"作为国书的开头。[2]由此可见，日本在其历史最初步入文明之时就已经在顽固地寻求与中国的对等关系。这种寻求对等关系的努力一直延续下来，在此后派送遣唐使的时期依然如此。[3]

作为一个与亚洲大陆隔绝的岛国，大海这一天然屏障为日本保持独立提供了良好条件。由于中华文明在近两千年前就已经发展出非常先进的文化，其优势与大国压力使很多与中华文明接壤的周边小国都自觉或不自觉地被纳入名为"华夷秩序"的朝贡外

---

[1]　《隋书·倭国传》，中华书局1973年版，第1827页。
[2]　王金林：《简明日本古代史》，天津人民出版社1984年版，第71页。
[3]　参见王小甫：《由遣唐使看古代日本对外政策的变化》，载黄留珠、魏全瑞主编：《周秦汉唐文化研究》第4辑，三秦出版社2006年版，第174—180页。

交体系里。它们通过向中华政权称臣纳贡以保持自己的独立并获取经济利益，同时也有一些国家为获取经济与政治方面的好处而主动加入该体系。然而日本却是一个例外，如上所述，即使是在日本渴望引进中华先进文明的飞鸟—奈良时代，即向中国派送遣唐使的时代也一直试图保持与中国的对等关系，拒绝被纳入以中国为主导的朝贡外交体系。

此后的平安时代（794—1192），日本著名学者、汉诗诗人菅原道真（845—903）就已经提出日本一脉相承的天皇皇统与中国多次经历朝代鼎革的状况相比更具有优越性的观点。之后日本虽与同时代的宋朝保持着民间贸易关系，同时也有不少僧人往宋求法，但却没有与宋朝维持称臣纳贡的官方关系。对于来自宋朝的视日本为藩属的度牒往往仅致复书而无答礼。[1]至于镰仓时代（1185—1333），日本幕府更是曾在明知道会招致战争的情况下，仍处死元使而拒绝向元朝称臣。

可以说，在日本历史上，只有室町时代的足利政权与当时的明朝维持过一段很短的朝贡关系。这一关系始于三代将军足利义满，他接受明朝的册封并向当时的明朝奉表入贡。尽管足利义满的继任者足利义持以向明朝称臣有失国体为由在任内迅速切断了与明朝的朝贡关系，[2]然而由于通过朝贡贸易能够获得巨大的经济利益，所以在义持死后，与明朝的贸易关系又恢复了，一直持续到室町末期。实际上足利义满之所以向明朝称臣纳贡主要是为了

---

[1] 参见王辑五：《中国日本交通史》，商务印书馆1998年版，第107页；另见汪向荣、汪皓：《中世纪的中日关系》，中国青年出版社2001年版，第120页。

[2] 王金林：《简明日本古代史》，天津人民出版社1984年版，第288页。

第二章　福泽谕吉思想形成的思想背景

经济利益，①而义持之所以能够中断朝贡，也是由于其父足利义满通过与明朝的朝贡贸易积累了大量财富，经济上相对宽松的缘故。实际上，日本对明朝的朝贡除了能满足明朝皇帝的虚荣心以外并不会给明朝带来什么实质的好处，而日本方面则为了获取利益不仅常常超额超期纳贡，②甚至还公然索要好处并行凶伤人，几乎与强盗一样。③

进入德川时代，幕府奉行锁国政策，与清朝的交往仅仅限于出岛这个很窄小的窗口，但在日本与朝鲜李朝的国交中类似的国与国的对等意识也有所反映。在德川时代政治家新井白石的《折焚柴记》中就记载了如何就与朝鲜李朝形成对等的关系而在接待使者时的种种安排。④而在《政谈》一书中，作者荻生徂徕也论及在与朝鲜李朝的国交中应该使朝鲜李朝与幕府对等而不是与比幕府高一级的天皇对等的策略⑤。这就相当于在与朝鲜李朝的关系中复制中朝两国间基于"华夷秩序"的朝贡外交模式。

这里有一个有趣的现象，尽管日本一直试图确立与中国的

---

① 汪向荣、汪皓：《中世纪的中日关系》，中国青年出版社2001年版，第153页。另日本学者山本七平的《何为日本人》中亦指室町时代的第八代将军足利义政靠派使节出使明朝称臣而"骗取"了五万贯明钱，此后府库空虚时曾再度遣使明朝求钱，但未能得逞。崔世广、王炜、唐永亮译，国际文化出版公司2010年版，第199页。

② 由于当时向明朝朝贡可以获得大量的回报，通常会远超贡品的价值，明朝因此不堪重负，故限制各国朝贡的次数与贡品的数量，而日本为了获得回报，往往不按规定的期限及数量进贡。

③ 参见王辑五：《中国日本交通史》，商务印书馆1998年版，第150—151页。

④ 【日】新井白石：《折焚柴记》，周一良译，北京大学出版社1998年版，第102—112页。

⑤ 【日】荻生徂徕：《政谈》，龚颖译，中央编译出版社2004年版，第111页。

对等关系,但中国历朝历代却均视日本为藩属国,同样顽固地以华夷秩序的框架来看待中日关系。这种以自我为中心的华夷观念可以说一直延续到晚清的甲午战争时期。同时,日本自身亦尝试在同朝鲜李朝和琉球的交往中复制这种朝贡体制。也就是说,一方面日本谋求与中国对等,一方面又在潜意识中接受了表现为朝贡体制的华夷秩序,并试图以自己为中心复制这种体制。在思想领域,日本同时又是这种秩序的接受者。类似的情况再次出现于二十世纪初期,日本一方面对西方发起挑战,但同时这一挑战本身又出于思想上对西方观念的受容。

在德川时代之前的日本思想领域,佛教思想在其中占据着一个相当重要的位置,但是在佛教思想中亦已出现民族意识的萌芽。这最早可以追溯到平安时代的著名僧侣最澄(767—822)在其《守护国界章》中所主张的佛教护国主义,其后不久的高僧空海(774—835)也在其著作《密藏宝钥》中提出了以佛教镇护国家的思想。[①]此后在平安时代末期,镰仓时代初期的著名禅僧荣西(1141—1215)也在其《兴禅护国论》中阐述兴禅护国的道理。[②]镰仓时代的日莲(1222—1282)也曾著《立正安国论》,强调其所推崇的《法华经》对镇护国家的意义。当然,这些思想充其量只能说是民族意识的萌芽,提倡镇国护国的主要目的是巩固佛教的政治地位。该目的尤以日莲表现得最为明显,他提倡的镇护国家论已经成为排斥其他佛教宗派的工具。[③]这里应该注意的是,从佛教提倡镇护国家以谋取政治地位的现象可以看出,"国家"在

---

① 朱谦之:《日本哲学史》,人民出版社2000年版,第11—13页。

② 杨曾文主编:《日本近现代佛教史》,浙江人民出版社1996年版,第19页。

③ 参见永田广志:《日本封建制意识形态》,刘绩生译,商务印书馆1983年版,第134—150页。

第二章　福泽谕吉思想形成的思想背景

当时统治者镰仓幕府眼中已经占据了一个不容忽视的位置,①否则这一诉求不会得到镰仓幕府的支持。

进入德川时代,民族意识逐步在日本兴起,虽然由于幕藩体制的影响,还存在以本藩为"国"的藩国意识,但随着德川晚期来自西方的冲击,以日本为整体的民族意识,或曰国家意识逐渐被强化,最终与天皇制中央集权政体一起实现了日本向近代民族国家的转型。接下来笔者将选取国学与儒学两个日本德川时代最主要的学术流派进一步展开讨论。

一、国学中展开的民族意识

德川时代的各种主要思想流派都为日本民族意识的形成与兴起做出了贡献,其中国学在建构民族意识方面发挥了非常重要的作用。如上所述,日本一直试图在与中国的外交关系中维持对等的关系,而在思想领域,德川时期出现的国学则是试图通过在学术提倡日本固有文化以与中国文化相抗衡的一次尝试。由于自古以来日本受中国文化的影响既深且广,纯粹的没有受到汉文化影响的日本固有文化载体并不多见,所以国学在提倡"日本精神"时,首先着眼于较少受到汉文化影响的《万叶集》和《古今和歌集》等古代文学文本,同时强调一直延续着天皇皇室的日本相较于历经朝代鼎革的中国的优越性。

初期的国学运动主要围绕文学展开,而且并没有刻意割裂国学与在日本流传的外来文化如佛教、儒学等的关系。真正将外来文化置于国学的对立面加以排斥的是德川时代的荷田春满

---

① 这里有必要说明的是,在封建时代的日本,"国家"并非统治者幕府最为重视的领域,其关注的核心的乃是自己的领地,以及自身与其他大名实力的消长。就如同现在,"地球"的利益在每个国家统治者眼中都没有处于价值链的最顶端一样。

（1669—1736），而其弟子贺茂真渊（1697—1769）则更将之发扬光大。贺茂真渊认为儒家之道并非在任何地方都适用，对日本来说，在古代儒家的"仁义理智信"等伦理理论尚未传入之前是太平盛世，儒学的传入反而导致了混乱，因此他认为："我皇国古代之道，乃一任天地自然，因而安定多了。"①提出自然之道作为对抗儒学理论的武器，但实际上贺茂真渊并没能彻底摆脱中国的影响，他提出的"自然之道"本身就带有老庄思想影响的痕迹。从贺茂真渊身上我们可以看出，尽管中国文化在日本的影响十分普及，但以国学者为代表的部分日本学者依然顽固地希望摆脱中华文明的影响并确立自己的主体性。这种努力一方面在当时成为一支与儒学相抗衡的力量，从而限制了儒学的势力，同时也为后世确定以天皇为象征的皇国思想打下了基础。

本居宣长（1730—1801）是另一位影响甚广的国学家，他也因其文学理论而知名，日本传统美学中的著名概念"物哀"就是他提出的。虽然他也受到荻生徂徕的影响，但却延续了其师贺茂真渊崇尚远古自然之道的思想，对荻生徂徕的中华崇拜提出批评。在其主要著作《古事记传》中，本居宣长提出"天照大御神"是至尊无上之神，并认为皇国之所以优越，是因为皇统起源于该神，②这已经显现出后来明治时代神化天皇的萌芽。在《直毗灵》一书中，本居宣长进一步对日本之道进行了神化，认为日本之"道""既非天地自然之道，亦非人所制作之道"，而是"此道由可畏之高御产巢日神之御灵所创，由神祖伊邪那歧御神、伊邪那美御神开其始。世界一切万物皆由此二柱神始，乃天照大御

---

① 参见朱谦之：《日本哲学史》，人民出版社2000年版，第100页。
② 参见【日】永田广志：《日本封建制意识形态》，刘绩生译，商务印书馆2003年版，第226页。

第二章　福泽谕吉思想形成的思想背景

神继承、保存、传赐之道，是以神道名之"①。在这里，本居宣长通过把日本的道与神联系在一起来强调日本之道的绝对性，这其实是后来绝对化的日本主义的萌芽。本居宣长还认为中国的"天地阴阳不测之灵，只是空理，实无其物。然皇国之神乃是如今御宇天皇之皇祖，非空理空论之类"②。这一方面强调日本的皇道优于中国，同时还将神与现世天皇的皇统联系在一起。这样日本的道与日本的天皇就都因和神联系在一起而被绝对化了。与其师贺茂真渊反对任何普适天下的道的主张不同，本居宣长主张世间存在普遍的真实之道，只是这普遍的真实之道不是来自中国的儒家之道，而是只有日本得到真传的皇国之道："真实之道普遍存在于天地间，无论任何国家都是一条路，但这个道只我皇国得其真传，外国皆从古即已失传。"③而且"此道灵且奇，优于异国之万道，正是高贵的象征"④。这样他同时强调了日本之道的优越性和唯一性，因此称为神道："把我大国古代的优良风俗，特为区别开来，称为神道。"⑤宣长的国学思想具有很强的扬武抑文的特征，并且已经显现出侵略性。他将圣人定义为："名有威力有深智之人，善夺取人之国，又不为人所夺。"⑥同时还将圣人之道定

---

① 根据《古事记》，高产巢日神是天地初分时生于高天原的三神之一，而伊邪那歧、伊邪那美以兄妹为夫妇生出了日本列岛，同时天照大御神系伊邪那歧洗左目所生（《古事记》，周作人译，中国对外翻译出版公司2001年版，第10页），即前述日本天皇的祖先。同见『宣長選集』、筑摩書房、1986，五十六頁。
② 『宣長選集』、筑摩書房、1986，五十六頁。
③ 转引自朱谦之：《日本哲学史》，人民出版社2000年版，第103页。按据笔者所见的《直毗灵》中并未见这段话，可能与朱先生所用版本不同。
④ 『宣長選集』、筑摩書房、1986，五十四頁。
⑤ 转引自朱谦之：《日本哲学史》，人民出版社2000年版，第103页。
⑥ 『宣長選集』、筑摩書房、1986，四十四頁。

义为:"如圣人所作所定谓之道,则道之物,欲定其旨,只可分为二,即谋夺人之国与不为人夺。"①这种将圣人和圣人之道解释为谋求夺人之国的思路也为明治维新后日本的扩张主义思想埋下了伏笔。同时,该解释还潜在地贬低了中国,从而成为日本优于中国的脚注。

平田笃胤(1776—1843)是四大国学学者中最为晚近的一位,他进一步强调日本的神国观念,认为日本是"万邦之母国,父母之邦",因而优于其他国家。②他同时将日本视为道的继承者,而道是高于教的,教乃是由道派生而来,从而确立了日本的古道高于儒教、佛教的地位。③在这一基础上,平田还将外国宗教都视为日本神道的衍生物,比如他认为亚当、夏娃的原型其实是日本的伊邪那歧和伊邪那美,认为其他宗教都是神道教的讹传。④这就成了与原来本地垂迹相反的反本地垂迹说⑤,从而将神道本来的从属地位一变而为主导地位。平田神学的一个特色是尽管他排斥来自东方的佛教、儒教,但他并不排斥西方的学术思想,而且还从兰学及基督教中汲取了部分养分。尽管他强调日本的优越性,但认为外国向日本传播近代技术是向日本进贡,但并没有对

---

① 『宣長選集』、筑摩書房、1986,四十四頁。
② 参见【日】永田广志:《日本哲学思想史》,陈应年、姜晓成、尚永清等译,商务印书馆1983年版,第240页。
③ 朱谦之:《日本哲学史》,人民出版社2000年版,第111页。
④ 【日】永田广志:《日本哲学思想史》,陈应年、姜晓成、尚永清等译,商务印书馆1983年版,第238页。
⑤ "本地垂迹"的概念源于印度佛教,意指佛也即"本"或"本地",在其他地方会以当地神也即"垂迹"的形象出现。在日本,这最初是平安时期为调和神道与佛教而流行起来的,也就是说日本的神其实是佛在日本的"垂迹"。而所谓"反本地垂迹"说则是以日本神道为"本地",而以其他宗教为"垂迹"。

第二章　福泽谕吉思想形成的思想背景

西方科学技术采取完全排斥的态度。

另外，佐藤信渊（1769—1850）作为平田笃胤的继承者，他的神道思想并没有什么不同，都以强调日本至上主义和尊皇思想为主。但是在其《宇内混同密策》（1823）中却提出了向大陆扩张的思想，这种思想在后世产生了很大影响。由于认识到来自西方的威胁，在其晚年的《存华挫狄论》（1849）中，佐藤信渊又提出了"日中提携"共同抵抗西方冲击的理论，显现出后来日本"亚洲主义"思想的萌芽。①但是必须指出，虽然日本的民族主义与"亚洲主义"貌似矛盾，但其主线却都是为了维护日本的国家利益，并非为亚洲其他国家的利益着想，所以日本的亚洲主义只应被视为民族主义思想的一个支脉，而不是与民族主义相对立的思想脉络。

还有必要提示的是，上述带有民族意识的思想并非为这些国学学者所独有，可以说日本至上主义是国学暨神道学者普遍秉持的观念，在一些更不引人注意的思想者的思想里亦有所体现。比如，在世时曾有一定影响，但去世后却湮没无闻的神道学者增穗残口（1654—1742）就曾在其《有像无像小社探》中写道："三千世界中没有国家像日本那样尊贵，人中没有人像日本人那样诚实，没有人像日本人那样聪明，也没有像日本那样富裕的地方"②，显现出浓厚的日本至上主义色彩。

虽然国学在幕末及明治维新后并没有大行其道，但其神国、神皇的思想却被潜在地继承下来。另外尽管明治维新以后，日本的民族主义意识形态带有更多儒学色彩，但国学发挥的作用不容

---

① 参见王屏：《近代日本的亚细亚主义》，商务印书馆2004年版，第4页。

② 【日】家永三郎、『日本近代思想史研究』、東京大学出版会、1980、十九頁。

忽视，它确立了日本优越的皇国意识，并对明治前期兴起的以水户学为主的尊王思想提供了支持。

二、儒学中展开的民族意识

日本的儒学同样具有鲜明的民族意识色彩。虽然儒学源于中国，但日本学者在接受儒学时往往非常注重保持日本的独立性与主体性，在该过程中强调的日本优越且独特的神道思想又被他们普遍借重，因此在很多情况下，我们并不能将儒学所显现出来的民族意识与前述国学思想中的民族意识很清楚地区分开来。①

日本德川时期的儒学主脉可以说是朱子学，而朱子学本身亦蕴含有一定的民族意识，这或许是由于朱熹所处的南宋屡屡受到北方游牧民族武力威胁的缘故。朱子本人便属于主战派，他曾对孝宗说："金人于我有不共戴天之仇"，"非战无以复仇，非守无以制胜"②，而后世很多笃信朱子学的名臣如文天祥、刘因、方孝孺等亦都具有很强的民族意识。德川初期的日本虽然没有外敌，但日本的朱子学仍旧带有明显的民族意识色彩。

早期重要的朱子学者林罗山（1583—1657）是一个非常推崇朱子的人，但他同时亦坚持自己的观点。当他对外来的朱子学与本土固有文化进行协调时，提出了"神儒合一"的观点，认为神道和儒道"理一而已"。他虽然推崇朱子学，但这并不影响他对日本的尊崇，他同样认为日本是神国，强调日本的优越性："夫本朝者神灵之所挺生而栖舍也，故推称神国，其号神器，守其大

---

① 关于这一点详情可参照张昆将：《日本德川时代神儒兼摄学者对"神道""儒道"的解释特色》，载《台大文史哲学报》第58期，2003年5月，第141—180页。

② 转引自朱谦之：《日本的朱子学》，人民出版社2000年版，第170页。

第二章　福泽谕吉思想形成的思想背景

宝者则曰神皇，其征伐则曰神兵，其所由行则曰神道。"①同时还强调日本万世一系的皇统的优越性："夫本朝者神国也。神武帝继天建极以来，相续相承，皇续不绝。"②这里他的观点与国学学者的日本神国观并无二致。

与林罗山同属于朱子学派的后学雨森芳洲（1668—1755）同样具有日本优越的思想，他在《橘窗茶话》中写道："天下人心惟我国为淳厚近古，以今日视之，唐（代指中国——笔者注）之与韩（代指朝鲜——笔者注）有所不如，岂非神圣之遗泽也哉"，并提出以神道为本儒学为注脚的观点。③雨森芳洲还提出日本学术具有尚质的特点，这与怀德堂学派的学者富永仲基（1715—1762）观点类似，均强调日本儒学与尚文的中国儒学不同的特色。

另一名带有强烈民族意识的朱子学者是山崎闇斋（1618—1682），他虽然推崇朱子到了无以复加的地步，甚至说："学朱子而谬，与朱子共谬，何遗憾之有"，并且对其他学派采取排斥态度，但却对神道网开一面，创设垂加神道试图将儒学与神道融合在一起。虽然他固执地信奉朱子学，但一则轶闻却反映他所信奉的儒学带有民族主义的色彩。他曾这样问学生，如果中国的孔子、孟子率兵来进攻日本，那么我们学习孔孟之道的人该怎么办呢？他的回答是："不幸若逢此厄，则吾党身披坚、手执锐，

---

① 转引自朱谦之：《日本的朱子学》，人民出版社2000年版，第186—188页。

② 【日】林羅山、「本朝神社考」、『日本思想闘争史料』第一卷、名著刊行会、1969、三六五頁。

③ 参见朱谦之：《日本的朱子学》，人民出版社2000年版，第209页。

与之一战，以报国恩。此即孔孟之道也。"① 可以看出，闇斋理解的儒学是一种带有攻击性的好战的儒学，这与道德伦理色彩很强的儒学并不完全符合。其次，山崎闇斋的这一极端想象以及他将积极反击理解为孔孟之道凸显出他个人所带有的民族意识。最后这一极端想象的背后也反映出部分日本人固有的危机感，以及以中国为敌的潜意识。另外，山崎闇斋的门人浅见絅斋（1652—1711）及其弟子谷秦山（1663—1718）也因中国历经朝代鼎革，没有持续的皇统而认为中华不如日本。②

德川时期日本儒学的另一流派古学派学者的思想也出现了民族意识的萌芽。古学派的先驱山鹿素行（1622—1685）便对当时儒者盲目崇拜中国的风气相当不满，认为日本并不应该自卑。虽然其著作《中朝事实》是用汉文写作的，但却并不妨碍他在文中称日本为中华（国），而称中国为外朝："愚生中华（指日本）文明之土，未知其美，专嗜外朝（指中国）之经典，嘐嘐慕其人物，何其放心乎，何其丧志乎！亦好奇乎，将尚异乎？夫中国（指日本）之水土，卓尔于万邦，而人物精秀于八纮，故神明之洋洋，圣治之绵绵，焕乎文物，赫乎武德，以可比天壤也。"③ 这可以说是日本华夷变态思想最直接的体现，山鹿的这本书也因此而知名，他这种以日本为中华的优越意识在明治时期也有追慕者。明治时期著名将领乃木希典，还有当时有名的政治团体民友社都曾重印过该书。在此基础上，作为兵学家的山鹿亦显现出某

---

① 《先哲丛谈》卷三，转引自王家骅：《儒家思想与日本文化》，浙江人民出版社1990年版，第102页。

② 参见朱谦之：《日本的朱子学》，人民出版社2000年版，第325页，第340页。

③ 【日】山鹿素行、「中朝事实」、『山鹿素行全集・第十三卷』、岩波书店、1940、二二六页。

第二章　福泽谕吉思想形成的思想背景

种进攻性，在记录日本与朝鲜的关系时他写道："此后历代以子弟为质，经常朝贡，如不然，即征伐以惩其不庭（朝贡）。"并认为丰臣秀吉是因为朝鲜不向日本纳贡而征伐朝鲜的，认为丰臣秀吉"勇敢胆略，冠于古今"[①]。这就已经显现出明治维新后，日本在对待朝鲜时所采取的策略的影子。

山鹿素行的这种以日本为中华的观点并非孤例，在明治维新前期为尊王倒幕提供思想资源的水户学的早期作者之一栗山潜锋（1671—1706）同样持有这种观点。他提出："华夷何常之有？华用夷礼则夷，夷进华则华……天地之间，何处不可为中，何处不为天下，故彼此皆称中国。"[②]并引用曾著《神皇正统记》的北畠亲房（1293—1354）的话："源亲房亦曰，彼以我为东夷，犹如我之以彼为西蕃也。"[③]虽然日本德川前期依然受到来自中国的思想影响，同时也存在一定程度的慕夏（华夏）思想，但类似"华夷变态"的理论却为那些因引进中国思想而担心日本失去主体性的知识分子提供了理论依据。这种思路一方面为引进当时尚属先进的中华思想扫除了障碍，另一方面也保有了日本的主体性。后来福泽谕吉提出日本在学习西方时"青出于蓝而胜于蓝"的观点，亦可视为日本民族在汲取外来文化时顽强保护自身主体性的一个例子。

如果说德川时代前期，日本民族意识的出现主要源于中国这样一个巨大他者的存在，那么在德川时代晚期，西人来航则成为

---

① 【日】山鹿素行、「中朝事実」、『山鹿素行全集・第十三卷』、岩波書店、1940，另见【日】信夫清三郎：《日本政治史》第一卷，周启乾译，上海译文出版社1982年版，第51页。

② 【日】栗山潜鋒、「保建大記・下」、『水戸学大系・七・三宅関瀾・栗山潜鋒集』、井田書店、1941、五十页。

③ 同上书，五十一页。

促进日本近代民族主义产生的主要因素。这集中体现在提倡"尊王攘夷"的水户学中。考察日本近代史,一个非常有意思的事实是,虽然面对来自西方的威胁,幕末志士提出"攘夷"的口号,但该口号其实更接近于一种"倒幕"的策略。也就是说,志士们通过提出"攘夷"口号来振奋日本民众的民族精神并获得他们的支持,从而实现尊王倒幕,建立超越封建诸侯的新型民族国家。因此,在明治维新中,"尊王攘夷"不久便为实际上的"尊王师夷"所替代,而福泽谕吉也曾为这种转变发生之快感到非常高兴。①

三、德川时期民族意识的意义

德川时代的其他学术流派,比如兰学实际上也为日本民族意识的兴起提供了资源。但与上述国学、儒学学者不同,兰学学者主要从地理上看待国家,如杉田玄白在其《狂医之言》中提到:"地者,一大球,万国分布,所居皆中,任何一国皆可为'中土',中国亦东海一隅之小国也。"②而画家兼兰学学者司马江汉(1747—1818)亦曰:"万国各有其邦之圣教,以治国民;如中国称中华,吾邦称苇原之中津邦,居中央无不是之邦,譬之以管窥天,坐井观天矣。"③这种思想从地理上对主张世界存在中心的"华夷观"进行了否定,从而为日本外交观从受中国影响的"华夷观"向西方主张的以近代民族国家为单位的近代外交观的转变提供了思想上的准备。

综上所述,日本在明治维新前便存在民族意识的萌芽,而这

---

① 参见【日】福泽谕吉:《福泽谕吉自传》,马斌译,商务印书馆1980年版,第172页。
② 王金林:《简明日本古代史》,天津人民出版社1984年版,第397页。
③ 转引自朱谦之:《日本哲学史》,人民出版社2000年版,第147页。

第二章 福泽谕吉思想形成的思想背景

种民族意识的萌芽为日本迅速建立起现代民族国家奠定了基础。当然必须指出,这一萌芽并不表明以日本整体为单位的国家认同在德川时代已经普及开来。实际上,受幕藩体制的影响,日本人普遍存在对自己所属的藩"国"的认同。而幕末时期强调日本整体国家意识的水户派学者会泽正志斋就直斥这种"藩国"意识是一种"可憎的俗论"①,这恰好从反面印证了该意识的存在。这种"藩国"意识最终为国家意识所代替,还是在明治维新之后。

丸山真男在其《日本政治思想史研究》一书中提出德川封建制乃是"建国以来一直一脉相承地在国民的胸臆中回荡着的","神国观念乃至民族性自恃"②向近代民族意识发展的障碍,或许指的就是这种幕藩体制带来的"藩国"意识对形成国家意识的障碍。不过,丸山真男的这一结论很难说是全面的,从另一角度看,恰恰是德川封建制度为这种"神国观念乃至民族性自恃"提供了一定的生长空间。一方面如上所述,德川时期的三大学术流派国学、儒学和兰学都存在民族意识的萌芽与发展;另一方面国学者对天皇的极度推崇及神化亦得到幕府一定程度的宽容,正是由于幕藩体制的多元权力结构才使得提倡尊皇的国学有了一定的生长空间。最终平田笃胤的理论和水户学尊王攘夷思想的结合并形成后来倒幕的力量,最终建立了近代中央集权的民族国家。这一过程并没有遇到幕府的激烈抵抗,末代将军德川庆喜的大政奉还为新政府的创立减少了很多阻力,其背后隐藏着从德川时代民族意识中发育出来的以日本为整体的民族国家意识。

接下来再简略谈谈中国的情况,与日本相比,中国在建构民

---

① 【日】丸山真男:《日本政治思想史研究》,王中江译,生活·读书·新知三联书店2000年版,第293页。
② 同上书,第271页。

族意识方面则历经曲折。第一，这一努力受到中国传统的天下意识的影响。①由于很早以前中国就已经确立了中央集权的体制，这种体制在科技不发达以及周围不存在对等参照国的情况下，形成了一种以自我为中心的世界观，这就是中国传统的天下意识。这种天下意识的世界观是以华夷秩序为基础的，由位于中心的优越的中华上国与四周的所谓"夷狄蛮戎"构成。这种世界观使中国始终怀着一种文化上的优越意识来看待外来文化，很难以平等的态度待之，更遑论像日本那样积极地从外来文化中汲取营养。也因此尽管西方叩关中国早于日本，但中国真正做出积极的回应还是在甲午战争惨败之后。

第二，中国确立民族意识的困难是如何面对自己的传统的问题。对中国来说，接受来自西方的近代文化意味对自身传统的否定。这不可避免地将伤及确立民族意识所需要的民族自豪感，而日本在这方面却没有困难。当日本需要汲取西方思想而对传统的儒学予以否定的时候，可以将儒学视为外来文化。日本强调"万世一系"的纯洁皇统的皇国意识，早在德川时期就已经作为与"中华"相颉颃的确立自身民族意识的思想武器。因此日本否定儒学，并不等于否定自身的传统，毋宁说日本的民族自豪感还因为能够迅速否定儒学，采纳西学而得到加强（这在福泽谕吉那里亦有所反映）。而当日本需要借助儒学以确立自己相对西方独

---

① 在此有必要说明的是，西方与之对应的是十七世纪形成的"威斯特伐利亚"体系，虽然基辛格称中国传统的天下体系与主导西方近代外交的"威斯特伐利亚"体系相去甚远。实际上两者之间的区别并没有那么大，最重要的区别其实只在于：天下体系中位于核心的是一个国家，即中国，源自秦汉以来就实行中央集权的郡县制；威斯特伐利亚体系位于核心的则是一组条约签约国，并在它们之间确立了国家与主权的观念。但也必须看到，一方面这些国家都带有基督教的色彩，另一方面，它们后来也不认为殖民地与它们平等。参见【美】亨利·基辛格：《世界秩序》，胡利平、林华、曹爱菊译，中信出版集团2015年版。

立的民族主体性时,"华夷变态"的思想又可以为提倡儒学去除障碍。

第三,中国确立民族意识的另一层困难是在中国现代化进程中还面临着如何整合内部民族的问题。而日本明治时期权力中心从幕府向天皇的转移并不涉及内部民族问题。中国的这种状况导致一种两难的境地。如果将清朝统治视为异族统治,确立中华民族意识时,就会面临国家意识上的分裂;如果不将清朝统治视为异族统治,则颟顸腐败的清朝统治又会伤害自身的民族自尊心。

总之,中国在确立民族意识方面经历了远比日本复杂而曲折的道路,这也部分地导致中国近代化过程的延宕。

结　语

本章从实学与民族意识两个视角对德川时期的思想背景进行了简单概括,可以说正是这两方面的思想准备,使明治维新这一由外在压力所引发的日本近代化转型运动并没有因传统的阻力而夭折,反而得以较为顺利地向前发展。实学为日本在明治维新时期能够以一种务实的态度对待来自西方的文化,特别是政治文化提供了基础。民族意识则为日本在明治时期确立了基于民族主义的国家意识,并为加入发源于西方的现代民族国家体系提供了基础。作为日本近代的启蒙思想家,福泽谕吉的思想中同样包含着实学与民族意识的因素。福泽说自己:"多年以来,我一直加以提倡的不是古老的汉学,而是实学。"[①]可见他对实学的提倡包括对强调道德的传统儒学的否定。比如他指出孔子在周朝末年"提

[①] 【日】福泽谕吉:《福翁百话》,唐沄、张新华、蔡院森、侯侠译,上海三联书店1993年版,第69页。

倡以抽象道德来教化天下的学说，……实际上是行不通的"，而且认为："周朝末期，并不是适合于孔孟之道的时代，在这个时代，孔孟也不是有所作为的人物，在后世，孔孟之道也未能适用于政治。理论家的学说（哲学）和政治家的事业（政治）是有很大区别的。后世的学者，切不可根据孔孟之道寻求政治途径。"① 民族意识也是福泽谕吉思想中的一个主导性因素，在其文章中可以明显看出，他的很多判断都基于将日本视为一个统一的现代民族国家的立场，这将在后文中进一步予以分析。虽然福泽与实学及民族意识之间的事实关系还有待进一步的知识考古学方面的发掘，但从其思想产生的角度来看，福泽思想的出现绝非和他所处的时代思想背景无关。

接下来再简单讨论一下民族主义。尽管英国思想家伯林认为民族主义是十九至二十世纪观念史中最为强大的运动，同时还认为第二次世界大战后任何思想运动或革命如果不和民族主义携手合作就几乎没有成功的机会。②但笔者认为从某种意义上说，这也正好体现了民族主义的模糊性。这种模糊性源于民族主义缺乏一个具体的思想内核，正因如此，它才可以和任何思想运动携手而不发生冲突。如果我们考察另外两个在近代兴起的重要思想运动，即社会主义运动与自由民主主义运动，会发现两者在思想上均具有清晰的价值取向，同时在实践中也具有没有期限且具体的政治经济诉求。反观民族主义，它在价值观层面的主张乃是"民族利益至上"，然而何谓"民族利益"？社会中的不同群体会给

---

① 『福澤諭吉全集』第四卷、六頁，本书中《文明论概略》的译文均采用北京编译社翻译的商务印书馆1959年版中译本的译文，并附上中译本页码，个别之处，笔者会据实略作调整，此后不再注明。

② 参见【英】以赛亚·伯林：《反潮流》，冯克利译，译林出版社2002年版，第397—423页。

第二章 福泽谕吉思想形成的思想背景

出不同答案。比如一些人会认为建立一个大政府、高福利的社会最符合民族利益，另一些人则认为小政府、低福利的社会才符合民族利益，现实中又不存在清晰的标准判断两者谁对谁错，这就使民族利益因此带有先天的模糊性。此外，根据美国学者梅斯奎塔的研究，在逻辑上，所谓"国家利益"也是不可能完全一致的。① 最后，如果考虑到大多数民族国家都拥有一个以上的民族，纯粹的"单一民族国家"几乎不曾存在过，这样国家内部各民族的利益也就肯定存在不一致的地方，这就使"民族利益"变得更为模糊。正是由于民族利益是模糊的，这就使它与每个人的具体利益之间并不必然存在交集，在这种情况下，反而容易催生出极端思想。我们经常会看到种种极端且不切实际的捍卫某一民族或国家利益的表述，而这类表述通常却是建筑在表述者并不需要为之付出代价的基础之上，这也就是卡普兰在《理性选民的神话》一书中分析过的"理性胡闹"现象。② 此外，由于民族主义提倡的最高价值就是"民族利益"，而任何一国的民族利益都有其特殊性，这就使民族主义的普遍性只能停留在抽象的层面上。③

在实践层面上，民族主义的主要诉求就是建立独立的民族

---

① 参见【美】布鲁斯·布尔诺·德·梅斯奎塔：《预言家的博弈》第二章中的相关讨论（钱静、赵文嘉译，浙江人民出版社2014年版，第38—42页）。另外，虽然梅氏分析的是"国家利益"，但实际上民族利益具有类似的特征，在现代民族国家的国家建制下，民族和国家其实有着相当大的交集，在英语里nation一词本身就同时具有"国家"和"民族"两重含义，因此除必要之处，本书中对两者不做细分。

② 参见【美】布赖恩·卡普兰：《理性选民的神话——为何民主制度选择不良政策》，刘艳红译，上海人民出版社2016年版，第五章的讨论。

③ 也就是说，民族主义只在"民族利益至上"的抽象层面上是普遍的，但每个国家都有自己的民族利益，比如由此可以推论，中国人不会认同美国人的利益至上，同理美国人也不会认同中国人的利益至上。

国家，这一诉求是围绕主权而非治权展开的，同时也是一个在时间上有限的目标。一旦独立的民族国家得以建立，民族取得了主权，民族主义在实践上就不再拥有具体目标了，而是可以和各种关于治权的政治运动兼容。正是在上述两点上，民族主义具有一种与生俱来的模糊性和特异性，这一方面使它的影响像伯林所说的那样非常广泛，另一方面又使其缺乏深度，往往会受到民粹主义的侵蚀。

民族主义与现代化的关系问题同样也因为民族主义本身的模糊性而成为一个非常复杂的问题，为此美国学者格林菲尔德以一本近五十万字的专著来讨论该问题。她在该书中提出的中心论点是："民族主义是导致经济活动一再趋向发展的决定性因素。"① 对于这样一个宏大的命题，笔者并不认同，笔者认为更为可靠的结论应该是：产权受到充分保护的市场经济才是经济活动趋向繁荣的最重要的因素。民族主义所发挥的作用毋宁说是通过格林菲尔德所提出的民族主义的固有特征，即民主而实现的。当然，民族主义的固有特征是不是民主本身，也是一个需要讨论的问题。②

---

① 【美】格林菲尔德：《资本主义精神——民族主义与经济增长》，张京生、刘新义译，上海人民出版社2004年版，第1页。

② 民族主义之所以能够在十九世纪兴起，一个非常重要的原因是随着知识普及，民智渐开，前现代各种不受质疑的权力，如神权、皇权等开始崩溃或转型，韦伯将之概括为一个"祛魅"的过程。这些权力走下神坛之后，现代公共权力的合法性来源从代表神明转为代表民众，正是在这个意义上，民族主义可以在逻辑上与民主接合在一起，所以在近代民族主义兴起早期才有勒南的名言"民族的存在，就是每日的公民投票"（转引自黎英亮：《何谓民族》，社会科学文献出版社2015年版，第3页；另【日】丸山真男在其著作《现代政治的思想与行动》中也引用了这句名言，同时【日】小熊英二（《民主と愛国》、新曜社、2002、八十三頁）亦曾提及丸山真男的引用），将带有民族身份的"国民"与行使民主权利的"投票"联系在一起。当然，这种结合并不是唯一的，特别是在过渡期，存在各种各样的不同形式，关于此一问题容笔者另文讨论。

第二章　福泽谕吉思想形成的思想背景

现实中更为可靠的说法是，相对经济发展而言，民族主义即使有关，也只是其必要条件而非充分条件，也就是说，在民族主义不在意识形态领域占据重要位置的国家，或者说在民族国家的利益为其他集团利益所凌驾或掌控的国家中，经济发展会受到这种情况带来的负面影响，但民族主义本身并不必然成为经济发展的直接动因。

然而仅就日本与中国的现代化过程而言，格林菲尔德的这一命题却能够带给我们某种启示。在民族主义成为主流意识形态的日本，无论是在明治维新时期还是在第二次世界大战后，经济都有着强劲的发展，而在民族主义并没有占据主流意识形态的中国，在1949年之前，在经济建设上一直没有取得明显的进展。①

格林菲尔德认为民主是民族主义的固有特征，同时又将民族主义分为个人化（公民型）的民族主义与集体化的民族主义，可是她并没有解释后者导致的现代专制（如德国纳粹与日本军国主义的统治）与民主之间的矛盾，这也是她的理论中一个需要弥补的漏洞。在此需要指出的是，格林菲尔德对个人化（公民型）的民族主义与集体化的民族主义的区分依然有意义。前者多为自

---

① 虽然中国人的民族意识在1919年五四运动时期就已经充分显现出来，并且在抗日战争期间因外敌的侵略而空前高涨，但受军阀割据的影响，直到1949年之前，中国的权力都不存在一个唯一的中心，所以如何战胜国内的其他政治军事势力并取得统治，一直是当时各派势力的主要目标，正如蒋介石的"攘外必先安内"的口号所显示的，国内的敌人甚至比外来侵略者更让他感到不安。帝国主义列强的侵略无疑是阻碍中国经济发展的最主要因素，民族主义缺失在这里起到的负面作用是，直到1949年之前的中国政体，无论是清代还是后来的民国，各利益集团均将本集团的利益凌驾于整个国家民族利益之上——具体体现在慈禧太后在义和团事件后的表现、袁世凯的二十一条，以及蒋介石在抗日战争期间的表现——非以国家民族利益为重，这就加重了帝国主义侵略给中国造成的破坏，从而使中国经济一直难以发展。

发现代化国家，且大部分有对外殖民的历史，可以以现今的欧美国家为例；后者则多为后发现代化国家，且大部分有被殖民的历史，如今的日本则可被视为一个典型。①如果对两者进行区分，笔者认为其根本区别乃是：前者将一套自由主义的理论视为普遍原理，国家利益的实现依赖于对这一普遍原理的贯彻；后者则将国家利益视为最重要的价值，自由主义原理则只是被视为实现国家利益的手段。

在日本现代化的过程中，民族意识首先为日本顺利实现从封建制到中央集权制的转型提供基础，此后，作为一种间接作用，民族主义激发出以国家为单位的竞争意识，又使日本经济得到迅速发展，同时也迅速从西方帝国主义的受害国转变为与西方列强一起侵略他国的加害国。当然，后来民族主义在日本逐渐膨胀成极端民族主义，并给亚洲各国及自身带来灾难。战后，这种从国家利益出发的竞争意识又在日本重新成长为经济大国的过程中发挥了积极作用。②因此，民族意识乃至民族主义意识形态在日本现代化进程中发挥的作用其实是双向的，既有促进现代化进程的一面，也有延宕现代化进程的一面。在明治维新时期，民族意识的

---

① 格林菲尔德的这种区分其实值得商榷，在笔者看来，如果将世界近现代史视为民族国家体制的形成史，那么日本其实是一个异类。日本当然是一个后发现代化国家，但它也是后发现代化国家中最早跻身列强的国家，也就是说它既曾面临过被殖民的威胁，同时又曾对其他国家实施过殖民主义。民族国家可以分为两类，一类是自发现代化国家，他们的现代化进程伴随着民权的觉醒，这类国家同时也是在世界上进行殖民扩张的国家，这类国家延续到现在就是秉持"人权高于主权"观念的国家；另一类绝大部分是后发现代化国家，是殖民主义的受害国，他们的现代化进程更强调建设独立自主的民族国家，延续到现在大都是秉持"主权高于人权"观念的国家。而日本既非前者亦非后者。

② 参见【美】格林菲尔德：《资本主义精神——民族主义与经济增长》，张京生、刘新义译，上海人民出版社2004年版，第五章。

确立为日本更为迅速地转型为民族国家,并以民族国家的视角来看待其他国家提供了助益,至少从这个视角来看,民族意识的确立是有助于日本现代转型的。

第三章　福泽谕吉生平考略

在进入对福泽谕吉思想的讨论之前，本章先简略介绍一下他的生平。介绍福泽生平的文章和专著可谓汗牛充栋，其中著名的有其弟子石河干明所著的四卷本《福泽谕吉传》，厚达两千页。在国内除了福泽谕吉的自传已经出版外，还有吕理州写的《福泽谕吉传》[1]，因此，笔者在这里并不打算对福泽的生平进行全面介绍，只想选取几个对其思想的形成及发展产生影响的侧面来展开讨论。

在对福泽谕吉生平中的这几个侧面进行简要介绍时，笔者主要参考的是福泽的自传。这部自传写作于1898年，当时福泽已经63岁，所以其中的记忆，尤其是关于童年及青少年期的记忆应该说都曾对福泽产生过较为深刻的影响，否则晚年的福泽不会依然对它们记忆犹新。这部自传是由福泽口述，并发表在当时的《时事新报》上，福泽本人后来还想进行修订，并增补一些介绍明治维新时期情况的内容，然而由于他同年九月罹患脑溢血，所以直至逝世也没有完成该项工作。[2]此外笔者还参考了上面提到的石河

---

[1] 吕氏的《福泽谕吉传》附于其《明治维新》一书之后（海南出版社2007年版）。

[2] 【日】福泽谕吉：《福泽谕吉自传》，马斌译，商务印书馆1995年版，第1页。

第三章 福泽谕吉生平考略

干明所著的《福泽谕吉传》。这部传记是笔者所见到的福泽传记中最为翔实的一部,因为石河本人于1881年进入福泽创办的庆应义塾学习,毕业后又在福泽创办的时事新报社工作,根据他的说法,他"在先生身边受其亲切的教诲前后计二十余年"①,所以其中汇集了很多第一手资料,也更为可信。

第一节 幼年经历

福泽谕吉于1835年1月10日出生于大阪,兄弟五人,其父母都是丰前奥平藩的士族,地位并不甚高,其家禄只有十三石,在福泽一岁半时,父亲就因病去世,为此他们全家人一起从大阪迁回奥平藩所在地中津(今日本九州中津市),此后福泽就一直在此居住,直到1854年,他21岁时赴长崎求学为止。

这段时期可以说是福泽逐渐形成其思想的时期,同时也是幕府统治逐渐松懈的时期。奥平藩在德川时代的两百多个藩里并不算很大,藩主的领地只有十万石,实际上每年能够到手的俸禄不过五万石,②算是一个中型藩。这个藩有一个特点应该特别提出,那就是与兰学存在较为深厚的渊源。兰学的创始人之一前野良泽(号兰化)就是奥平藩的医师。③当时的奥平藩藩主奥平昌鹿非常喜欢前野,而前野与另一位兰学创始人杉田玄白讨论兰学问题就在江户(今东京)铁炮洲奥平藩的中屋敷④中。由此可知,奥平藩

---

① 【日】石河幹明,『福澤諭吉伝』一、岩波書店、1981、三頁。
② 同上、四十二頁。
③ 同上、九十六頁。
④ 德川时代由于参觐交代制度,各藩都要在当时的幕府所在地江户修筑居所以供藩主及家人居住,其居所分为上屋敷、中屋敷及下屋敷等,中屋敷是中等级别的居所,通常供藩主家人及孩子居住。

与兰学的两位重要创始人存在着直接或间接的联系。①

尽管出身级别不高,不过从福泽自传中记述的一个细节可以看出,他母亲对于自己家的武士身份还是相当看重的,这个细节就是,当年福泽家曾经使用过一个老板的两铢会钱②,而福泽的母亲对福泽说:"我们武家不能受惠于商人,不能白白地用人家的钱而不做声",于是特意叫他到大阪还钱。③然而福泽本人对武士身份倒并不很看重,而且从少年时代起,他就对封建等级中上尊下卑的风气非常反感。这种反感也使福泽根本不想借助自己的武士地位来寻求飞黄腾达之道。众所周知,明治维新成功后,虽然福泽与当时不少炙手可热的官僚都保持着某种联系,但他终其一生都刻意强调自己的平民地位,④这种想法的根源其实早已显现在其少年时代对待武士这种特权地位的态度上。关于这一点,还有另外一个细节可资佐证,那就是福泽将拜领的"纹服"⑤当日便卖掉。从这件事我们还可以看出另一点,即当时来自藩主的统治相对而言已经不那么牢固,否则福泽也不敢这么快就卖掉象征荣誉的"纹服"。⑥

关于福泽的幼年经历,值得注意的是他对汉学的看法以及他深厚的汉学功底。

关于汉学,虽然福泽对汉学没有什么好感,经常指汉学为

---

① 【日】石河幹明、『福澤諭吉伝』一、岩波書店、1981、二二三頁。
② 所谓"会钱"是一种民间金融行为,其法为参会者每人出一笔钱凑在一起供其中一人借用,该人使用后须归还本金及利息供下一人借用。
③ 【日】福泽谕吉:《福泽谕吉自传》,马斌译,商务印书馆1980年版,第216页。
④ 同上书,第150页。
⑤ 印有家徽的礼服。
⑥ 【日】福泽谕吉:《福泽谕吉自传》,马斌译,商务印书馆1980年版,第152—153页。

第三章 福泽谕吉生平考略

"虚学"、斥汉学者为"腐儒",以一个汉学批判者的面目出现,但他这种态度其实恰恰建立在他对汉学较为深入的理解上。

福泽的父亲在汉学上造诣很深,福泽认为他是一个"真真正正的汉儒",福泽的哥哥姐姐都曾在大阪的私塾里学习算术,但当福泽的父亲听说后,却不让他们去学。从这件事可以看出,福泽的父亲在教育子女上是非常保守且严厉的。比福泽年长十一岁的长兄,就是受父亲影响成为一个"终身谨守孝悌忠信"的人。另外,根据明治时代曾任外务大臣的青木周藏(1844—1914)回忆,他年轻时曾为学习汉学到中津游学,当时的老师就是福泽外祖父的养子,①由此也可以推测出,福泽母亲的家庭也和汉学有着较为密切的渊源。

福泽自己的汉学修养其实也很高,尽管福泽对汉学通常采取某种批判的态度,但他早年接受的汉学教育带给他很深的汉学功底。由于父亲早逝,无人严格管束,所以他到了十四五岁才进入村塾读书。尽管入学较晚,但福泽的领悟力很强,在集体讨论如《论语》《孟子》等儒家经典时,在对这些著作的理解上往往能胜过先生一筹,他的汉学成绩因此也是同辈中最好的。②后来他又师从白石常人学习了四五年汉籍,内容非常广泛,除《论语》《孟子》外,还包括《诗经》《书经》《蒙求》《世说》《左传》《战国策》《老子》《庄子》等。他还读了很多历史书,包括《史记》《汉书》《后汉书》《晋书》《五代史》《元明史略》等,可见他对中国历史也有相当程度的了解。这些汉籍中他最感兴趣的是《左传》,据他说曾前后通读过十一遍,由于他的

---

① 【日】石河幹明,『福澤諭吉伝』一、岩波書店、1981、五十一頁。
② 【日】福泽谕吉:《福泽谕吉自传》,马斌译,商务印书馆1980年版,第19页。

这些汉学功底,福泽在自传中并不讳言自己是"一个小小的汉学家"①。另外,当福泽日后到长崎学习炮术时,曾在炮术家山本物次郎家做食客,而他的工作便包括为山本朗读汉文书(因为山本的眼睛不太好),同时教山本的孩子读汉文书。此外,从福泽的书法及汉诗中,也可以看出他的汉学还是很有功底的。

福泽的汉学功底还体现在他的著作里,虽然他对汉学不以为然,但在自己的写作中常会提及一些中国典故和经典格言,还经常提到中国的历史人物,从伯夷、叔齐到张良、秦桧等,②可谓非常广泛。

当然,如果认为福泽对汉学持绝对排斥的态度也有欠公允,比如在其1877年出版的《分权论》一书中就曾写道:"今读汉书与读洋书其趣虽异,然经年学习汉书者学习洋书亦可速成。又恰巧懂洋书者,即使从来没有见过汉书,读汉书时也一定容易理解其意义。"③他认为无论学习洋书还是汉书都可相互促进,可见他并没有对学习汉学持全盘否定的态度。

第二节 学习洋学

正如福泽所言:"如探寻新文明进入我日本国的道路,正由此物理之门而入。"④福泽接受西方思想也是从学习兰学开始的。他之所以学习兰学,其实是由于相当偶然的原因,其一是由于他强烈地想离开中津这个地方,其二则是当时由于佩里来航事件,

---

① 【日】福泽谕吉:《福泽谕吉自传》,马斌译,商务印书馆1980年版,第8页。
② 同上书,第229页。
③ 『福澤諭吉全集』第四卷、二三六頁。
④ 『福澤諭吉全集』第六卷、四二六頁。

第三章 福泽谕吉生平考略

炮术一时在日本变得非常流行。福泽的哥哥认为要学习炮术就必须先掌握荷兰文,于是让福泽去学习荷兰文。①福泽最初是在长崎师从山本物次郎学习。根据石河干明搜集的逸事,当时的福泽学习非常刻苦,每天都要挑灯夜读。②在长崎一年的时间里,福泽的主要目的是学习荷兰文,由于没有专门的老师,所以大都是利用去西医或荷兰翻译家里的机会进行零零散散的学习。③然而即使在这样艰苦的学习条件下,福泽依然取得了长足进步,开始能够读懂原文著作了。

1855年,由于受到藩主儿子的排挤,福泽离开长崎到大阪继续学习兰学。在大阪,福泽的老师是日本著名兰学家绪方洪庵(1810—1863)。绪方洪庵与当时居于江户的杉田成卿(1817—1859,兰学家杉田玄白之孙)被认为是当时最著名的两大兰学家。在绪方的"适塾"中,福泽开始系统地学习兰学。这种读书生活一直持续到奥平藩派他到江户任兰学塾教师时为止,前后共计三年,中间只是因生病和长兄病逝的变故回过中津两次。在这段时间里,福泽主要学习生理学、物理学和化学等西方近代的自然科学知识。④福泽学习以刻苦著称,据说他几乎读遍了学塾中所有的原文书,并把里瑟兰的生理学读了三遍。⑤尽管如此刻苦地学习兰学,但福泽的学习并没有具体目的,既非为了前途,亦非出于救国的理念,可以说只是"为学习而学习"。不过,这种纯粹

---

① 【日】福泽谕吉:《福泽谕吉自传》,马斌译,商务印书馆1980年版,第19页。
② 【日】石河幹明、『福澤諭吉伝』一、岩波書店、1981、七十二頁。
③ 【日】福泽谕吉:《福泽谕吉自传》,马斌译,商务印书馆1980年版,第22页。
④ 同上书,第68页。根据福泽自己的回忆,适塾的藏书"只有物理学与医学两类",可见以自然科学为主。
⑤ 【日】石河幹明、『福澤諭吉伝』一、岩波書店、1981、二二九頁。

的学习也为福泽打下良好的科学知识基础,使他被后人评价为一位百科全书式的思想家。

考察兰学对福泽思想的影响,最主要的有两方面。一方面是培养了他对"实学"的信念。这种信念进一步促使福泽对渗透在日本文化中的汉文化影响产生了怀疑及拒斥心理。自从学习了西方近代的医学生理学知识,福泽就对中医持不信任的态度,认为中医所授不过是些"空虚、抽象、莫名其妙的课程",同时也开始对儒学产生反感。西方文化在东方的传播,自然科学往往能够发挥很大的助推作用。因其与现实相吻合,往往能收到立竿见影的效果,使人信服,这样就给西方文化带来一种整体可信的面貌,从而也就为西方宗教、政治、经济等人文知识的传播减少了阻力。西方最初的传教士也曾有意识地对此加以利用。比如曾在中国传教的利玛窦就认为:"已得到承认的西方数学和天文学的严格性和精确性可以加强宗教的权威。根据一种简单的推理,如果西儒们对于可见世界之所说在理论上已得到了证实,那么中国人也应该相信他们有关天使、魔鬼、地狱、天堂等不可见世界以及在造物主上帝存在问题上之所说。世俗科学与宗教可以互相支持。"[①]兰学对福泽另一方面的影响则是坚定了他支持开放、反对攘夷的态度,也就是坚定了他认为西方学术先进,日本为谋求富强就必须学习西方的观点。

1858年,因奥平藩命令福泽到江户的藩邸去教授兰学,于是福泽结束了在大阪的学习生活前往江户。

在福泽的履历表上,他将自己的学历划分为三个部分:首先是师从白石常人学习汉学,其次是师从绪方洪庵学习兰学,最后

---

① 【法】安田朴,谢和耐:《明清间入华耶稣会士和中西文化交流》,耿昇译,巴蜀书社1993年版,第70页。

第三章 福泽谕吉生平考略

则是英学，但这次没有老师，而是自学。

根据德富苏峰（1863—1957）的研究，日本人学习英学开始于1811年吉雄忠次郎翻译的《英吉利人性情志》一书，日本最早的英日辞典则是1814年根据幕府命令编著的《英吉利语林大成》①，可见英学在日本的传播其实要比兰学晚近一个世纪。虽然传入较晚，但或许是由于当时英国的势力如日中天，或许也是由于后来敲开日本大门的美国也是英语国家，英学很快就传播开来，与兰学相比大有后来居上的势头。福泽自身的经历恰恰可以为此提供佐证。福泽之所以开始学习英语，缘于他的一次偶然经历。在横滨开港后，福泽有一次到横滨参观，却发现当地外国人店铺招牌上写的字几乎全不认识，因为这些牌子上写的大都是英语，这件事深深刺激了福泽。尽管已经是兰学教师，但他意识到作为一个洋学者，学会英语具有更实际的意义，于是他又开始刻苦学习英语。当时江户尚没有教授英语的学校，加之会英语的人非常稀少，为人所知的只有两个英语翻译，即森山多吉郎和中滨万次郎。福泽一度想师从森山学习英语，然而由于森山居住的地方离福泽的住处很远，又非常忙碌，最后只得作罢。福泽还曾到幕府设置的洋学研究机构蕃书调所，试图通过借阅该所的英荷对照的词典来学习英语，但由于所里的字典不允许带走，所以最后也只得放弃。虽然面临各种困难，但福泽学习英语的热情并没有因此降低，最后他终于托人从横滨购得一部英荷对照的字典，通过这部字典，福泽开始了艰苦的自学过程。开始学习英语后不到半年，福泽就第一次获得去美国的机会，在美国他购买了《韦氏大词典》，他形容当时的感受是"如同得到了天地间无上之

---

① 参见【日】信夫清三郎：《日本政治史》第一卷，周启乾译，上海译文出版社1982年版，第123页。

宝"①，由此可见福泽对学习英语的热忱，福泽同时还在美国购买了一些英语书籍带回国学习。

从美国回来以后，福泽继续学习英语，这时他已经不在学塾中教授荷兰文，而改为教英语，实际上是与学生一起钻研英文书。此时幕府的外国方（后来日本外务省的前身，相当于外交部）雇佣他翻译外国的往来文书，这为他学习英文提供了很多便利条件。一方面当时一般的外国公文都附有荷兰文译本，而这正好使福泽可以对照荷兰文来学习英文。另一方面福泽还可以借阅外国方收藏的大量英文书籍，而他主要的学习方法就是借助字典阅读原著。

从福泽的学习经历可以看出，他接受的初级教育还是以传统汉学为主，不过在接下来的教育中则主要研习洋学，不管是受时局的影响还是出于自己的兴趣，学习洋学都为他日后成为启蒙思想家奠定了牢固的知识基础。

第三节　三次出国之旅

除了上述学习荷兰语与英语的经历外，对福泽一生产生深刻影响的还有他的三次出国之旅。福泽的三次国外旅行都是在明治维新之前，分别是1860年2月10日到1860年6月24日（根据阴历推算）的第一次美国之行，1862年1月21日到1863年1月29日的欧洲之行，以及1867年1月23日到6月27日的第二次美国之行。虽然德川幕府最后被推翻的一个主要原因是由于在处理外国事务时表现出的颟顸无能，但与同时代的清朝政府相比，其行动还是积极得多，这从幕府在受到黑船的刺激后频繁派出访西使节的举动中就

---

① 【日】石河幹明、『福澤諭吉伝』一、岩波書店、1981、二六八頁。

第三章　福泽谕吉生平考略

可窥见一斑。同时，幕末时期日本人的西航也为明治维新后日本能够迅速确立起中央集权的政治体制奠定了知识基础。1869年，也就是明治维新后的第二年，新政府的首脑在讨论如何建立军制时，就曾"讨论法国式陆军利弊"①。可见当时新政府的成员对西方已经有了相当程度的了解，这与幕末时期日本人对西方的积极探索是分不开的。作为明治维新中影响卓著的思想家，福泽在明治维新前便已完成了对西方的亲身体验。

虽然在当时的技术条件下，乘船远洋旅行还是件非常危险的事，但在幕末时期，已经有很多后来成为明治维新中坚力量的"志士"因渴望了解外国情况而甘愿冒此风险远行。最为著名的是更早一些的吉田松荫（1830—1859），他曾因试图偷偷跟随美国军舰赴美而被判入狱。松荫的弟子高杉晋作乘千岁丸赴上海之行也是在他自己努力争取下才得到的机会②。同样，福泽的两次美国之行也是他自己主动请缨的结果。这使他成为日本最早拥有欧美实地考察经验的人之一。在当时的武士阶层中，表现出如此强烈的对外界知识渴望的通常是下级武士。实际上，在日本幕府派出的使节团中，最致力于了解西方情况的也正是他们，高层官员反而并不那么热心于观察西方。派往外国的使节团的情况往往是"人物的级别越高，其观察则越没有用处"③。而且根据福泽的记载，当时的官员甚至还阻止这些好奇心旺盛的下级武士与外国人

---

①　此为木户孝允语，参见【日】井上清：《日本的军国主义》第一册，译者不详，商务印书馆1959年版，第127页。

②　冯天瑜：《千岁丸上海行》，商务印书馆2001年版，第68页。

③　W.G. Beasley: *Japan Encounters the Barbarian*, Yale University Press. 1995, p.70.

接触。①

福泽的第一次海外之行是1860年随幕府使节去美国,从3月17日抵达旧金山至5月9日离开,共停留五十余日。这次海外之行几乎与日本幕府为交换条约文本而派往美国的使节同步,虽然与前者相比,这并不是一次正式的外交旅行,但从获得关于西方知识的角度来看却更有收获。②这次与他同船航行的有胜海舟,他是幕府官员中最早主张与外国通商赚取金钱以建造日本海军的人。③关于这次旅行,一个有趣的细节是,福泽在其回忆录中为日本能够迅速掌握航海知识感到自豪,并称在整个航海过程中并没有得到同船的美国船长布鲁克的帮助。然而根据布鲁克船长的记述,情况却并非如此,美国人所给予的帮助不仅是提供建议,在日本人因风浪大而晕船时,美国人甚至还负责掌舵和值班④。虽然福泽的记述有可能存在夸大的成分,不过根据布鲁克的回忆,赴美航程的前段,日本人还不太能胜任驾驭这样一艘机帆船,但当他们抵达美国时,他们"已经完全胜任驾驭他们的船只"了。当他们从美国回国时,是在没有任何外国人帮助的情况下独立完成的。所以说福泽的自豪也并非没有理由。如其所言,日本人在1853年才第一次接触到西式轮船,但在1860年就已经能够操作轮船独立完成横跨太平洋的航海,这种学习速度确实非常快。

相形之下,虽然清朝受西方冲击更早,但对外派遣使节团

---

① 【日】福泽谕吉:《福泽谕吉自传》,马斌译,商务印书馆1980年版,第111页。

② W.G. Beasley: *Japan Encounters the Barbarian*, Yale University Press. 1995, p.67.

③ 参见【日】信夫清三郎:《日本政治史》第一卷,周启乾译,上海译文出版社1982年版,第211页。

④ W.G. Beasley: *Japan Encounters the Barbarian*, Yale University Press. 1995, p.68.

第三章　福泽谕吉生平考略

却晚于日本。在福泽等人乘坐的咸临丸出发赴美后第三天，日本德川幕府派往美国的使节团也出发了。这是日本派出的第一个正式使节团，其任务在于为之前日美签署的《日本修交通商条约》（1858）交换条约文本。清朝第一次派出的对外使节团是1866年的斌椿使节团，该使节团实际上并非正式使节团，与福泽所参加的考察团更为接近，从该使节团的路线来看，更接近于1862年福泽第二次外国之行时参加的访欧使节团。不管与哪一次相比，在时间上都晚于日本。而且清朝派出使节团还是在外国人的多次建议下才实现的。①虽然在时间上，清朝与日本派往欧洲的使节团前后只隔了两年，但两者之间最重要的区别在于对西方的观察。在福泽欧洲之旅后所著的《西洋事情》一书中，福泽将各国政治列为"史记"之后的第二项予以介绍，他还在"小引"中指出："余窃以为，如仅穷究洋外之文学技艺，而不详知各国之政治风俗，则即使学得其艺，因不属经国之本，不仅无益于实用，甚至有可能招致祸患。"②福泽介绍各国情况是按照"史记""政治""海陆军""钱货出纳"顺序进行的，也就是从历史、政治、军事、经济方面予以介绍。福泽将政治置于军事之前可以说是非常重要的突破。在西学向日本传播的过程中，军事一直占据非常重要的位置。日本最早向西方学习的技术就是制造枪炮的技术，③此后，德川时代前期的政治家新井白石也是从军事方面展开

---

① 关于斌春使节团的情况参照【美】费正清、刘广京编：《剑桥中国晚清史》下卷，中国社会科学院历史研究所编译室译，中国社会科学出版社1993年版，第二章的叙述；以及钟叔河：《走向世界》，中华书局2000年版。

② 『福澤諭吉全集』第一卷、二八五頁。

③ 【日】杉本勋编：《日本科学史》，郑彭年译，商务印书馆1999年版，第123页。

他的世界地理研究。①德川时代晚期又有佐久间象山提出的"东洋道德西洋艺术"的口号,将学习西学的范围划定在"艺(技)术"内。然而福泽却清醒地认识到,在后发现代化国家的现代化过程中,学习西方技术固然重要,但更重要的则是学习西方的各种制度。正是由于福泽这一代人认识到这一点,日本的明治维新才走上了从西方各类制度中汲取养分以实现现代化的道路。

1866年清朝赴欧考察的斌春使节团的观察"主要以西方的社会风俗习惯、高楼大厦、煤气灯、电梯和机器为限,对于政治制度只是一笔带过"②。情况正好与福泽的认识形成鲜明的对照。实际上,这种情况并不仅限于官方,在更早一些时候的民间人士如魏源(1794—1850),其在《海国图志》中虽然也提出了"师夷长技以制夷"的思想,但魏源所指的"长技"只是"一战舰、二火器、三养兵、练兵之法"③,均与军事有关。魏源这种重视军事的观点更接近于比其早一个多世纪的新井白石,魏源并没有意识到西方政治经济制度在西方现代化过程中发挥的重要作用。反观福泽,与同时代的清代知识人相比,已经意识到在西方先进并强盛的原因中,政经体制是一个非常重要的因素,这从一个侧面显示出他敏锐的洞察力。

1861年,福泽与同藩武士土岐太郎八的二女儿结婚,婚后不久便开始了他的第二次出国旅行,即1862年1月21日到1863年1月29日的欧洲之行。在这次旅行之后,福泽写出了对在当时日本

---

① 【日】杉本勋编:《日本科学史》,郑彭年译,商务印书馆1999年版,第266页。

② 【美】费正清、刘广京编:《剑桥中国晚清史》下卷,中国社会科学院历史研究所编译室译,中国社会科学出版社1993年版,第90页。

③ 魏源:《海国图志》,中州古籍出版社1999年版,第99页。

传播西方知识非常重要的《西洋事情》①。与福泽第一次海外之行后所著的《华英通语》相比,《西洋事情》无疑是一部更为深入地介绍西方的著作。这部著作与中村正直(敬宇)的译著《西国立志篇》和内田正雄的《舆地志略》两部书一起被认为是明治时期在介绍西方情况方面最有影响力的三部著作。②上面已经提到,《西洋事情》主要从历史、政治、军事、经济方面介绍欧洲各国的情况。在"序言"中,福泽提到,在欧洲旅行时,欧洲人拼命向他们介绍自然科学方面的知识,但这些知识福泽在国内早已经学过了。当时福泽更感兴趣的乃是西方的政风人俗,比如他对西方的党派非常感兴趣,对人们公开就政治问题进行辩论也觉得非常惊奇。③福泽通过书本学习的西学知识主要集中在科学技术方面,尽管通过美国之行,福泽已经对美国的制度产生了好奇心,但由于停留时间较短,同时还受到同行官员的各种限制,所以并没有了解很多。从这次欧洲之行,他对西方政治的了解才全面展开。这次欧洲之行还有一点非常重要,那就是在与英国人接触时,福泽发现在他们中间"也有一些光明正大的好人",这进一步坚定了他主张开港的信念。④当西方来到东方开拓市场寻求贸易时,其所作所为实际上与其自诩的"文明"大相径庭,其做法无外乎是以武力威胁来强行达到通商的目的,所以福泽在《脱亚

---

① 根据福泽为自己的全集所写的"序言",《西洋事情》是他的著作中流传最广的一部,其初篇经他手销售的就不下15万部,而且在大阪等地还有盗版存在,加起来总共有20万部到25万部之多,参见『福澤諭吉全集』第一卷、二十七頁。

② 【日】石田雄、『日本近代思想史における法と政治』、岩波書店、1976、三頁。

③ 『福澤諭吉全集』第一卷、二十八—二十九頁。

④ 【日】福泽谕吉:《福泽谕吉自传》,马斌译,商务印书馆1980年版,第110页。

论》中将其比喻为麻疹的流行是非常形象的。虽然西方势力在东方的扩张有如瘟疫，但是如果从国家利益出发，与其站在文化本位主义的立场上一味拒斥而招致失败，还不如以积极的态度了解其真实目的，并尽可能以对本国最有利的方式来应对其冲击。福泽终其一生坚持开国，反对锁国攘夷，实际上正是从当时的形势出发做出的明智选择，这也是福泽思想在日本近代思想史上具有重要意义的原因之一。

幕末时期，日本攘夷之风甚炽，在倒幕运动中发挥重要作用的长州、萨摩等强藩都有攘夷的行动，其矛头不仅指向外国人，同时也指向提倡西学或与西学有关的日本人。根据福泽自传中的记载，因为害怕遭到攘夷"志士"的袭击，他从"文久年间开始直到明治五六年的十三四年当中"，从来没有在夜里外出过。[①] 不过，尽管福泽受到攘夷派的威胁，自己也感到恐惧，但他坚持开国的思想并没有因此发生变化，他只是在"言行方面和缓了一些"，并尽量避免和不相识的人谈他那些开国的思想。[②] 在他1863年从欧洲回来到1867年再次赴美之间，他主要是在著述、翻译和教学中度过。根据福泽自传中的记载，在当时攘夷之风甚嚣尘上的情况下，学习洋学的人仍然逐渐增多。[③] 可见西学在日本的传播已经积累了一定的影响力，顽固守旧的"攘夷志士"已经难以阻止其进一步扩散。

从1853年佩里来航带来西方势力的明确挑战到1868年明治维新成功，日本走上追随西方的现代化道路，这一过程仅仅经过了十五年时间。但在这短短的十五年中，日本为探索现代化道路同

---

① 【日】福泽谕吉：《福泽谕吉自传》，马斌译，商务印书馆1980年版，第139页。
② 同上书，第120页。
③ 同上。

第三章　福泽谕吉生平考略

样经历了不少曲折。当时日本流行着各种政治口号和政治主张，例如尊王攘夷、公武合体、尊王讨幕、佐幕攘夷等，但实际上这些政治主张都是围绕三个核心展开，那就是天皇、幕府和被称为"夷"的外国人。虽然在明治维新中，萨摩、长州等雄藩发挥了重要作用，但他们的意图并非扩张本藩势力取幕府而代之，而是要辅佐天皇，在日本建立一个中央集权的现代国家。可以说这段历史的大体脉络是："夷"的到来挑战了幕府权威，幕府的软弱又招致众多志士（主要是中下级武士）的不满，这些志士于是提出尊王攘夷的口号，希望建立一个由天皇统治的国家以积极应对来自外夷的挑战。然而在"攘夷"的过程中，他们又发现"攘夷"是一条不可能成功的死路，[①]因此改变观念，在维新成功后提出学习西方，富国强兵的政策。

1867年福泽再度赴美。这次赴美也是福泽主动争取去的，这次是跟随幕府去办理从美国购买军舰的未尽事宜。这次旅行进一步加深了福泽对美国的了解，另一个收获是福泽倾其所有购买了大量原文书籍以供其创办的学塾使用。在此之前，因为原文书非常少，学塾的学生们往往要在学习中手抄原著，自从福泽从美国回来之后，学员们就"能够自由使用原文书了"[②]。根据石河干明的记述，福泽这次去美国总共带了近两千元书款，虽然具体购买了多少册图书已经无从查考，但据负责运送行李的学生三轮光五郎记载，总共装满了八九个大箱子，[③]可见数量之多。所购买的书籍不仅包括各种辞书、地理和历史方面的书，还包括法律、经济与数学等方面的书。从福泽购买的书籍就可以看出他对西方的兴

---

① 参见【日】安冈昭男：《日本近代史》，林和生、李心纯译，中国社会科学出版社1996年版，第60页。
② 【日】石河幹明，『福澤諭吉伝』一、岩波書店、1981、四四四頁。
③ 同上、五一一頁。

趣更注重于社会科学方面，这在当时可以说是非常有远见的。

第四节　创立庆应义塾

前面提到的三种经历都对福泽谕吉思想的形成产生了重要影响，与之同时，福泽也通过著述活动积极扩大自己的影响力。众所周知，福泽是明治时期多产的作者之一，除早年撰写过大量介绍西方文明的著作之外，他还在自己创办的《时事新报》上发表了大量社论。这些社论后来被收入到他的全集中，洋洋洒洒九大卷。这些文字大都创作于明治十六年（1883）到明治三十年（1897）这十五年间，其笔耕之勤，令人叹为观止。而且，除了写作时评在明治时期产生了很大影响外，创立庆应义塾是福泽一生中完成的另一项非常具有影响力的事业。

庆应义塾创立于1858年[①]，是现在日本著名私立大学庆应义塾大学[②]的前身。创立之初它只是一个很小的家塾，没有名字。根据福泽本人的记述，它最初设立于东京铁炮洲奥平藩的藩邸内[③]，是受藩主之命而设立的。德川时期幕府实行"参觐交代"制度，即要求各藩藩主都要有一定时期居住在东京，以防反叛，因此各藩都在东京设有官邸，以备藩主参觐时居住。而在平时这些藩邸就相当于各藩在东京的联络处。实际上这个地方也是日本兰学的发祥地，早在1771年，兰学者前野良泽（1723—1803）、杉田玄白

[①] 尽管开办时规模不大，却是日本现代教育的先驱，东京大学的前身番书调所于1855年设立，只比其早三年。

[②] 庆应义塾大学现在是日本最为知名的私立大学之一，与大隈重信1882年创办的早稻田大学一起常年占据日本私立大学排名的前两位，近年来庆应大学有超越早稻田大学跃居私立大学首位的趋势。

[③] 今日本东京中央区明石町附近。

（1733—1817）、桂川甫周（1751—1809）、中川淳庵（1739—1786）等人就曾聚集在该藩邸中前野良泽的家里共同阅读并翻译了荷兰语的解剖书，这就是后来在日本兰学史上占据重要地位的《解体新书》。① 义塾设立于此虽属巧合，但也具有传承洋学并使之发扬光大的意义。义塾设立初期并没有名字，庆应义塾的名字是在1868年起的，此时距义塾创立已有十年之久。设立初期它以教授兰学为主，学生也不多，根据福泽《庆应义塾纪事》的记载："从安政五年（1858）到文久二年（1862）年底四年半的时间中，就学的学生新旧出入通常不过数十人。"② 可见创立之初，其规模并不是很大，而且福泽在此期间还两度去国外旅行，前后用去了近一年半的时间。或许由于规模很小，所以没有什么记录，关于义塾事务的详细记录始于1863年初，是福泽从欧洲旅行回来后开始的。

根据福泽的记载，义塾最初只讲授兰学，但随后由于五国条约的签订，来日本的外国人越来越多，仅仅教授兰学已经跟不上形势，于是开始研究英学。实际上，在此期间福泽自己也在学习英学，真正开始向学生讲授英学应该是在文久三年（1863）。由于开设英学课程，学生日渐增多，到庆应三年（1867）时已经有近100名学生了。

1868年，由于学塾的学生人数不断增长，而学塾所在的铁炮洲藩邸又被批准为外国人的居住地，所以福泽只好将学校再度迁移到芝区新钱座③的新建校址。虽然福泽自己没有提起过，但这实际上是该学塾第二次搬到新钱座了，此前学校曾于文久元年

---

① 【日】石河幹明、『福澤諭吉伝』一、岩波書店、1981、四四八頁。
② 同上、四〇七頁。
③ 今东京港区浜松町。

（1861）搬到过新钱座一次，只是在文久三年（1863）又搬回了铁炮洲。因此从1863年到1868年这期间被称为庆应义塾的"铁炮洲时代"。再次迁到新钱座后，学校也在这一年被正式命名为庆应义塾。据说义塾的由来是源于英文的"public school"即公众学校的意思，而庆应则是当时日本的年号。不过就在学校命名后不久，日本的年号就由庆应改为明治了。义塾在新钱座只停留了三年，然后就再次搬迁到新钱座西南边附近的三田新校址。新校址占地一万三千多坪[①]，这里原来是岛原藩的官邸，趁着明治政府建立初期的混乱，福泽仅仅花了五百多元就将这块地买了下来。该校址现在仍旧是庆应义塾大学的总部所在地，也是主校园之一。这次搬迁后，校舍面积比新钱座时一下子扩大了三十倍，终于有了今天庆应大学的雏形。

义塾从1858年创办到1871年搬迁到三田，这段时间也是日本近代史中较为动荡的一段时期。在义塾创办初期，当时逐渐兴起的攘夷之风给教授洋学的义塾带来一定的威胁。在明治维新之前的幕府执政时期，攘夷之风已经对洋学者的人身安全构成威胁，不过对学塾影响还不太大。根据福泽的记述，攘夷之风以文久年间（1861—1864）最为严重，在明治维新之后也一度兴起，比如在明治二年（1869）就发生了横井小楠、大村益次郎等被攘夷者刺杀的事件。给义塾带来较大影响的是明治维新后西南战争时期，主要是学生的流失。因为在义塾里就学的学生大都是士族子弟，在政体鼎革，自身的前途、自己所属的藩，以及整个国家的前途均不明的情况下，这些士族子弟很难安心学习洋学，以致义塾里一度只剩下十八个学生。[②]然而即使在这样困难的情况下，义

---

① 日本的面积单位，一坪等于3.3平方米。
② 【日】石河幹明、『福澤諭吉伝』一、岩波書店、1981、四〇八頁。

第三章　福泽谕吉生平考略

塾也没有停业。值得注意的是，福泽曾记述到，当时的军队并没有给义塾带来威胁，相反对学校秋毫无犯。他认为这是由于"当时战争中军纪严整，且一般军人的作风也不会侵犯市民私产"①的缘故。日本军队在内战中的表现与此后在侵略朝鲜、中国时的表现判若霄壤，这也是值得进一步研究的现象。虽然在明治时代最初的两年，洋学教学由于战乱一度中断。随着幕府的倒台，甚至幕府开办的洋学校开成所也"荒废成为狐狸的巢穴"，但庆应义塾却能继续教学，独传一脉薪火，不能不说是一个奇迹。这或许与福泽一直在官军和幕军之间保持中立有关。

度过明治初期的危机后，庆应义塾一直平稳地向前发展，最后终于在1890年兴办了大学部，完成了向近代大学的转变。

庆应义塾与以往的兰学塾最大的不同之处在于，它不仅向学生传授技术等自然科学知识，而是更进一步，"窃以将西洋的学术应用于社会及人事为志向"②，向学生介绍西方的历史、政治及经济方面的学问。这一点非常重要，庆应义塾在传播西方经济学、伦理学及法学方面都走在当时时代的前列。福泽在这方面非常具有前瞻性，这涉及他对现代化进程的了解。现代化进程并非单纯是一个技术革新的过程，它同时给人类社会带来很多影响深远的变化。一方面，根据马克思的研究，机器大工业的出现导致了无产阶级的诞生；另一方面，机器大工业生产出来的大量产品也需要一个广阔的市场，这就导致了谋求向海外扩张的殖民者的出现。同时，商品的日益丰富又需要一个自由有序的市场，自由有序的市场又需要一个合法性建立在法治与民主基础上的政府维持其运转，这正是在社会领域中发生的更为深刻的转变。从某种

---

①　【日】石河幹明、『福澤諭吉伝』一、岩波書店、1981、四〇九頁。
②　同上、四四九—四五〇頁。

意义上说，现代化的过程就是经济领域的市场化以及政治领域的法治化民主化的过程。这两者是密不可分的，共同构成了现代社会这个有机体。如果一个市场想要良好地运转，就需要通过法治为其确立秩序，民主则为法治提供合法性基础，民众因此愿意纳税，为政府的运行提供资金，整体形成一个良性循环。所以说，现代化并不仅仅是技术领域中的变革，它同样是如福泽所说的"社会及人事"方面的变革。认识到这一点非常重要，福泽在鼓吹文明、鼓吹现代化的过程中，始终重视社会方面，即经济、政治等方面的现代化。从办学宗旨、《西洋事情》的体例等很多细微之处都可以看出福泽的这种倾向。福泽的努力最终取得了相当大的成果，他的《西洋事情》是当时最具影响力的介绍西方的著作；他创办的庆应义塾也为日本的现代化培养了大量人才，其中知名者就有小幡笃次郎、马场辰猪、犬养毅、矢野龙溪、竹越与三郎等。现在庆应义塾大学已经发展成日本最著名、最优秀的私立大学之一，依然在政治领域保持着非常强的影响力。在日本历任首相中就有三位毕业于庆应义塾大学，分别是犬养毅、桥本龙太郎和小泉纯一郎，还有众多国会议员亦出身该校。

庆应义塾在学制上也有很多特点，首先是管理的民主化。虽然福泽是庆应义塾的创办人，但他并不以创办人自居，也不把义塾当做自己的私产。①在校务方面则由全体塾员商议决定，重要的校务则由评议会来决策，所以学校中充满民主的气氛。其次，庆应义塾是通过收取学费来维持运营的，不同于以往中国的私塾那样收取"束修"，它是收取学费的。也许有人认为两者本质上并无不同，但"束修"带有礼物的性质，意味着对老师的感谢，且没有固定标准；学费则是支付给学校与教师的报酬，而且有固定

---

① 『福澤諭吉全集』第十二卷、五二三頁、「塾政の自治」。

标准。收取学费使学校教育转变为一个现代产业。福泽在其自传中写道，庆应义塾是日本最早收取学费的学校，在当时还有一些学生不太习惯，在交学费时还要附上礼签、礼绳等。此外值得记述的是，当时学塾上上下下的员工都将义塾看成是一个事业，在学塾中工作并非只是为了金钱。根据福泽自传的记载，他自己就"不动学塾分文"①，教师们一样也不看重金钱，当时在发工资时，教师们往往认为自己的工资是多了而不是少了。②正是在这样上下一心的努力下，庆应义塾迅速发展起来，在攘夷之风盛行的年代里也没有停下脚步。庆应义塾的教学具有自己的特点，根据福泽1882年的演讲，义塾为低年级的学生讲授物理学，以此作为西学的入门。到高年级则"使其研究哲学、法学的大意，或者政治、经济方面的书籍"③，这与西学在日本的传播正好一致。福泽之所以采取这种"先理后文"的方式，估计是为了先通过物理学等自然科学建立学员对西学的信念，然后再使他们研究更为复杂的社会科学。

总而言之，庆应义塾的创立在幕末维新的社会转型期传播了西学，为整个社会的转型提供了知识储备，同时也培养了转型所需的人才。

结　语

上面简略地从几个侧面讨论了福泽的生平经历，及其对福泽

---

① 【日】福泽谕吉：《福泽谕吉自传》，马斌译，商务印书馆1980年版，第187页。
② 同上书，第187页。
③ 『福澤諭吉全集』第八卷、五二页。

思想形成的影响。作为那个时代非常富于探索精神的思想家，福泽生平经历当然要比这些远为复杂多彩，但是限于篇幅，本书不可能对他的每个经历都展开讨论，只能择其要者，这也是笔者选取上述四个方面的理由。

在本章的最后部分，笔者还想就福泽的个案简单讨论一下，为什么像他这样的中下级武士能够成为推动维新的中坚力量。众所周知，欧洲近代化过程的主导者是新兴资产阶级，但与欧洲不同，作为后发现代化国家，日本在面临现代化转型时并没有资产阶级这一群体。中下级武士之所以在这个时候站上历史舞台，并成为主导变革的主角，自有其内在的历史脉络。笔者认为其中最重要的因素是这些武士受到来自传统体制的双重束缚，因而具有强烈的谋求改变现状的愿望。首先传统体制限制了这些武士发挥自己的才能、实现自己抱负的机会，正如福泽自传中所写的那样："'家老'家生的孩子永远当家老，'足轻'家生的孩子永远是足轻。"[①]在传统门阀制度下，中下级武士再怎么努力也很难获得像上等士族那样的机会。其次，传统体制带给中下级武士的另一重束缚是他们不能很好地融入平民世界，经营他们的世俗生活。作为士族，他们的身份地位被认为高于农工商等平民阶层，但是这一地位也使他们无法像普通民众那样享受世俗生活的乐趣。比如士族由于其高人一等的地位是不允许看戏的，福泽在自传中曾写道，不少武士去看戏都不是堂而皇之地入场，而是"把脸一蒙，急急忙忙地踢破篱笆闯进戏场"[②]。武士身份甚至使他们连自己上街打酒也要遮遮掩掩的。在这种情况下，中下级武士

---

① 【日】福泽谕吉：《福泽谕吉自传》，马斌译，商务印书馆1980年版，第6页。

② 【日】福泽谕吉：《福泽谕吉自传》，马斌译，商务印书馆1980年版，第5页。

第三章 福泽谕吉生平考略

进无法施展政治抱负,退无法经营世俗生活,一旦社会显现出某种变革的动向,这些中下级武士中的精英自然就会热情地投入其中。因为只有推动社会变革,才有可能改变他们的尴尬处境,发挥他们的各种才能,从而得到社会的承认与自我肯定。

日本的中下级武士最终在以明治维新为代表的现代化转型中发挥了重要作用,他们也在此运动中实现了自己的抱负,福泽谕吉可以说是其中的佼佼者。作为明治时期思想领域的先行者,他的思想在当时的思想界产生了广泛影响,而他的思想的形成与发展,以及他的思想所产生的广泛影响都与他的人生经历存在着各种各样的关系。

第四章　福泽谕吉的文明论

前面几个章节对福泽谕吉思想产生的背景及其个人经历进行了简要介绍，接下来讨论福泽的政治思想。关于福泽的政治思想，笔者将从内政与外交两个部分展开讨论，内政部分将在本章及之后的两章进行讨论，外交部分的讨论则在第七章及第八章。

福泽谕吉的内政思想是从两个方面展开的，一个方面是他的政治理念，另一个方面是他在政治实践中的具体观点。前者主要包含在他的"文明论"中，后者则反映在他关于民权、国体等一系列问题的讨论中，其中"天皇观"和"官民调和论"是两个非常重要的部分。本章笔者先就福泽谕吉的文明论展开讨论，在接下来的两章将分别讨论他的天皇观和官民调和论。

在讨论福泽的文明论之前，先简单介绍一下福泽谕吉一贯所持的政治立场。在笔者看来，尽管福泽谕吉的思想在不同时期展现出不同的样貌，有时甚至相互抵牾，但在两个方面他所持的立场是一以贯之的。一方面就是他始终是一个坚定的开国论者，主张积极学习西方；另一方面他始终是一个民族主义者，主张从日本国家整体的角度看待各种问题并衡量利弊。这两方面并不矛盾，对于福泽谕吉来说，前者乃是后者的必要条件。

前面已经提到，幕末时期，随着西方扩张压力的来临以及幕府统治的衰落，围绕幕府与天皇的权力斗争形成了很多派系，虽

第四章 福泽谕吉的文明论

然各有各的诉求,但基本上都是围绕"勤王"与"佐幕","开国"与"攘夷"两组诉求组合而成。其中既有主张联合幕府与天皇的势力共同攘夷的"公武合体"派,也有主张尊奉天皇取幕府而代之的"尊王攘夷"派,当然也存在捍卫幕府的"佐幕攘夷"派等。虽然各有不同,但在福泽看来,他们在"攘夷"上并没有什么区别,出于一贯秉持的开国理念,他置身于派系权力斗争之外,冷眼旁观他们的斗争。在当时的条件下,福泽并没有意识到这里的"攘夷"只是勤王派为反对幕府而提出的争取民众支持的口号,同时幕府与美国签订修好通商条约,也只是在面临西方压力下为稳定自己的统治而被动做出的选择。各派之所以高喊攘夷口号,主要目的都是为了争取权力,这意味着民族主义思想已经渗入当时的意识形态,并在其中发挥重要作用。因此"攘夷"口号的提出主要是为了确认身份与立场,并不单纯意味着现实中的政治实践。明治维新后成功掌权的勤王派并没有继续攘夷,而是走向开国的道路,从中就可以看出这一点,福泽后来看到这一情况时也为此深感欣慰。

如上所述,福泽一生所致力的工作就是通过传播现代观念来打造一个现代化的日本。当然,在福泽的时代,"现代化"一词还没有普及,各个学科也还没有划分出清晰的界限,这就导致在他的思想中常常出现各种思路纠缠在一起的情况。但在他的思想中占据核心位置的,必定就是"文明论"了,他的很多思想,特别是政治思想,就是围绕"文明论"展开的。当然,我们必须意识到,尽管"文明"一词带给人们的印象通常是温和且正面的,特别是从内政的视角来看,文明代表着个人的自由与独立,同时还意味着遵守法律,与人为善等良好价值;不过,如果从国家的视角来看,哪怕是"文明"国家之间的种种行为也经常是丑陋且恶劣的。特别是在福泽的时代，正如当时一位西方作者曾经指出的："今天，作为评价各社会文明与进步的标准，最正确的大概是：每个社会在'杀人技术'上的精湛程度，互相毁灭的武器的完善程度和种类多少，以及运用它们的熟练程度。"[①]实际上，这种情况至今依然在某种程度上延续着，只是经常被话语遮蔽而已。作为文明的提倡者，福泽并没有对文明持一种狂热的态度，他已经冷静地认识到西方文明可能带来的祸患，并试图通过自己的写作使日本避免成为西方文明的牺牲品。

第一节　何谓文明

讨论文明，传播文明，首先当然要厘清文明的定义，在福泽阐述文明的专著，也是他最重要的一部著作《文明论概略》中，福泽用第三章整整一章的篇幅来讨论文明的涵义。[②]

在这一章中，福泽首先就指出对文明进行定义是非常困难的，因为文明本身就包含着广义及狭义的涵义："若按狭义来说，就是单纯地以人力增加人类的物质需要或增多衣食住的外表装饰。若按广义解释，那就不仅在于追求衣食住的享受，而且要砺智修德，把人类提高到高尚的境界。"[③]因为存在广义及狭义之分，所以关于何谓文明往往引发争论。对于福泽来说，毕其一生所提倡的"文明"显然指的是后者，即"广义的文明"。

接下来福泽从语源学的角度对文明下了一个定义："文明一

[①] 《中国丛报》第五卷，第165页，转引自茅海建：《天朝的崩溃》，生活·读书·新知三联书店1995年版，第47页。

[②] 在商务印书馆出版的中文版《文明论概略》中，该章标题被译为："论文明的涵义"，此处翻译以此为本。日文原文为"文明の本旨を論ず"。

[③] 『福澤諭吉全集』第四卷、三十八頁。《文明论概略》中译本第30页。

第四章　福泽谕吉的文明论

词英语叫作'Civilization'，来自拉丁语的'Civilidas'一词，即国家的意思，所以'文明'这个词，是表示人类交际活动逐渐改进的意思，它和野蛮无法的孤立完全相反，是形成一个国家体制的意思。"① 从这段话可以看出，福泽的文明论在一开始就与国家联系在一起，使他的文明论带上了浓厚的国家（民族）主义色彩。福泽的这一以国家为基础的文明论可以说在日本思想界一直延续下来。② 同时有必要指出的是，虽然福泽在此将文明等同于形成一个国家体制，但这种国家体制并不是泛泛而言的，而是特指以西方近代民族国家为范本的新型国家体制。这就隐藏了另一层含义，在福泽的愿景中，日本是和当时西方国家一样的现代民族国家，这并非沿袭传统或另辟蹊径。当然，福泽并非只想简单模仿，照搬西方制度，而是希望博采众长，使日本做到"青出于蓝而胜于蓝"。

在对文明进行上述定义之后，福泽进一步强调文明的重要性："文明之为物，至大至重，社会上的一切事物，无一不是以文明为目标的。无论是制度、文学、商业、工业、战争、政法等等，若将它总括地互相比较时，用什么标准来衡量其利害得失呢？能促进文明的就是利就是得；反之，使文明退步的就是害就是失。"③ 如果将前述的文明定义代入其中，就可以看出，福泽在这里把能否促进国家体制的形成当作评判文明这一价值体系的标准，也就是说，如果一件事对国家有利，那就是文明的。

接下来，福泽列举了四类非文明国家的情况，并讨论了这四类国家之所以并非文明国家的原因，由此可以反推出：如果人民

---

① 『福澤諭吉全集』第四卷、三十八頁。《文明论概略》中译本第30页。
② 【日】和辻哲郎『倫理学』、岩波書店、1942年。
③ 『福澤諭吉全集』第四卷、三十八頁。《文明论概略》中译本第30页。

仅仅衣食富足却没有独立的人格和自由，那就不是文明；同样，像亚洲神权政府那样，即使民众拥有一定的衣食，也拥有一定的自由，但两者皆不充分，也不能视为实现了文明；而如果像当时欧洲的封建社会那样，存在阶级不平等，统治阶级"以大欺小，以强凌弱，只凭暴力支配整个社会"，也不能称之为文明；最后，即使每个人都能充分享有自由，也不存在不平等的情况，但每个人都只为了自己，"不能为全体的共同利益服务，不知国家为何物，也不理解人际交往为何事"①，这种无政府社会也不是文明社会。由此，福泽提出文明并不只是人的身体安乐及道德高尚，"如果不能使人的身心各得其所，就不能谓之文明"。并进而总结道："所以，文明就是指人的安乐和精神的进步。但是，人的安乐和精神进步是依靠人的智德取得的。因此，归根结底，文明可以说是人类智德的进步。"②总而言之，对于福泽来说，所谓文明就是通过使个人获得自由安乐以及精神进步，从而使国家变得更为强盛。

在这里有必要提示的是，福泽关于文明的定义显然受到法国近代历史学家基佐（1787—1874）的影响，比如上面他所列举的四个不能被称为文明社会的例子实际上就是译自基佐1828年出版的《欧洲文明史》③的第一讲。此外在该章中还有不少段落也转述自《欧洲文明史》，比如他关于君主制适合各类国家的观点就源于该书的第九讲。福泽自己并不讳言基佐的影响，在引用时还提到了基佐的名字。④不过尽管福泽明显受到基佐的影响，有些甚至

---

① 『福澤諭吉全集』第四卷、四十頁。《文明论概略》中译本第32页。
② 同上、四十一頁。《文明论概略》中译本第32页。
③ 参见【法】基佐：《欧洲文明史》，程洪逵、沅芷译，商务印书馆2005年版，第8—9、167页。
④ 『福澤諭吉全集』第四卷、四十二頁。《文明论概略》中译本第34页。

第四章 福泽谕吉的文明论

直接照搬，但两人的思想还是存在明显的区别，如果用最简单的话语来概括，那就是基佐的文明观更强调个人的自我实现，而福泽的文明观则更强调国家的发展。基佐的文明观固然也强调社会的发展，但对他来说，社会发展是为人的发展服务的，人的发展才是目的。"哪个地方人的外部条件扩展了、活跃了、改善了；哪个地方人的内在天性显得光彩夺目、雄伟壮丽，只要看到了这两个标志，虽然社会状况还很不完善，人类就大声鼓掌宣告文明的到来。"① 反观福泽，他将文明的实现与国家富强密切地联系起来，国家的强盛才是目的，即文明在福泽那里并非单纯来自西方古典自由主义②的价值观，而是经过修正，带有更浓厚的国家主义色彩。

在福泽对文明的论述中，下面这段话值得注意："社会上的一切事物，可能有使人厌恶的东西，但如果它对文明有益，就可以不必追究了。譬如，内乱或者独裁暴政，只要能促使文明进步，等它的功效显著地表现出来时，人们就会把它往日的丑恶忘掉一半而不再去责难了。"③ 尽管这段话同样是转译自基佐，但基

---

① 【法】基佐：《欧洲文明史》，程洪逵、沅芷译，商务印书馆2005年版，第12页。

② 自由主义是西方近代以来最为重要的思潮之一，其理念可以追溯到古希腊古罗马时期，从16—17世纪欧洲进入现代转型期以来一直到现在都在进行持续的讨论，自然也就存在非常多的流派，古典自由主义本身亦不例外。本书限于篇幅及讨论的主题，不对其展开进一步的梳理，仅简单地将其等同于从霍布斯、洛克到休谟、斯密乃至穆勒等作者（当然这些作者之间也并非没有观念上的差异或矛盾）构筑的一脉思想传统，其主要特点是将个人的自由（权利）视为最重要的价值，对政府权力可能对个人权利造成的破坏持警惕态度，政治上通常强调限制权力，主张权力行使的合法性、公开性以及权力获取的竞争性，在经济上则主张财产私有及市场经济等。

③ 『福澤諭吉全集』第四卷、三十九頁。《文明论概略》中译本第31页。

佐的原文只是说可以在"一定程度上宽恕"①追求文明时带来的罪恶，福泽却并没有强调这一点。这就从一个侧面显现出，福泽的文明观带有更为浓重的功利主义色彩。之所以会这样，原因恐怕有二：其一是在福泽的时代，日本面临西方扩张的压力，所以谋求国家富强就被他视为非常紧迫的任务，只要能实现这一目标，采取什么手段并不重要；其二则是作为日本最早看世界的知识分子，福泽既了解西方国家的先进之处，也了解西方国家在对外扩张、推行殖民主义时的各类暴行。不过福泽并没有，或许也不想从一个超越性的视角来对这些暴行进行批评。对他来说，更为迫切的工作是推动日本向文明国家转变，而非建构一套带有普世性的文明理论。

　　在《文明论概略》第一章开始之处，福泽就指出"轻重、长短、是非、善恶等词，是由相对的思想产生的。没有轻就不会有重，没有善就不会有恶"②。实际上，在福泽看来文明同样是相对的，这包括两个方面：一方面，各个国家在文明序列中的位置是相对的，比如，尽管和西方相比，日本还有邻近的中国在文明程度上落后，但和南非相比，则又是先进的国家；另一方面，文明也是不断变化发展的，以前先进的国家可能会落后，以前落后的国家则可以通过追赶变得先进，各国在文明序列中的位置并不是固定不变的。此外，在福泽看来，文明的发展并无止境，即便欧美位于当时文明的最高点，但也尚未达到文明的极限，甚至"还没达到路程的一半"③。不过他同时也强调，这并不是日本拒绝学习欧美的理由。在福泽所处的时代，日本还有不少守旧者

---

　　① 【法】基佐：《欧洲文明史》，程洪逵、沅芷译，商务印书馆2005年版，第6页。
　　② 『福澤諭吉全集』第四卷、九頁。《文明论概略》中译本第5页。
　　③ 同上、四十一頁。《文明论概略》中译本第33页。

第四章 福泽谕吉的文明论

拒绝学习欧美,他们的理由就是欧美各国都有很多不道德的人在干着不道德的事。然而福泽认为,任何国家都不完美,正如尽管人口众多,但却根本找不到一个一辈子都不会生病的人,如果只有完美的国家才值得学习,那就根本找不到学习的对象。福泽在这里显示出非常务实的态度,并指斥那些因欧美存在不文明之处而拒绝向其学习的人"乃是无智无德之人,本身即是文明世界的疾病"[①]。由于人们通常具有追求完美的天性,一个十全十美的乌托邦构想往往能吸引更多的拥护者,现实中人们也经常希望作为榜样的对象没有瑕疵,甚至为此刻意美化。然而这其实只是一种不切实际的幻想,实际的情况是既没有完美的社会,也没有完美的制度,而且,即便是在各方面领先的国家也肯定会存在短板,而即便是各方面都很落后的国家也肯定有值得学习的地方。因此可以说任何国家都有应该学习其他国家的地方,同时也有值得其他国家学习的地方,为了使自己的国家不断进步,在学习外国的长处时就不应总是盯着他们的问题而拒绝学习。实际上,国家和个人一样,善于学习的国家尽管也一定会犯错,但更容易取得进步。他认为,日本就是一个典型,无论是在古代还是在现代,日本都热衷于向先进国家学习,努力缩小与先进国家之间的差距。

关于福泽的文明观,还有一点值得注意,他认为文明与否与一个国家的政治体制没有必然关系,任何体制都有可能或潜力促进文明。这一点其实也是受基佐观念的启发,基佐认为:"君王不仅无处不在,而且能适应千差万别的情况,无论是文明社会或蛮夷时世,无论是在文治鼎盛的地方,如中国,或在战争及尚武精神统治的国度。君王制实行于等级森严、种姓制度盛行的社会,也实行于人人平等,不知永恒的法定阶级划分为何物的社

---

① 『福澤諭吉全集』第四卷、四十二頁。《文明论概略》中译本第33页。

会。有的君王暴虐无道,有的促进文明,甚至鼓励自由。君王就像一个可以安装在许多异样躯体上的头颅,不同种子结出的同样果实。"①福泽引用这段话,并进而认为:"政府的体制只要对国家的文明有利,君主也好,共和也好,不应拘泥名义如何,而应求其实际。"②"奥国和英国的君主政治虽好,但不可因此而推崇中国的君主政治。美国的共和政治虽然值得称赞,但不可法效法国和墨西哥的做法。"③福泽进而认为:"评论政治应从实际出发,不应徒慕虚名。"④这里所说的"实际"其实就是指文明。对福泽来说,任何政治体制,只要能够促进文明,就是好的体制,反之就是坏的体制。福泽这段话写于明治维新后,当时旧的制度已经被推翻,新的制度尚未完全建立,仍在摸索。福泽给出的判断一个新制度是否良善的标准就是看其是否能促进文明。在福泽对各种制度的讨论中我们还可以发现,他对西方还是非常了解的,对西方各种制度乃至其弊病也很清楚。比如他就认为:"君主政治有以政府的权威压制人民的弊病,共和政治则有以人民意见干扰政府的缺点,所以政府有时不胜其扰,很可能动用武力,以致引起大祸。"⑤进而他还介绍了各类体制弊病的细节。这显然是受到托克维尔、穆勒等近代西方思想家的影响,但他所引用的这些作者的著作大都出版不久⑥,考虑到当时的技术条件,可以说

---

① 【法】基佐:《欧洲文明史》,程洪逵、沅芷译,商务印书馆2005年版,第166页。
② 『福澤諭吉全集』第四卷、四十二頁。《文明论概略》中译本第34页。
③ 同上、四十三頁。《文明论概略》中译本第34页。
④ 同上。
⑤ 『福澤諭吉全集』第四卷、四十七頁。《文明论概略》中译本第39页。
⑥ 福泽谕吉引用的书出版年限如下:《论美国的民主》较早,上卷出版于1835年,下卷出版于1840年,穆勒的《政治经济学原理》出版于1848年,《论代议制政府》出版于1861年,而福泽的《文明论概略》则出版于1875年。

第四章　福泽谕吉的文明论

在当时的亚洲，很少有人能具有福泽这样的眼界。

如果对福泽的文明论进行总结，我们可以发现有两个显著的特征：第一，对福泽来说，其所指的文明就是西方近代文明，而不是其他文明。尽管在《文明论概略》的开篇他就提到日本固有的文明，但如前所述，这里的"文明"实际上是相对意义上的文明，指的是日本自古以来形成的文化。在面对西方文明时，日本依然只是一个"半开化"的国家，必须学习西方，才能跻身文明国家之列。

第二，虽然福泽提出一切文明均以欧洲文明为旨归，但他倡导的文明又带有明显的民族主义色彩。在福泽看来，文明并不仅仅是实现民众个人权利的手段，更是实现国家利益的手段："惟有汲取西洋文明才能巩固我国国体，为我皇统增光，这又何必踌躇呢？应该坚决汲取西洋文明。"[①]从上面这句话可以看出，福泽已经将汲取西方文明与打造日本帝国结合在了一起，然而，这种结合并非原样照搬西方思想，而是根据日本的实际情况进行了修正。如果我们考察东亚各国推进现代化的历史，就会发现鼓吹全盘接受西方文明的话语其实相当普遍。这或许是由于西方文明在这些国家的受容通常伴随着一个对固有文明进行自我否定的过程。在中国亦曾出现过类似的情况，比如五四时期提出的"打倒孔家店"的口号就是最具代表性的例子。现实中有可能表现得更为极端，比如民国时期，当一些人知道国民党元老吴稚晖书法好而向他求字时，他的回答竟然是："你们想，已经二十世纪了，你们还要玩这些东西，真是野蛮，你们想！"[②]吴稚晖竟然使用"野蛮"一词来形容书法这门中国传统艺术，可见当时在中国，

---

① 『福澤諭吉全集』第四卷、三十三頁。《文明论概略》中译本第24页。
② 上海书店编：《民国世说》，上海书店1997年版，第40页。

对西方文明的渴求使很多同属文明内容的传统文化被不经思索地打上"野蛮"的标签而予以否定了。反观福泽，尽管他热衷于引进西方文明，但却冷静地将文明分为"外在的"和"内在的"两部分，他更强调对"内在的"文明的汲取，这就可以避免像吴稚晖那样，因将西方文明极端化而对传统文化采取一种虚无主义的态度，对此将在接下来的小节中讨论。

第二节 外在的文明与内在的文明

将文明确立为日本现代化的目标后，福泽进而将文明分为外在与内在两个部分，这一区分也具有非常重要的意义。在《文明论概略》第二章"以西洋文明为目标"里，福泽这样写道："文明有两个方面，即外在的事物与内在的精神。外在的文明易取，内在的文明难求。"[①]这种划分文明的方式很容易让人联想到后来德富苏峰对"精神文明"与"物质文明"的区分，而这种"精神"与"物质"的分野则一直延续到今天的话语中。在对文明进行划分之后，福泽认为要想实现文明首先要从难的部分，即内在文明入手，他进而认为"不应单纯仿效文明的外形而必须首先具有文明的精神"[②]。这一点其实非常重要，它意味着一种对日本近代颇有影响的应对西方思路的反动，而这一思路的代表性口号就是"和魂洋才"，以及前述佐久间象山提出的"东洋道德，西洋艺术"。"和魂洋才"脱胎于"和魂汉才"，据说是日本平安时代学者菅原道真（845—903）提出的。平安时代正是日本积极学习中国（唐朝）的时代，与德川时代末期日本开始转向学习西方

---

① 『福澤諭吉全集』第四卷、十九頁。《文明论概略》中译本第12页。
② 同上、二十一頁。《文明论概略》中译本第13页。

第四章 福泽谕吉的文明论

恰成对照,而佐久间象山提出的"东洋道德,西洋艺术"则与该思想一脉相通。①

如前所述,在接受西方近代文明的时候,由于来自西方的以"声、光、化、电"为代表的自然科学具有一目了然的准确性,所以很容易为人们所接受。实际上日本兴起于兰学的西学也是始于自然科学的传播。"和魂洋才""东洋道德,西洋艺术"等口号体现了当时一种关于现代化的思路,即接受西方的自然科学知识,同时固守日本的传统精神。这种思路也曾出现在当时的中国,甚至在今日依然能在一些思想流派中看到其模糊的影子。众所周知,在十九世纪末期,晚清名臣张之洞提出的"中学为体,西学为用"就是当时非常流行的口号。这里需要注意的是,如果对中日这两个近似的口号进行比较,就会发现两者其实还是存在不小的差异。无论是平安时代的"汉才"还是幕末的"洋才",与之匹配的都是"和魂",也就是日本固有的精神。由此可见,在这一学习外来文化的思路中依然存在日本的主体意识,而这也和日本的民族意识相契合。而与和魂对应的则是"中学为体",其内容"中学"并不局限于精神,是包括一套传统的典章制度,而且该"中学"还被视为不可改变的本体。由此可以看出,日本更强调保留固有的精神,中国则注重固守自古沿袭下来的一套传统。当然,佐久间象山的"东洋道德"要比"和魂"宽泛,不过与更加宽泛的"中学"相比,还是有一定区别的。另外,佐久间象山的口号也并没有强调以东洋道德"为体",只是将之排列在前。

比"中学为体,西学为用"更早的还有魏源提出的"师夷长

---

① 关于两者可参见武安隆在《从"和魂汉才"到"和魂洋才"》一文中的考据,载《日本研究》1995年第一期。

技以制夷"的口号，其中"师夷"之"长技"指的仅仅是战舰、火器和养兵练兵之法①。它不仅与福泽所谓的"内在文明"相去甚远，甚至也不包括被福泽认为是"外在文明"的政治体制。这种"师夷"之法因此被福泽视为学习西方的反面案例。他曾明确指出："中国也骤然要改革兵制，效法西洋建造巨舰，购买大炮，这些不顾国内情况而滥用财力的做法，是我一向反对的。"②显然，与上述口号所体现的思路不同，福泽并不认为通过学习"洋才""西洋艺"等西方外在文明就能使日本走向强盛，更为重要的是汲取他所说的"内在文明"。福泽认为："汲取欧洲文明，必须先其难者而后其易者，首先变革人心，然后改革政令，最后达到有形的物质。按这个顺序做，虽然有困难，但是没有真正的障碍，可以顺利达到目的。倘若次序颠倒，看来似乎容易，实际上此路不通。"③这里非常关键的是他将"变革人心"列为首要工作，而将"改革政令"列为其次。然而，福泽在这里深刻地指出，如果要让引进的制度能够扎下根来并顺利实施，就先要打造与之相匹配的内在精神基础："我的主张是先求其精神，排除障碍，为汲取外形文明开辟道路。"④何为内在文明？福泽自己也认为是一种"难以形容的""无形的东西"⑤；是一种"人民的'风气'"。但他同时指出："文明的真谛在于使天赋的身心才能得

---

① "夷之长技三，一战舰、二火器、三养兵、练兵之法"，参见魏源：《海国图志》，中州古籍出版社1999年版，第99页。
② 『福澤諭吉全集』第四卷、二十頁。《文明论概略》中译本第12页。
③ 同上、二十二頁。《文明论概略》中译本第14页。
④ 同上、二十一頁。《文明论概略》中译本第13页。实际上，在原发现代化国家同样需要观念转变先行，否则就会出现类似1848年革命后法国进行的普选，没想到选出的却是皇帝，而提议进行普选的议员拉马丁并没有得到多少选票的荒唐结果。
⑤ 『福澤諭吉全集』第四卷、二十頁。《文明论概略》中译本第13页。

第四章　福泽谕吉的文明论

以发挥尽致。"①这正是他提倡的"自由的风气",而为了获得这一"文明的真谛"则必须从欧洲文明那里寻求。

确立内在文明之后,就可以进一步推进外在文明了。福泽对外在文明也进行了区分,他认为包括"衣服、饮食、器械、居室"和"政令、法律"两类,其中政令、法律的实施尤其需要内在文明的辅助。福泽并进而将"政治法律的改革直到现在还未能实行,国民议会未能很快地成立"的原因归于内在文明尚且没有普及。从这里可以看出福泽引进文明的清晰思路,即首先在国民中普及文明的精神,文明精神确立后继而引进政令法律等制度,最终引进的政令法律等制度将会促进社会在生活、器物上的文明化。对于福泽来说"衣服、饮食、器械、居室"等只是文明的细枝末节,并非是实现文明的必要元素。福泽的这一观念明显是反对物质文明上"全盘西化"的,他曾说:"近来我国在衣、食、住方面所流行的西洋方式,这能说是文明的象征吗?遇到剪发的男子,就应该称他是文明人吗?"②这也是他的思想比很多同时代人更为深刻的表征之一。

福泽对文明的看法向我们提示了现代化进程中改变民众观念的重要性。如果民众观念没有改变,仅靠引进或改变制度未必能取得现代化的成功,实际上,日本自身就是很好的例证。明治维新之后,出于学习西方的急迫心理,日本的一些制度甚至是直接从西方"拿来"的。比如明治维新后制定的民法,在确立了"依法国民法订立日本民法"的宗旨之后,当时负责编纂民法的江藤新平就主张"发挥临摹主义,将其完全复制至日本民法"。责成箕作麟祥博士迅速翻译,甚至主张"误译亦无妨,唯速译

---

① 『福澤諭吉全集』第四卷、二十二頁。《文明论概略》中译本第14页。
② 同上、十九頁。《文明论概略》中译本第12页。

之"①。在这种情况下,尽管明治政府仿效西方迅速建立起一套现代制度,但民众的观念并没有完全转变。实际上,即便是主张拿来主义的江藤新平自己也并没有完成观念上的转变,尽管他在编纂民法时曾力排众议,保留了"民权"的译词,但他自己却并没有等到民权勃兴就因主张"征韩论"而发动叛乱,最终在失败后被处死。②而江藤所主张的通过侵略朝鲜以缓和国内矛盾的"征韩论",实际上是此后在日本兴起的"国权论"之嚆矢,恰恰是与民权相对立的观念。甚至可以说正是对国权的强调,导致日本最终走上军国主义道路,这对希望实现现代化的日本来说实属南辕北辙。由此可见,单纯改变制度本身并不能保证维新的成功,为使维新走上正轨,在民众中普及正确的观念才是最为重要的工作,福泽在这里显示出他的远见。

虽然文明被福泽分为内与外两个部分,但有必要指出的是,文明在福泽的观念中其实是一元的,仅指一系列源于西方的思想及政治制度。福泽并不认为文明具有多样性,除欧美以外的国家都被福泽视为不文明的。比如中国虽然在现在的话语中已经是世界公认的"文明古国"之一,但在当时福泽的眼里和日本一样只是个"半开化"的国家,后来甚至被他认为是"野蛮"国家。由此可见,福泽的文明论具有明显的局限性,仅指他视之为目标的"西洋文明",即欧美近代文明。由于时代所限,他并没有意识到,他眼中的"西洋文明"本身也是现代化的产物,并不存在于古代西洋,或者说只存在部分雏形。同时,福泽的文明论也带有很强的目的性,也就是通过文明来实现富强,最终使日本

---

① 参见【日】穗积陈重:《法窗夜话》,曾玉婷、魏磊杰译,法律出版社2015年版,第178页。

② 同上书,第180页。

与西方国家比肩而立。当然，福泽谕吉并不主张在所有方面都模仿西方。如前所述，他对模仿西方"衣服、饮食、器械、居室"等生活方式就不以为然，然而现实却是这些"最易"模仿的西方文明在明治初期就已蔚然成风，并最后发展成在器物方面照搬西方的"鹿鸣馆文化"。鹿鸣馆文化并没有在实质意义上推进日本的"文明"，反而招致百姓的反感，从而给西方文明在日本的传播带来负面影响。由此可见，福泽关于汲取欧洲文明应"先难后易"的主张尽管非常明智，但却并没有在日本的历史发展中成为现实。正如福泽自己所说，"内在文明"的转变是非常困难的，仅靠一些精英在思想观念上的转变并不能起到作用，更为关键的是改变"时势"，改变人民的"风气"。所谓人民的"风气"就是赋予人民以"智德"，下一节就将围绕智德展开讨论。

第三节　智与德

在福泽的文明论里面，"智与德"也是一组非常重要的范畴。在《文明论概略》中，他用四章的篇幅展开对智德的讨论，而"智德"一词也频频出现在他的其他著述中。可以说福泽关于文明论的重要思想大都集中在与智德相关的讨论中。福泽之所以如此重视智德，因为他认为："文明就是人类智德进步的状态。"[①]为了实现他所说的文明，就必须使日本在智德上取得进步。

虽然福泽在其著述中经常将智慧和道德并称为"智德"，但他并非对智和德不加区分，而是分为两个范畴，所谓智就是智慧，德就是道德。福泽进而讨论了智与德的特点，他认为智是可

---

① 『福澤諭吉全集』第四卷、五十一頁。《文明论概略》中译本第42页。

以通过实践检验的，而德则不能。"不道德者虽然能伪装为有道德者，但是愚者却不能伪装为智者，这就是世界上为什么伪君子多而伪智者少的缘故。"①他还认为："道德问题自古以来就是固定不变的"，"上古的道德和今天的道德，在性质上并没有变化"②，相反人的智慧却一直在进步，在发展。虽然福泽并不否认人的道德水平可以取得进步，并认为智德两方面的进步都是文明所需要的，但他并不认为一个人人都是圣人的"文明的太平"世界会很快到来，而是要经过"几千万年"之后，因此"只是一个梦想"，并不包含在他对现实的考虑之中。这里非常有趣的一点是，即便是在福泽所设想的"文明太平"的世界中，依然还存在"借据"，存在"忙于检拾遗物和寻找失物主"③的警察，可见他设想的太平世界仍旧是一个财产私有制的世界，而非很多近代思想家构想的取缔了私有财产的乌托邦。实际上，虽然人类的文明史已历经数千年，同时人类的一些道德标准也在几千年前就已经被各个文明的先哲们总结出来，但相较于人类在智慧方面所取得的成就，很难说人类在道德方面也取得了全面的进步。这主要包括两个方面。一方面，自古以来，尽管道德标准在不断地发生变化，有些道德标准被废止，同时出现了一些新的道德标准，但整体而言，道德标准的一些最基础的部分并没有发生什么变化。比如像善良、诚信、勇敢等基本道德都是自古至今依然被赞许的价值。而且，这些道德也一直为相对独立存在的不同文明共同遵守。另一方面，尽管古往今来，任何文明都会提倡遵守道德规范，但在任何文明中也都会有很多不讲道德的人，因此我们很难

---

① 『福澤諭吉全集』第四卷、九十五—九十六頁。《文明论概略》中译本第85页。
② 同上、九十二頁。《文明论概略》中译本第81—82页。
③ 同上、一二三頁。《文明论概略》中译本第112页。

第四章 福泽谕吉的文明论

对不同时代的不同人群的整体道德水平进行判断。也就是说,并没有可度量的指标表明某一族群整体的道德水平显著高于其他族群,也没有可度量的指标表明某一时代人类整体的道德水平要高于另一个时代。①

福泽认为一个人的道德素质虽然会受到其所接受的良好教育,或其所观察到的其他人的良好行为的影响,但是这些因素并不能保证一个人具有良好的道德素质。他指出:"(道德)教化本来是无形的,究竟教化的效果如何,是无法测量的。"还指出:"道德不能以有形的事物教人,也不能以有形的事物考察其真伪,只能在无形中感化人。"②福泽的这一道德无法测量的观点很容易令人联想到与之相对的中国科举制度的思路。科举制度正是想通过考察应试者对道德典籍的理解和熟悉程度来选拔官员,然而通过考试只能考察一个人的智力和专业知识水平,却无法考察人的道德水平。很显然,即便一个人熟习伦理道德规范,这并不表示他将在现实中践行这些规范。考试所能考察的只是知识,但一个人道德水平的高低却是由他的行动决定。另外福泽还认为,人的道德本身也会随着时间和空间的变化而变化,一个迄今为止恪守道德原则的人并不一定也将在今后一直恪守道德原则,同样,一个对家人、朋友恪守道德原则的人,也不一定会对所有陌生人都恪守道德原则。③所以以道德约束为基础的政治体制很难

---

① 当然也有作者认为,人类整体而言是在向好的方向发展,比如美国学者斯蒂芬·平克就认为相对于古代,人类的暴力行为整体呈现出逐渐减少的趋势,参见《人性中的善良天使》,安雯译,中信出版集团2019年版。但该观点并非获得大多数作者认可的定论,仅仅根据暴力行为的减少很难得出人类整体道德水平提高的结论。
② 『福澤諭吉全集』第四卷、九十六頁。《文明论概略》中译本第86页。
③ 「智徳の行はる可き時代と場所とを論ず」、『福澤諭吉全集』第四卷、一一五——一三三頁。《文明论概略》中译本第104—120页。

保证道德原则能够得到贯彻，就像福泽已经认识到的："道德的效能是不能控制人的。"①福泽这一思想正是在前面章节中讨论过的对人性的现实主义态度的延续。道德之所以不能控制人是由于道德准则经常会与人的自利本性相冲突，如果违反道德的成本小于收益，那么道德准则就不会被遵守。如果承认这一点，为了使道德准则发挥作用就要从两方面着手，一方面提高违反道德的成本，另一方面同时降低其可能带来的收益，使大多数情况下违反道德不会带来好处。这通常在传统的熟人社会更为有效，日本传统中的"村八分"②就能大大抬高违反道德的成本。不过，现代社会是陌生人社会，仅靠道德准则很难约束人们的行为，因此更强调带有强制性的法律制度等外部约束的作用。福泽的时代正是日本从传统社会向现代社会转型的时代，维护社会秩序的重心开始从道德准则向法律制度过渡，此时能够认识到道德的局限性还是非常具有前瞻性的，关于这一点，接下来还将讨论。

另外需要指出的是，福泽在其"智德论"中所指的道德并不仅限于西方的道德，而是泛指的道德。福泽并不认为东西方之间在道德上有什么本质上的不同。"在日本流行的德教是神儒佛，在西洋流行的德教是耶稣教。耶稣和神儒佛的学说虽然不同，但是，在其以善为善，以恶为恶的主旨上，彼此之间是没有多大的

---

① 「智德の行はるべき時代と場所とを論ず」、『福澤諭吉全集』第四卷、九十四頁。《文明论概略》中译本第83页。

② 所谓村八分其实就是江户时代流行的对村落中异己分子的一种私刑，如果一个人的行为违反村里的道德规范严重到一定程度，那就会被其他村民孤立，民间日常交往的十件大事中除了丧葬和灭火以外，其余八件均得不到同村人的任何帮助，同村人也不会与其来往，这有些类似现在的"社交死亡"。在江户时代这是非常严厉的惩罚，一方面当时生产力低下，如果被同村的村民孤立，则在生产及生活方面会遇到各种各样难以克服的困难，另一方面如果在一个村子受到"村八分"的处罚，即使逃离本村也很难找到接纳者，有时甚至会威胁到生存。

第四章　福泽谕吉的文明论

区别的。"①既然在道德上东西方没有大的差别，东西方的差别主要就体现在他所说的"智"上。"以日本人的智慧与西洋人两相比较……没有一样能高于西洋，没有一样能和西洋相比拟的，并且也没有人敢和西洋较量一番。"②福泽的这种观点并非他一人独有，与福泽同时代而略晚的另一位重要思想家中江兆民（1847—1901）也曾说过："父子相爱兄弟相亲，英法贤于我乎？非也。上下尊卑有礼，英法贤于我乎？非也。彼贤于我者惟有技术与理论而已。技术者何谓？穷理分析是也。理论者何谓？法律经济是也。然则欲齐于彼，唯当布技术宣理论可耳。"③可见，明治初期的日本知识分子已经开始思考在汲取西方思想时该如何取舍。福泽提出："无论要求得到什么事物，总是为了取得我所没有的，或者我所缺少的东西。……因此，进步的学者必须广泛地观察日本全国情形，衡量轻重，分清孰多孰少，否则就不能分清轻重缓急。"④可见对福泽来说，相对于道德，智慧是现代化过程中更为重要的选项。这里有必要指出的是，从上述中江兆民的观点中，可以看出他同样强调"技术理论"的作用，但实际上，他的观点与福泽还是有差异的。我们在上一节对内在文明与外在文明进行的分析，对于福泽来说，兆民的"技术理论"其实依然是他所说的"外在文明"。福泽通过对智德的提倡，目的是要达到内在文明的进步，福泽提倡的智德，特别是智，属于他所说的内在文明的一部分。尽管二人观点有所不同，但在本质上中江兆民所强

---

① 『福澤諭吉全集』第四卷、一〇六頁。《文明论概略》中译本第95页。
② 同上、一〇七頁。《文明论概略》中译本第96页。
③ 【日】中江兆民、『中江兆民全集』第一卷、岩波書店、1983、二十七頁。
④ 『福澤諭吉全集』第四卷、一〇五——〇六頁。《文明论概略》中译本第95页。

调的"法律经济"的基础正是福泽所强调的内在文明,在这一点上,他与福泽在对道德有限性的强调这一点上是一致的。

在对道德的论述中,福泽进一步将道德区分为私德与公德。他对两者的定义是这样的:"凡属于内心活动的,如笃实、纯洁、谦逊、严肃等叫作私德。……与外界接触而表现于社交行为的,如廉耻、公平、正直、勇敢等叫作公德。"①这里福泽更强调公德而非私德的作用,他认为:"文明的根本并不在于私德一方面"②,还认为"私德是随着文明的进步而逐渐丧失其权威的"③。这里的"公德"更是一种官员的美德,即秉公执法办事,不徇私枉法等,而私德则是个人行为上的道德。福泽以法国政治家黎塞留为例,认为他就是一个有公德而无私德的人。同时福泽对智慧也进行了公与私的区分,即他说的"公智"与"私智",公智指的是能够影响社会,促进社会进步的大智,而私智则是仅能改善个人境遇的小智。由于在智与德中,福泽认为智更重要——"智的作用是重而广的,德的作用是轻而狭的"④,所以在上述四个选项中,福泽认为最重要的是公智,而私德则是最不重要的。

福泽对公德、私德、公智、私智的区分并没有在他此后的思想中进一步展开,虽然这种划分对阐述智德具有重要的意义。在现实中,与公德、私德的分野相比,更值得注意的是福泽关于"德治"与"法治"的看法。在两者中,福泽更看重后者。他认为"对于个人来说,它(道德)的功能是极大的。但是,道德只是存在于个人的内部,与有形的外界事物接触并不发生作用"。

---

① 『福澤諭吉全集』第四卷、八十三頁。《文明论概略》中译本第73页。
② 同上、一〇〇頁。《文明论概略》中译本第90页。
③ 同上、一二三頁。《文明论概略》中译本第111页。
④ 同上、八十六頁。《文明论概略》中译本第75页。

第四章　福泽谕吉的文明论

因此"切不可根据孔孟之道寻求政治途径"①。福泽还认为："区别道德所能实现的地方及其不能实现的地方，是研究文明问题的关键。"②福泽将探讨哪些问题应该由道德解决，哪些应该由法律解决看成是文明的一大课题。福泽认为，道德与法律所辖领域各有不同："本来，道德只能行于人情所在的地方，而不能行之于法治的领域。"③而且他还将法治提升到相当高的位置："就目前的情况而论，促进世界文明的工具，除了法治以外并无其他更好的办法。"④福泽的思想在这里显示出与重视法治的欧洲古典自由主义的契合之处。当然，法治精神本身具有丰富的内涵，除了"法律面前人人平等"这一基本诉求之外，更多理论是围绕法律的制定与实施展开的，在此就不作深入讨论了。不过关于福泽这一注重法治的思想与其国家思想之间的内在张力，笔者还将另外讨论。

---

①　『福澤諭吉全集』第四卷、六十三页。《文明论概略》中译本第53页。

②　同上，一二四页。《文明论概略》中译本第112页。中译本译为"地点"现据原义改为"地方"。

③　同上、一二七——二八页。《文明论概略》中译本第115页。在这里，中文版《文明论概略》的译者将原文"规则"翻译为"法制"，但笔者根据上下文的意思将其译为"法治"。"法制"与"法治"是两个不同的概念，前者是指rule by law，也就是利用法律来统治的意思，这在前现代的日本和中国都早已实现了。日本有各种律令、式目及法度。中国亦有各类法律。而后者则是指rule of law，意思是根据法来统治。两者最根本的区别在于权力与法的关系，在后者来说，法律是高于权力的，政府只是行使法律的职能；而在前者，法律只是权力统治的工具，所谓"刑不上大夫"就是指的这种情况。福泽已经清楚地指出了这一点："在从前由政府制定法律来保护人民；而在今天则是人民制定法律防止政府专制。"（『福澤諭吉全集』第四卷、一三一页。）该观点与西方古典自由主义思想并无二致，然而福泽并没有贯彻这一思路，他提倡的"法治"与更加注重约束政府权力的现代法治存在微妙的不同之处，福泽更强调民众按照规则行事。

④　『福澤諭吉全集』第四卷、一三〇页。《文明论概略》中译本第118页。此处亦据原义译为"法治"。

还有一个非常重要的问题，福泽认为道德只是在一国范围内有效的，根本不适用于国与国的关系。他认为国与国的关系就是自私的关系："爱国主义虽非私于一己，也是私于一国的思想……所以爱国精神和自私心是名异而实同的。"①并进而解释道："只要世界上有国家有政府存在，就无法消除各个国民的私情，既无消除私情的办法，彼此便不得不以私情相待，这就是为什么偏私和爱国精神名异而实同的道理。"②他进而认为这种国与国之间的自私关系源于文明的程度性差异："文明既有先进和落后，那么先进的（国家）就要压制落后的（国家），落后的（国家）就要被先进的（国家）压制。"③由此可见，福泽提倡的道德，无论是公德还是私德，都是面向某一国家内部的个人，并不具有普遍性。对于以国家为单位的国际社会来说，遵从的则是弱肉强食法则。这当然和福泽所处时代盛行的殖民主义有关，显现出他并未能超越这一局限性。同时，这也显示出福泽根本上是一个民族主义者而非自由主义者。福泽这一思想被后来日本的国家主义思想家北一辉所继承，北一辉认为欧美老牌帝国主义国家因为占领了很多殖民地所以属于国家中的"资产阶级"，而几乎没有什么殖民地的日本则属于"无产阶级"，并以此理论为其侵略亚洲的军国主义思想辩护。这就和福泽主张在国际关系上追求和列强平起平坐的观点十分近似，这也是福泽谕吉被视为日本军国主义思想源头的原因之一。

---

① 『福澤諭吉全集』第四卷、一九一頁。《文明论概略》中译本第175—176页。
② 同上、二〇四頁。《文明论概略》中译本第188页。
③ 同上、一八三頁。《文明论概略》中译本第168页。

第四章　福泽谕吉的文明论

第四节　如何实现文明

尽管福泽积极鼓吹文明，但他并不认为文明已臻完美。即使在那些被认为是"文明"的国家，也只是相对于其他落后国家而言，并非尽善尽美，仍有需要改进的地方。他始终认为文明是一个"不断前进的过程"，"今日的文明还未达到路程的一半"[①]。由此可见，尽管福泽的文明观来自西方，但他并没有盲目迷信西方，而是现实地认为，西方的文明也需要发展。而且文明"绝对不会毫无缺点"[②]。正因为文明的发展尚未到达顶峰，所以才要发展文明，在福泽对文明的阐述中同样包括他对如何实现文明的看法。

前面已经提到，福泽认为实现文明要从难处入手，首先就要发展民众的智德："文明就是指人的安乐和精神进步。但是，人的安乐和精神进步是依靠人的智德而取得的。因此，归根结底，文明可以说是人类智德的进步。"[③]当然，如前所述，福泽在"智"与"德"之间还是做出了区分，他认为日本文明之所以落后，虽然智与德的因素都有，但相较之下，智的方面的落后更为严重；而在德的方面，特别在私德上，福泽并不认为日本人和西洋人之间有什么显著的区别："若在私德的厚薄上与西洋人比较，即便不是伯，也必是仲。"[④]并进而说："所以在我国，道德纵然不足，但显然不是燃眉之急。"[⑤]福泽认为，日本更需要的乃是智慧，在如何实现文明方面，他更强调"智"的重要性。除了

[①] 『福澤諭吉全集』第四卷、四十一頁。《文明论概略》中译本第33页。
[②] 同上、四十二頁。《文明论概略》中译本第33页。
[③] 同上、四十一頁。《文明论概略》中译本第33页。
[④] 同上、一〇七頁。《文明论概略》中译本第96页。
[⑤] 同上、一〇七頁。《文明论概略》中译本第96页。

发展人民的智德以外，福泽认为提升文明接下来的要务乃是发展法律制度体系，最后才是仿效西方文化。从这三个方面来看，他认为实现文明的步骤是由内及外，内在智德的发展最为重要，然后是属于外在文明范畴的制度体系，即法治，实现文明的其他方面与这两者相比就不那么重要了。

　　为了实现文明的进步，福泽还非常强调"怀疑"的作用，他认为通过怀疑才可以探寻到真理。"世界文明的进步，是由于人们钻研天地间的有形的物质和无形的人事两方面的动态而发现其真理所致。西方各国人民所以能达到今天的文明，追溯其根源，可以说都是从怀疑出发。"①进而举了牛顿和马丁·路德的例子来说明无论在自然科学还是人文领域，怀疑都是实现进步的重要动力。他认为："试看现代西方许多学者所以能够日新月异地创立学说，引导人们进入文明之域，其要领即在乎大胆驳斥古人认为确定不易的学说，对社会上一般不容怀疑的习惯也加以怀疑研究。"②福泽在这里提倡的"怀疑"实际上就是批判性思维，只有通过发扬批判性思维，才能推动学问的进步，自然也就能促进文明的提升。

　　福泽另一个值得注意的观点是，他认为文明来自人的野心。"正因为人的天性中有这种野心情欲，人间才有所谓的文明进步。自从开天辟地到今天的文明昌化，可以说一切概出于野心情欲的恩赐。"③这一观点与前述德川时期出现的对人性的现实主义

---

　　①　『福澤諭吉全集』第三卷、一二三頁。《劝学篇》中译本第84页。由于《劝学篇》引用较多，如非特别说明，在本书中的中文译文均采用群力译，商务印书馆1984年版中译本的译文。

　　②　同上、一二四頁。《劝学篇》中译本第84页。

　　③　【日】福泽谕吉：《福翁百话》，唐沄、张新华、蔡院森、侯侠译，上海三联书店1993年版，第266页。

第四章 福泽谕吉的文明论

态度正好存在一致之处。福泽认为："好利之心乃古今普通的人情，万人恰如商量好一样，倘若有利可图，大家群集在一起向人群里挤，希望自己也能从中分一杯羹。这就是所谓的竞争。"①他还认为："人虽云性善，然观察人间世俗世界，所有人无不好胜求多。这就是人与生俱来的名利心，是社会运动之所以会发生的根本所在。"②将好利之心视为社会发展的动力，这种对人的好利之心的现实主义态度，与他提倡法治反对德治的思想是相一致的。

必须指出的是，对福泽来说，实现文明本身并不是最终目的，在他看来，文明只是一种实现国家利益的手段。在《文明论概略》中，关于国家独立与文明的关系他这样写道："唯一的办法只有确定目标向文明前进。那么这个目标是什么呢？这就是划清内外的界限，保卫我们国家的独立。保卫国家独立的办法，除争取文明之外没有别的出路。"③显然，文明并非是终极价值，它作为一种手段为国家独立服务。

结　语

本章从以上几个方面对福泽谕吉的文明论进行了初步讨论，在讨论福泽的思想时，文明论之所以是一个重要议题，是因为文明论可以说就是福泽对于现代化的看法。在他的文明论中，包含了他对日本未来的设想以及实现该设想的途径。在福泽的时代，"现代化"一词可能尚未出现，而西方向东方的扩张又极具冲击

---

① 『福澤諭吉全集』第六卷、二七二頁。
② 同上、六頁。
③ 『福澤諭吉全集』第四卷、二〇七頁。《文明论概略》中译本第190页。

力，给日本人带来的压力要远甚于同在东亚的中国及其他国家。在这种情况下，如何将这种压力整合进日本人可以接受的话语中，并以此促进日本实现转型，成为当时日本知识分子的重要课题，而福泽所选择的正是文明与野蛮的话语框架。这种话语框架之后不仅在日本被接受，也在中国被广泛地使用。不过，如果从现在的意义上来看，当时西方国家与东方国家之间的区别，并非如福泽所说的那样是"文明"与"野蛮"或"半开化"之别，只不过是不同的文明处于现代化的不同阶段而已。

　　对福泽的文明论进行考察，我们会发现一个非常重要的地方，那就是对于福泽来说，文明并不仅仅是西方的先进技术，而是一整套既包含人的思想意识形态，也包括具体政治经济制度的解决方案，这相对于之前佐久间象山提出的"东洋道德，西洋艺术"无疑是一种进步。他更清晰地意识到了日本与西方真正的差距之所在，从而为明治维新时期日本的崛起指出了方向。当然，福泽的文明论最后演化为日本侵略亚洲的思想工具，从而给亚洲各国带来深重的灾难，因为它将东亚各国视为"半野蛮"国家，从而理所当然地成为跻身"文明"国家之列的日本征伐掠夺的对象，这也就是福泽所谓："文明既有先进和落后，那末，先进的就要压制落后的，落后的就要被先进的所压制。"[①]但如果从他的文明论中排除掉对外扩张的内容，研究其向西方学什么及如何学的部分，对于至今仍处于现代化进程中的国家来说依然具有可供借鉴的意义。

　　实际上，福泽谕吉在他所处的时代所面临的种种现代化转型问题，至今依然具有现实意义。随着科学技术不断进步，市场经济日益发达，福泽那个时代利用坚船利炮推进文明扩张的做法已

---

① 『福澤諭吉全集』第四卷、一八七頁。《文明论概略》中译本第168页。

经被和平贸易及人员交流所取代,世界全球化的趋势也变得日益明显。但尽管如此,如何从异国文明中,特别是福泽所强调的政治文明中汲取营养,仍旧是每个西方或东方国家所面临的课题。

第五章　简论福泽谕吉的天皇观

作为明治维新后建立的新型中央集权国家的象征，天皇在日本近代史上发挥着重要作用。明治维新本身便是一场打着天皇旗帜的尊攘派推翻幕府统治的运动。在德川时代，虽然天皇在经济上的势力几乎可以忽略不计，但天皇的象征作用并没有被完全取缔，而且，日本天皇"万世一系"的特点也开始被视为日本的骄傲。作为一场武士间的政治斗争，明治维新在这方面也没有什么不同，它同样是倒幕派打着天皇的名号推翻了幕府，开启了新的统治。不过明治维新后建成的国家却与以往有所不同。它不再采用从前的封建制，而是建立了中央集权制度，此外它还引进了大量西方近代政治元素，使新政府具有现代民族国家的框架。

在东亚各国近代政治体制演变的进程中，日本独具特色，与推翻帝制并最终建立共和国的中国不同，日本最终建立的是以天皇主权的君主制国家。同时日本也与西欧各国不同。在西欧各国的现代化过程中，旧有的君权或被取缔或被虚化，而日本在以明治维新为标志的政治现代化进程中，天皇的权力不但没有被削弱反而有所加强，天皇在该进程中扮演了一个相当重要的角色。虽然在德川时代，天皇至少在经济上依然是一个并不重要的角色，但在德川时代晚期，随着德川幕府势力日渐衰落，天皇作为最高权力象征的地位开始得到不断强化，并最终在明治维新运动中替

第五章　简论福泽谕吉的天皇观

代幕府成为建立日本现代政治体制的精神核心。

在明治维新时期确立天皇地位的过程中，日本的知识分子发挥了非常重要的作用。作为当时非常有影响的启蒙思想家，福泽谕吉也经常就天皇的政治意义发表看法。尽管他的观点在当时并没有被当政者采纳，甚至因有悖于当政者的思路而受到言论上的限制，但最终在战后确立"象征天皇制"的过程中重新得到确认。可以说，福泽谕吉是日本提倡"象征天皇制"的先驱之一，而他所提倡的象征天皇制在略晚于他的宪法学者美浓部达吉（1873—1948）提出的更为有名的"天皇机关说"[①]中得到某种程度的继承。虽然这种带有虚君色彩的天皇观直到日本战后才最终被普遍接受，但福泽谕吉在该领域所发挥的作用不可忽视。下面，笔者将从三个侧面展开关于该问题的讨论。

第一节　天皇的政治意义在日本历史中的演变

在讨论福泽谕吉本人的天皇思想之前，首先简单介绍一下天皇的政治意义和背景。在此需要指出的是，虽然天皇在日本历史上已经存在了上千年，且其"万世一系"的神话被日本近代政治家利用为确立天皇崇高地位的工具，但明治维新所确立的天皇制与日本古代作为实际统治者的天皇之间仍旧存在着比较明显的区别。众所周知，日本的明治维新是以幕府放弃权力并将之移交给

---

① 日本明治维新后关于天皇地位的观点主要分为两大派别，一派强调天皇的象征意义，以"天皇机关说"为代表，另一派则强调天皇的实际意义，以"天皇主权说"为代表。虽然两派都将天皇视为至高无上的存在，但后者主张天皇拥有实际的权力。当然，围绕天皇的地位也存在种种不同的理论，但大体可由此两类概括。

天皇而完成的。虽然这次政权鼎革在名义上是恢复天皇久已失去的权力，因此被称为"王政复古"，同时幕府向天皇转交权力也被称为"大政奉还"，但实际上，这次变革已经受到来自西方政治思想的影响。虽然天皇重新执政，但新建立的政权却和日本古代绝对主义的天皇制有所不同，而是更接近于西方资产阶级革命之后存留下来的皇权制度。①当然，随着日本极端民族主义的兴起，天皇的绝对权力在第二次世界大战前得到空前的强化，不过即便如此，这种绝对权力也主要是象征性的。第二次世界大战战败后，天皇作为主权象征而非实际权力掌握者的地位最终通过宪法确立下来。②

如果将日本历史上的天皇制进行简单的分期，大致可以分为以下三个时期：第一个时期是从天皇确立，到明治维新之前的传统皇权时期，天皇其实是和统治权力联系在一起的，无论是天皇掌握实权时还是在幕藩政治时仅仅作为权力的象征，天皇都是名义上的最高统治者。可以说，这个时期的天皇是作为权力象征的天皇。第二个时期是从明治维新后到二战结束前，这个时期是从传统向现代过渡的时期。天皇在该时期具有双重意义，一方面对于外国来说，天皇是日本国家主权的象征，另一方面天皇同时也是国内最高权力名义上的掌握者，只不过在政治官员的"翼赞"

---

① 新天皇制与传统天皇制最为显著的不同，乃是明治维新后天皇的权力在某种意义上受到了法律的约束，从而成为宪政体制的萌芽。在明治维新后颁布的宪法中，虽然赋予天皇很大的权力，宣称"大日本帝国由万世一系的天皇统治"，但依然写入了"天皇乃国家元首，总揽统治权，依照本宪法之条规而行使之"。也就是说，天皇虽大权独揽，但仍需依照宪法来行使权力，这就初步带上法治的色彩。

② 战后新制定的《日本国宪法》第一章第四条规定："天皇只能进行本宪法所规定的有关国事行为，但不能行使政府的权力。"参见朱福惠等主编：《世界各国宪法文本汇编·亚洲卷》，厦门大学出版社2012年版，第478页。

第五章 简论福泽谕吉的天皇观

之下,天皇的实权相对有限。在该转型期内,天皇既是权力的象征,也是日本作为一个民族国家的主权象征,同时还拥有部分实权。第三个时期是日本在战后,随着美国主导制定的新宪法的颁布,天皇不再拥有实权,成为单纯的国家主权的象征,极少干预实际政治事务,可以说最终完成了皇权虚化的现代化转变。需要说明的是,尽管前现代时期的天皇在历史中也有很长一段时期是虚君,和现代天皇近似,但两者还是有区别的:前者是作为权力的象征而存在,后者则是作为国家的象征而存在,可被视为现代民族国家体制的一种建制。实际上,在《帝室论》中,福泽也对前现代和现代的君主进行了区分,他认为尽管在古代,"君主乃亲自担当万机而直接接触民之形体者",但现代国家中的帝室则不同,"帝室乃不直接担当万机而统摄万机者,不直接触及国民之形体,而收揽其精神者"[①],更强调天皇精神层面而非执掌权力的意义。

在前现代,由于日本是岛国,拥有海洋这一天然屏障,同时近邻中国所建立的朝贡体制——一种不具有很强侵犯性的国际关系体制,日本除了曾一度面临来自元朝的威胁之外,基本上处于一个相对和平的国际环境中。这或许也是中央集权的皇权体制在日本并没有稳固确立的原因之一,因为在没有外敌威胁的情况下,不同地域之间的向心力就不会那么强,自然也就不愿服从

---

① 『福澤諭吉全集』第五卷、二六六頁。此处译文采用《日本明治前期法政史料选编》中张允起的译文,清华大学出版社2016年版,第214页。

一个整体统摄日本的权威。①在德川时代，普通日本人所理解的"国"的概念还是各自所属的封建领地而非整个日本，天皇也几乎没有实权，同时其作为日本整个国家的象征也不像明治维新后那样突出，且被绝大多数国民所接受。正如福泽所言："我国人民，数百年间不知有天子，而仅仅是在传说中提到天子。因此，虽然政治体制因维新而恢复了几百年前的古制，但是王室和人民之间依然没有密切感情。君民的关系仅仅是政治上的关系。若论感情的亲疏，现在的人民由于自镰仓时代以来，就受封建主的统治，所以对于封建的故主要比对王室更加亲密。"②

西方政治学在古希腊时期就对各种不同的政体展开了讨论，其中最为人们所熟知的是亚里士多德的六种分类，即君主—僭主、贵族—寡头、共和—民主，其中前面三种是善的，体现在统治者以公众利益的实现作为施政目标，而后面三种则是恶的，体

---

① 这种情况在历史上并不罕见，远如中世纪的英国，因为不与欧洲大陆接壤，来自外敌的压力较低，反而使国内国王与领主之间出现权力相互制衡的情况，这最终导致《大宪章》的形成，参见【英】丹尼尔·汉南：《自由的基因》，广西师范大学出版社2015年版。另外，日本十六世纪亦曾出现与《大宪章》的形成非常类似的例子，那就是《六角氏式目》，这是一部地方大名与其家臣制定的类似契约的法律，其目的在于通过规定相互的关系与义务避免相互伤害，参见【日】山本七平：《何为日本人》，国际文化出版公司2010年版，第203页。最近的例子则有冷战结束后，随着苏联解体，美国失去了外部敌人，于是出现了族群对立乃至分裂等各种内部矛盾。参见【美】塞缪尔·P.亨廷顿：《谁是美国人》，新华出版社2010年版。

② 『福澤諭吉全集』第四卷、一八七頁。《文明论概略》中译本第172页。需要注意的是，福泽在写于1882年的《帝室论》中，根据论述需要又转而强调天皇与民众之间自古以来的"君臣情谊"。

第五章 简论福泽谕吉的天皇观

现在统治者以自身利益的实现作为施政目标。①实际上这种分类也可以应用于前现代的日本，如果不对政权进行亚里士多德式的善恶判断，则可以说前现代的日本既存在过君主政治也存在过贵族政治。这里需要指出的是，日本的前现代政治体制是一种具有复合型特征的政体。以德川时代为例，如果以整个日本为单位，可以视为贵族政治；但如果以各藩，也就是民众眼里的"国"为单位，各个藩的藩政又近似于君主制。随着历史的不断演进，到了近代，对政治体制的划分也逐渐出现变化。由于近代民族国家体制的确立，政治领域逐渐出现了主权与治权的分野。在国际社会出现的是不同民族国家之间对于国家主权的界定，而在国家内部则根据权力的获取方式而对统治权力进行界定。这样就形成了现代意义上的分类，简而言之，就是按照主权的归属可以将民族国家分为两类：一类是主权归于君主或国王的王国，另一类则是主权归于全体人民的共和国。而国家内部的治权则可分为威权与民主两大类：前者认为治权应由某一固定的个人或群体所垄断，强调权力的垄断性而非竞争性；后者则认为治权属于民众，应以多数决的方式选择执政者，更强调权力的竞争性。在前现代国家中，主权与治权往往不分，国王或君主通常也掌握实际的治权，而且这一治权主要是以世袭的方式为王室所垄断，因此王政通常就等同于专制政体。到了近代，随着各种政治势力之间不断的博

---

① 这种分类是非常古典的，比如何谓公众利益就比较难以界定，特别是在第三种民主政体中，多数者的利益是不是可以算为公众政体的利益，本身就是一个难以解决的问题。近代政治学者已经发现，不同利益群体之间会存在相互冲突的利益诉求，但这些相互冲突的利益诉求并不总是可以分出对错，经常这些利益诉求都是正确的。因此，近代政治学的一个重要转变就是更加重视对权力界限的界定。这是一个非常复杂的问题，在此不就此问题展开讨论。参见【古希腊】亚里士多德：《政治学》，吴寿彭译，商务印书馆1965年版。

弈，欧洲很多王室放弃实权，仅仅保留象征意义上的地位，以此来换取自己家族的延续，其中最著名的就是英国。①可以说主权与治权的分离是现代政治演进中最为深刻的变化之一，在现代政治中，这一分离已使一个国家的主权归属与其政权性质之间至少在名义上不再存在必然的联系。很多王国的治权是民主的，同时亦存在名为共和国，但实际治权属于世袭君主的国家。

实际上，福泽谕吉已经认识到了这一点，在其最重要的著作《文明论概略》中，他就这样写道："政府的体制只要对国家的文明有利，君主也好，共和也好，不应拘泥名义如何，而应该求其实际。"②在本章第三节中将就福泽对国家与政府的区分进一步展开讨论，可以说这正是主权与治权分离在福泽政治思想领域的反映。在接下来的一节，将从福泽对天皇的定位讨论他的天皇观。

第二节　福泽谕吉对天皇的定位

作为一个积极主张学习西方，同时反对封建门阀专制的人，福泽谕吉对天皇的态度却是肯定的，他并没有将专制与天皇制联系在一起，而是将天皇置于政治党派之外的超然地位之上，这就使他的天皇观带有虚君的色彩。同时，福泽的天皇观也与当时的天皇主义者们不同，他们认为天皇是神而非人，福泽则视天皇为国家的象征，可以说后来由美浓部达吉提出并被北一辉等人接受的"天皇机关说"与福泽的天皇观之间存在着一脉相承的地方。

---

① 甚至到二十世纪晚期，很多英联邦国家的主权还属于英王，尽管在现实政治中，英王几乎不会对政府行为进行任何干预。

② 『福澤諭吉全集』第四卷、四十二頁。《文明论概略》中译本第34页。

第五章 简论福泽谕吉的天皇观

尽管如此，并不表明福泽与主张天皇主权说的天皇主义者之间在思想上存在着不可逾越的鸿沟。虽然对于福泽来说，天皇存在的意义在于作为国家的象征，但国家同样是衡量价值的最高准则。也就是说，在视国家与天皇为一体，都是最高价值准则方面，福泽和天皇主义者之间并不存在本质上的区别，只不过后者更为极端，更为狂热而已。

福泽对天皇的态度是很现实的，当时不少人受国学的影响，强调天皇"万世一系"血统的珍贵性，但福泽却并不认为这是天皇值得珍视的地方。他认为："保持皇统绵延并非难事。"[①]他亦反对神化天皇，认为这只是野蛮时代笼罩在天皇身上的一种"虚威"，文明的新政府应该以"实威"来实施统治。他曾提出："农民也是人，天皇也是人"[②]，并不把天皇本人看成是神，甚至还提出："试看保元平治（1156—1160）以来，历代的天皇，不明不德的，举不胜举。即使后世的史家用尽谄谀的笔法，也不能掩饰他们的罪迹。"[③]但这并不表明他不重视天皇，他更重视的恰恰是天皇在现实政治中的功用："并非物（指天皇万世一系的国体）的本身可贵，而是他的作用可贵。"[④]那么，天皇都有那些现实作用呢？其中最主要的作用就是作为国家的象征维系国家意识，这对于开始建立近代民族国家体制的日本来说，具有非常重要的意义："我帝室乃收揽日本人民精神之中心，其功德可谓至大。"[⑤]

福泽并不主张天皇干预政治，而是希望天皇成为超党派的存

---

① 『福澤諭吉全集』第四卷、三十二頁。《文明论概略》中译本第23页。
② 『福澤諭吉全集』第三卷、八十頁。《劝学篇》中译本第46页。
③ 『福澤諭吉全集』第四卷、六十四頁。《文明论概略》中译本第55页。
④ 同上、三十七頁。《文明论概略》中译本第29页。
⑤ 『福澤諭吉全集』第五卷、二六五頁。

在。他在写于1882年的《帝室论》开篇就写道:"帝室乃无关政治社会之物,苟居日本国谈论政治或关涉政治者,于其主义不可滥用帝室之尊严与其神圣之事,此乃我辈之持论。"①但在该书的"绪言"中,福泽亦曾写道:"关于我日本国的政治,虽然没有比帝室更为至大至重的……"可见在福泽眼中,虽然帝室应超然于党派政治之外,但其在政治上的重要性却并不会因此降低。可以说,虽然福泽也主张天皇是国家的象征,但在他心目中,天皇远非像战后的天皇那样只具有纯粹的象征意义,而是具有更为重要的作用。实际上,也可以从另一个侧面来理解福泽对天皇的重视,那就是在福泽心目中的天皇所象征的国家所代表的利益是最重要的价值判断依据。

福泽主张的象征天皇论其实是与日本当时的主流政治相悖的,主持制定日本首部宪法的伊藤博文并不主张天皇应仅仅作为主权象征而存在。其亲信井上毅在给伊藤的信中,也为福泽所主张的天皇应该像英王那样君临而不统治的论调得到很多人的赞成而感到"甚为遗憾"②。

作为一个非常注重现实的思想家,福泽的皇权思想也不是一成不变的。有作者就指出,在《文明论概略》中和在《帝室论》中福泽的天皇观是有区别的。③但是,在对于天皇的态度上福泽实际上采取的是一种功利主义的态度。也就是说,对福泽来说,他的天皇观也是服务于国家利益的,当他认为神化天皇会阻碍"文明"在日本传播时,他就会指出:"天皇也是人";当他认为需

---

① 『福澤諭吉全集』第五卷、二六一頁。此处译文采用《日本明治前期法政史料选编》中张允起的译文(清华大学出版社2016年版,第211页)。

② 【日】小川原正道、『福沢諭吉、"官"との闘い』、文芸春秋社、2011、十一頁。

③ 刘岳兵:《福泽谕吉的天皇观及其影响》,《读书》2005年第6期。

第五章 简论福泽谕吉的天皇观

要利用天皇来巩固日本的国家凝聚力时，他就会强调天皇至高无上的地位。

福泽对天皇与法律之间关系的看法同样值得注意。在发生津田三藏刺杀俄皇太子的事件后，福泽对法院判决的评论显示出他对于该问题的看法。这个事件的大体过程是这样的：1891年俄皇太子访日时，极端民族主义者津田三藏刺杀俄皇太子未遂（只伤及头部），该事件大大影响了俄日关系，同时还有可能立刻引发战争。为了缓和这一事件可能带来的不良后果，在政府的压力下，地方法院以针对皇室的大逆罪判处津田三藏死刑。然而当时的最高法院院长儿岛惟谦却认为由于俄皇太子并非日本皇族，所以不应适用大逆罪，仅适用于针对普通人的谋杀未遂罪，因此最后判处津田三藏无期徒刑。针对当时政府强烈要求对津田处以极刑的压力，儿岛惟谦的解释是："法治国家必须完全遵守法律"，以此顶住了压力拒绝改判。针对该事件，福泽写了一篇题为《暴行者的处刑》的文章，发表在1891年5月29日的《时事新报》上。他认为："如果根据感情，这样处刑（指处津田死刑）才是人们希望所在，尽管国中谁也不会有异议，但如何判决应该仅仅依据法理。否则该如何看待法理为重而国民无限之感情为轻的（法治）原则呢？因此，在判决中，我国法官不问民众感情如何，亦不拘于政府当局者的意见，仅仅根据法律条文，将暴行者的罪行处以普通的重罪，这是正当的处分，毫无可怪之处。"[①]他还在最后写道："我和民众一起祝贺我国皇室万岁，同时庆贺我国法律的独立。"[②]可见，福泽认同并赞赏儿岛惟谦的做法。在法律与舆论之间更强调依据法律而非民意，乃是法治基本精神的

---

① 『福澤諭吉全集』第十三卷、一一八頁。
② 同上、一一九頁。

体现，福泽这一主张带有明显的法治色彩。从现代视角来看，该案例的一个有趣之处在于，虽然福泽强调法律的至高无上性，但同时又对法律中对外国皇室与本国皇室进行区别对待这一明显有违现代法律平等精神的法条不予质疑。如果俄国皇室的地位与日本民众是平等的，为什么日本皇室的地位却超然于平民之上呢？福泽并没有回答这个问题，这也从一个侧面显示出福泽思想中法治理念与民族主义理念之间的妥协，它既最大限度地强调了法律的至高无上性和独立性，同时又在法律中为作为国家象征的天皇保留了超越法律的绝对地位。①福泽的这一态度显示出，他并不是单纯从法治角度出发看待这一问题的，国家利益至上依然是福泽一以贯之的价值准则。在该准则下，作为国家象征的天皇拥有超越法律之上的地位乃是合乎逻辑的。这种国家至上，暨天皇至上的观念其实为福泽同时代的很多知识分子所分享，并最终影响到战后日本对天皇战争责任的反思。虽然天皇在战争中负有不可推卸的责任，但却作为国家的象征而最终被免责。战后虽然有大批经历了战争苦难的日本学者提出对天皇的战争责任的质疑，但实际上天皇的战争责任在日本并没有得到彻底的清算。当然，这里面包含着冷战的因素，但和天皇作为国家象征这一深入人心的观念存在着不可否认的联系。在战时的大多数日本人的意识中，国家以及作为国家象征的天皇是不会犯错误的。这一观念也影响到战后日本对战争的反思，天皇制在战后得以延续实际上意味着民族主义意识形态在日本被延续下来，从而使民族主义极端化带来的战争责任并没有得到彻底清算。在民族主义意识形态中，天皇是国家的象征，而那些发动战争的战犯则被认为是忠于天皇，即

---

① 在这个意义上讲，福泽谕吉的思想与主持制定明治宪法的伊藤博文的思想其实并无大的不同。

第五章　简论福泽谕吉的天皇观

忠于国家的"爱国者",于是,日本人在战争中遭受的苦难就被归因于"战争"这样一个抽象的概念。现今的日本人经常会一边高唱和平反战一边参拜供奉着战犯的靖国神社,这一表面上矛盾的行为的深层原因就在于此。在很多日本人的意识中,需要为战争带来的苦难承担责任的是抽象的战争而非具体发动战争的天皇及军官,因为天皇是国家的象征,而那些被判为战犯的军官则是"翼赞"天皇,即"翼赞"国家的"爱国者"。这正是战后日本的战争反思既缺乏深度也不够诚恳的原因。

福泽的天皇观中另一个值得注意的地方,是他对天皇与军队关系的看法。既然福泽主张天皇超然于政治之外,他又"甚为讨厌"现实中的政党政治带来的党派倾轧,这就引出一个令他担心的问题,那就是不同党派之间有可能借助军队夺取权力。"然则于此可惧者乃政党一方依赖兵力,而兵士左袒之一事。当将兵力贷与国会之政党时,其危害实不可言。即便获得全国人心多数之政党,其议员在议场之时,以一小队之兵解散或捕获之都甚为容易。"[①]为了避免这种可怕的情况出现,福泽认为最好的解决办法就是由天皇掌握军权:"现今收揽此军人之心而欲控制其行动,则不得不依赖帝室。帝室远在政治社会之外,军人唯以此帝室为目的而行动。帝室无偏无党,不舍弃任何政党,又不援助任何政党,军人亦同乎此。"[②]他主张为避免军人干政而将军权归于天皇,这种观点明显带有"军队国家化"的色彩。可见福泽已经认

---

① 『福澤諭吉全集』第五卷、二六八頁。此处译文采用《日本明治前期法政史料选编》中张允起的译文(清华大学出版社2016年版,第215页)。

② 同上。

识到政党为争夺权力会引发军队卷入激烈的竞争,①而天皇的存在恰恰可以避免这种激烈竞争招致的不良后果:"国会之政府两种政党相争,虽然如火、如水、如盛夏、如严冬,帝室独为万年之春,人民仰之可悠然催生和气。"②

　　福泽之所以主张天皇不在现实中涉及政治实务,一个重要的原因就是为了避免天皇因在实务中犯错而影响其权威。在他看来,天皇如同"父母",不同政党近似于"孩子",如果天皇直接参与政治就不可避免地会偏袒其中一方,这时如果出错就会影响天皇的权威。同时,如果政客将具体政治交由天皇处理则相当于"孝子敬爱其父母之余,将百般之家务托给父母而使其承担琐事,反而有失家君之体面"③。在福泽眼里,如果天皇亲政则"为国不利"。然而,福泽的这一主张在日本并没有得到贯彻实行,1945年之前的天皇并非一个政治上的超然存在,明治天皇和昭和天皇都曾参与过具体政治决策,尽管次数不多,都曾表达过自己作为天皇的意见,这就导致战后对天皇在战争中的责任的质疑。当然,尽管福泽与政府中主张天皇总揽大权的伊藤博文等人之间存在分歧,但双方在强调天皇权威,维护天皇至高无上的地位方面并不存在冲突。这种对天皇地位的推崇与战前开始兴起,并将日本引向战争的"超国家主义"思潮存在着某些一脉相承之处,就不在此展开讨论了。

---

　　① 在二十一世纪的今天,在一些国家,政党竞争权力带来的族群撕裂不仅没有缓和,反而有越演越烈的趋势,而日本在这方面相对比较和缓,从这一点来看,福泽的确非常有远见。

　　② 『福澤諭吉全集』第五卷、二六五頁。此处译文采用《日本明治前期法政史料选编》中张允起的译文(清华大学出版社2016年版,第213页)。

　　③ 同上、二六三頁。译文同上书,第212页。

第五章　简论福泽谕吉的天皇观

第三节　政府与国家

　　和福泽的天皇观有关的还包括他关于国家的思想，一个非常有趣的地方是他对国家与政府进行了区分，这首先体现在他对日本的"国体"及"政统"的区分上。在福泽看来，所谓国体"就是指同一种族的人民一起同安乐共患难，而与外国人形成彼此的区别"①。国体对应的英文词是nationality，政统是political legitimation的翻译，也就是现在所说的政治合法性。他阐述了两者之间的关系："政统的变革，并不影响国体的存亡。政治的形态，无论如何变化，或经过多少次更迭，只要是由本国人民执政，就于国体无损。"②"日本自有史以来，从未改变过国体，皇祚世代相传从未间断，但政统却经常发生极大的变革……"③他写文章时也经常将国家及政府并提，如在著名的《脱亚论》中就写道："我日本之士人，基于'以国为重'，'以政府为轻'之大义……"④对国家与政府做出了区分，同时在《文明论概略》中也有："从目前世界的情况来看，没有一个地方不建立国家，没有一个国家不成立政府的。"⑤可见在福泽看来，"国家"与"政府"并不是同一个概念。

　　对国家与政府进行区分，在福泽的思想里具有重要的意义。在福泽看来"国家"是至高无上的，是一切价值观的基础，而政府则是为国家利益服务的机构。这一"国家vs政府"的二元体系为福泽在主张国家至上的同时，保留了对政府进行批评的空间，而

---

① 『福澤諭吉全集』第四卷、二十七頁。《文明论概略》中译本第19页。
② 同上、二十九頁。《文明论概略》中译本第21页。
③ 同上、三十頁。《文明论概略》中译本第22页。
④ 『福澤諭吉全集』第十卷、二三八1—二四○頁。
⑤ 『福澤諭吉全集』第四卷、一九○頁。《文明论概略》中译本第174页。

批评性也是福泽思想的重要特色之一。当然,在国家与政府间进行区分的日本思想家并非只有福泽一人,比他稍晚一些的德富苏峰也持类似的观点,"他们不是对富国不热心,而是只把一个政府当作国家,痴心妄想地以为富政府就是富国"①,可见,在苏峰眼里,"政府"与"国家"也不是同一概念。此外,后来的军国主义思想家北一辉也对所谓"国体"和"政体"进行了区分,显示出将国家与政府分立的思想。

福泽所采用的将国家与政府区分开来的思想,在某种意义上是受到德川时代区隔皇室与幕府的影响。福泽已经意识到这种皇室与幕府的二元权力结构对日本的现代化是有利的。他认为至尊的皇室与至强的幕府之间的对抗为思想的多元性保留了空间,"至尊和至强的两种思想取得平衡,于是在这两种思想间便留下了思考的余地"②。他认为这是日本的一种"偶然幸运",并认为如果"集中至尊与至强于一身,并且控制着人们的身心,则绝不会有今日的日本"③。中国就是这种情况的代表,所以他指出:"中国是一个因素,而日本则包括两个因素……在汲取西洋文明方面,可以说日本是比中国容易的。"④由于这种二元的权力结构对日本有利,所以福泽主张应继续保持这种结构,因此就产生了与主张天皇独揽实权的皇学家们的分歧:"时至今日,如果仍以皇学家们所谓的祭政一体的原则来统治社会,那么也不会

---

① 【日】德富蘇峰、「新日本の青年と新日本の政治」、『国民の友』、明治二十年九月号、转引自【日】松本三之介:《国权与民权的变奏》,李冬君译,东方出版社2005年版,第105页。
② 『福澤諭吉全集』第四卷、二十六頁。《文明论概略》中译本第17页。
③ 同上。
④ 同上。《文明论概略》中译本第18页。

第五章　简论福泽谕吉的天皇观

有后日的日本。"①也就是说，福泽认为按照皇学家们的思路来统治日本是没有前途的。这种观点显示出福泽思想中带有分权制衡的色彩，然而遗憾的是，日本最终却恰恰是走向祭政一体的皇国社会，并最终引发了战争灾难。当然，福泽并非具有先见之明的预言家，只能说他的早期思想中包含更多现代政治的成分。实际上，他后来的思想在某种程度上也为日本民族主义的极端化提供了推力。

日本的这种将皇权与政权并立的结构，很容易令人联想到欧洲现代化转型期基督教会与各王权之间的关系。如果将转型期的日本天皇制意识形态与欧洲的基督教意识形态加以对比，我们就会发现其中既有相似也有不同。日本的明治维新通过确立近代天皇制实现了天皇之下万民平等的意识形态，这样就清除了原来的封建等级制度，从而为实现近代议会政治扫清了障碍，在这方面与西方基督教所发挥的作用，即提供一种一神之下万民平等的意识形态是相似的。但必须指出的是，与西方的上帝不同，天皇虽然后来也被神化，被放在神的地位上，但却是国家的象征。虽然后来日本的军国主义者试图将天皇进一步神化为整个"大东亚共荣圈"，乃至世界的统治者，但这种基于武力的"推广"并没有获得成功。与天皇不同，基督教的上帝却是超越国家的，这使超越国家的思考成为可能。西方思想家在思考一些哲学及伦理学的根本问题时，往往能够从人类而非本国国民的视角出发，这或许是近代两个重要的带有普遍性色彩的思潮，即社会主义和自由主

---

①　『福澤諭吉全集』第四卷、二十六頁。《文明论概略》中译本第18页。

义均发源于西方的原因之一。①反观天皇，作为日本的象征，他被神化之后，反而从一个侧面切断了日本将全人类，而非日本人，作为价值判断体系基础的可能，这就为日本日后发展出带有极端民族主义色彩的军国主义铺平了道路。

此外，福泽提出的这个"国家—政府—平民"的三元系统很容易让人联想到自由主义者理想的国家体系"法律—政府—平民"。两者之间的区别也预示了福泽心目中的理想国家与古典自由主义者心目中的理想国家之间的区别，也就是说，福泽的最高价值是国家，西方古典自由主义者的最高价值却是个人的自由权利，法律之所以被放置于一个超越一切的位置上，恰恰是为了保护个人的权利。在这里已经可以看出日后日本走上国家至上的极端民族主义道路的萌芽。

结　语

在本章中，笔者简要介绍了天皇问题在日本近代政治思想中的演进，以及福泽谕吉的天皇思想的主要观点及特点。在最后的部分，笔者想进一步强调的是，虽然福泽谕吉的天皇观与明治宪法制定者如伊藤博文等人的天皇观之间存在差异，他所主张的天皇不参与实政，而拥有超越性的崇高地位的观点并不为政府中的官员所接受，但也不能完全将其皇权思想等同于分权制衡的政治

---

① 当然，欧洲的德国最终也走上了极端民族主义的道路，这与欧洲同为民族主义的发源地有关。另外顺便提示一下，关于民族主义的发源地有多种学说，比如本尼迪克特·安德森就认为民族主义发源于美洲，而《发明民族主义》（成沅一译，浙江大学出版社2020年版）一书的作者英国学者大卫·贝尔则持民族主义发源于欧洲的观点，笔者认为后者更符合实际。实际上，当欧洲对外扩张时，已经形成了现代民族国家意识的雏形。

第五章　简论福泽谕吉的天皇观

观念。如果说在西欧，政治现代化进程往往伴随着皇权的衰落，为了保住自己的地位，皇室往往要通过放弃实权来与新兴资产阶级妥协，而在日本，天皇的权力则呈现出正好相反的过程。无论是作为实权的拥有者还是作为新出现的民族国家的象征，天皇的地位及权力在现代化过程中都没有被削弱，而是被大大地加强了。在西欧的很多国家，前现代的封建皇权往往代表着一种政治现代化的阻力，而在日本，作为一个后发现代化国家，天皇却成为政治现代化过程中新兴政治势力所倚重的权力资源。观察其他东亚国家，现代化过程中都存在着旧有皇权崩溃，政治现代化不得不在前所未有的共和制的国家形态中展开的局面，这也为它们的现代化进程增加了难度。然而反观日本，政治现代化反而是以旧有封建统治崩溃，整个国家围绕天皇确立起新的中央集权的政治体系的方式展开，可以说，天皇的存在从某种意义上降低了日本政治现代化所面临的阻力。这也正是福泽谕吉积极主张拥戴天皇作为国家象征的出发点。从这个意义上来说，我们不能将福泽的天皇思想简单类比于自由主义者或帝国主义者的皇权思想，而是应该仔细分析各种因素在其中所发挥的作用。

作为一个后发现代化国家，日本在开始实现现代化的过程中面临着来自西方的挑战，这给当时提倡西学的知识分子带来深刻的影响，笔者认为，其中最大的影响便是使这些日本知识分子带上较强的民族意识，使他们将民族国家的建制视为实现现代化所必需的条件。正是在这一背景下，可以看出福泽的天皇观分别折射出他分权制衡的思想和国家利益优先的思想。他反对将天皇视为神的观点和前者相通，他将天皇视为国家象征的观念则折射出强烈的民族主义意识。作为明治时期最重要的启蒙思想家之一，福泽的思想正是在这两者的纠缠中展开的。

最后，还有必要再次强调的是，虽然天皇与权力的结合，特别是第二次世界大战期间天皇与军部的结合使日本走上了侵略战争的不归路，但至少在福泽谕吉的时代，天皇依然被福泽设想为一个超越权力的象征性存在。这一设想的意义在于，他将天皇作为民族象征的权力与现实中的政府权力进行了区隔，这样就能使对政府的批评不至于与对天皇的不敬联系在一起。这一机制其实为人们以更为平等且现实的态度看待政府提供了空间，只不过后来军部擅权使这一机制没有发挥作用，最终导致日本走向绝对权力垄断统治的道路。战后，一方面天皇的战争责任并没有被追究，另一方面天皇也复归于虚君，不再干预政治。作为民族意识比较强的国家，天皇的存在正好可以对民众的爱国热情起到引流的作用，从而在民众的热情与政府的权力之间划出一条界限，但愿这一机制能为日本避免民族主义狂热的再次兴起发挥作用。

第六章　福泽谕吉的"官民调和论"及其对自由的理解

在本章中笔者将就福泽谕吉的"官民调和论"展开讨论，并尝试藉此进一步讨论他对自由的理解。如果从西方古典自由主义的视角去考察"官"与"民"的关系，首先让人联想到的会是（公）权力与（私）权利之间的对立。可以说，西方古典自由主义思想的一个非常重要的主题就是如何避免公权力对私人权利的侵犯，也就是说，其核心是围绕如何保护私人权利展开的。但当我们考察福泽谕吉的思想时就会发现，虽然作为西方思想的传播者，他使用了相同的概念，但其官民思想的核心却并非围绕如何保护私人权利展开，而是致力于将"官"与"民"统一在一起以实现国家利益。也就是说，对福泽来说，无论是公权力还是私权利都是要为国权服务的，而所谓"国权"就是指日本要获得和西方列强一样的、以国家为单位的、独立自主的，以及对外扩张掠夺殖民地的"权利"，福泽认为这是日本作为一个民族国家在国际社会中应该享有的权益。这样，在福泽的思想中，在代表公权力的"官"与代表私权利的"民"之上还有一个作为两者统一的"国"的概念。通过调和官与民的关系来实现国权，可以说是福泽政治思想的核心之一，也正是在此意义上，他对来自西方的古典自由主义思想进行了改写。下面笔者将从几个方面展开关于福泽的官民调和论及其对自由的理解的讨论。

第一节　平民思想家

在日本思想史中，福泽谕吉一直是以"平民思想家"的面目出现的，他自己也刻意保持与政府的距离。但尽管如此，他的思想依然对日本明治时期，乃至之后的政治演进产生了重要影响。

福泽谕吉终其一生都很刻意地保持着自己的平民身份，尽管出身武士，这个日本德川时代地位最高的阶层，但他却并不太珍视这一在当时日本人看来高人一等的身份。明治维新之后，为了实现中央集权统治，新政府以"废藩置县""版籍奉还"的形式褫夺了旧有大名的领地，同时也取消了原来"士农工商"的阶层之分，除了极少数重要的皇族和藩主，以及高层武士被封为华族之外，整个社会所有阶层身份都被取消，统合为平等的平民，这就是"四民平等"。在新政权下，整个社会便由为数很少的华族和占绝大多数的平民组成。福泽虽然出身士族，这表明他是德川时代社会地位最高的统治阶层中的一员[1]，但作为下层武士，他并没有资格位列华族。当然，他自己也并不很在意自己的武士身份，本书第三章提到过的一个细节就可以为之佐证，那就是当他从本藩的藩主那里领到象征着荣誉"纹服"之后，当天就给卖掉了[2]。福泽之所以不重视其武士身份，或许是出于两个原因：一方面是由于他自己身为下级武士，经常会受到位阶更高的武士的轻

---

[1] 日本德川时代晚期的武士阶层仅占全部3000多万人口的6—7%，参见【美】麦克莱恩：《日本史》，王翔、朱慧颖译，海南出版社2009年版，第132页。

[2] 参见【日】福泽谕吉：《福泽谕吉自传》，马斌译，商务印书馆1980年版，第154页。

第六章 福泽谕吉的"官民调和论"及其对自由的理解

侮①，另一方面则是严格的门阀制度也使他无法通过自己的努力提高地位。因此，在明治初期，当武士身份被取消时，不少中下层武士因为失去曾经的地位与收入愤而叛乱，但福泽却并不参与，而是致力于兴办他的庆应义塾。

实际上，在其一生中，福泽并不是完全没有从事过与"官"有关的工作。明治维新前，福泽就曾经为幕府工作过，不过他参与的只是事务性的翻译，和他的政治见解无关。福泽自己也并不希望参与政治，在其自传中，他这样写道：

> 我从少年时代就离开了中津藩，因此并未做过像藩吏那样的差事。后来正像前面所说的那样，我来到江户以后即为德川幕府所雇用。我虽给幕府工作，但只是一个耍笔杆的翻译人员，当然并不想参与政治。正因为我只打算做一个职员，所以丝毫也没有走向政治舞台的念头。自己既不想搞政治，也不能搞政治。②

从上面这段话可以看出，福泽并没有什么从政的愿望，这或许是因为受到他下层武士的卑屈身份的影响，他在自传中曾写道：

> 因为我是中津藩的一个小士族，受人侮辱蔑视而产生的那种不平不快的心情永远不会忘记，所以我不会再屈于他人之下卑躬从事。我不但不想飞腾显贵成为一个所谓政界的大人物，而且对这类事也不感兴趣。③

---

① 福泽自己提到的具体例子参见【日】福泽谕吉：《福泽谕吉自传》，马斌译，商务印书馆1980年版，第157—158页。
② 同上书，第162页。
③ 同上。

明治维新后，作为当时已经有一定影响力的知识分子，福泽曾经多次受到政府征召，希望他为政府服务，但是都被他拒绝了。①这一方面是由于他对从政并无兴趣，另一方面也是由于作为一个主张学习西方的知识分子，他并不想和那些主张"攘夷"的政府官员们共事。

尽管福泽拒绝从政，但作为一个平民思想家的他却并不拒绝思考政治问题，相反，他还非常关心政治。他的主要著作几乎都和政治有关，而他在《时事新报》上发表的大量时评也基本上是围绕政治话题展开的。而且，虽然福泽刻意在公开场合与政府保持距离的做派曾招致政府决策层的误解，以为他是大大小小自由主义立宪政党的思想大本营，②但实际上福泽并没有站在反政府的立场上。从他在1876年2月与大久保利通的一段谈话中就可以看到这一点："今后，随着岁月流逝，世上民权论也有可能像捅了马蜂窝一样再次兴起，到时候，你看吧，福泽决不会加入马蜂一伙与其共飞扬，今天被你们鉴定为民权家的福泽反而会成为一个实实在在的人。你们尽可以放心，我可以向你们保证。"③也就是说，福泽之所以刻意与政府保持距离并时常批评政府，并不是想彻底颠覆政府而只是想助其做得更好。福泽最基本的政治立场是"官民调和"，也就是通过消弭政府与民间的矛盾以实现一致对外，扩张国权。福泽非常敏锐地注意到，对于一个外敌环伺的

---

① 福泽自己提到的具体例子参见【日】福泽谕吉：《福泽谕吉自传》，马斌译，商务印书馆1980年版，第171页。

② 参见武寅：《近代日本政治体制研究》，中国社会科学出版社1997年版，第37页。

③ 【日】安川寿之輔，『福沢諭吉のアジア認識』、高文研、2000、八十二頁。同见【日】远山茂树：《福泽谕吉》，翟新译，中国社会科学出版社1990年版，第114页。

第六章　福泽谕吉的"官民调和论"及其对自由的理解

后发现代化国家来说，保持内部团结至关重要，日本只有团结起来，才有可能在近代化过程中取得成功。因此福泽反对任何有可能带来不安定因素的极端行为。在他写于1879年的《通俗国权论二编·绪言》中，福泽表达了他调和官民关系的思想。他首先认为"无论是民权还是政权都能列举出很多弊害"，所以福泽认为在两权之间不能偏向任何一方，他同时指出："政权过强则民众痛苦，民权过强则政府烦恼"，但接下来他又写道："因此，如果致力于如今与民权论相并立的特别重要的国权，这时不仅看不到弊害了，还能形成官民一致做事的场面。而且民权之事属于身边的内部事务，国权之事则属对外，事关重大，如果在对外的重大事情上不犯错误，那么内部的民权目标自然也就能实现了，这是毫无疑问的。"① 从这段话可以看出，和民权相比，福泽更为重视国权。福泽所主张的官民调和，其实是通过官民团结一致外争国权，从而实现内部的民权。也就是说，作为一个"平民思想家"，福泽的政治立场其实并没有完全站在民众一边，当然也没有站在政府一边，他更多的是从国家整体利益出发思考问题。站在国家整体的立场上，如何使"官"和"民"协调起来，勠力同心，维护"国权"才是福泽一直在思考的课题。

第二节　自由民权运动

1882年朝鲜发生"壬午事变"②，事变中有十三名日本人被

---

① 『福澤諭吉全集』第四卷、六四九頁。
② 指朝鲜士兵因未领到军饷以及不满由日本人训练的"别技军"而发动的哗变。哗变推翻了当时执政的闵妃集团，同时导致中国清朝和日本同时出兵朝鲜，哗变后被清朝军队镇压。

杀，因此在日本激起了强烈的民族情绪，引发了是否该出兵朝鲜半岛的讨论。福泽此时积极鼓吹出兵，他希望借此实现其"官民调和"，一致对外的主张，然而日本政府最终却并没有出动大规模的军队，只是派了一支一千五百人的部队前去朝鲜"问罪"。福泽对此颇为失望，在其《明治十六年（1883）前途之望》一文中有些悻悻然地写道："当此之时，我的希望乃是利用此不幸之幸或能开启官民调和之端，虽然私下如此期待，但事情的发展却与我所期待的相异，从前之不调和依然与旧时无异，京城之变化亦唯一时之小变，不足以影响到我内地官民之关系。"①从这段话可以看出，福泽的官民调和论与他积极对外扩张的主张是相辅相成的。他反对内部倾轧，甚至主张为此发动对外战争，这与下面将提到的"征韩论"者的观点十分接近。在对福泽的思想进行考察时，我们经常会发现，他在主张对外扩张时的态度往往非常狂热，这与他通常比较冷静的对内政治主张恰恰形成鲜明的对比。

壬午事变发生后，主张以此为借口出兵并一举占领朝鲜半岛的多为征韩论者，征韩论者同时也是在这一时期兴起的自由民权运动的主要发动者。从其名目来看，"自由民权运动"似乎是一场带有自由主义色彩的争取自由权利的政治运动，然而事实并非如此，这场运动实际上带有强烈的民族主义色彩②。自由民权运动的主要领袖如坂垣退助（1837—1919）、后藤象二郎（1838—1897）、江藤新平（1834—1874）等均是"征韩论"的大力鼓吹者。明治维新之后，幕府"版籍奉还"，日本建立中央集权的新政体，为此就出现了大批丧失俸禄的武士，他们的生活难以为

---

① 『福澤諭吉全集』第八卷、四七九頁。
② 关于自由民权运动与民族主义的关系参见【日】田村安興、『ナショナリズムと自由民権』、清文堂，2004。

第六章　福泽谕吉的"官民调和论"及其对自由的理解

继,为避免这些武士作乱,就有人主张向朝鲜半岛乃至我国台湾等地进行军事扩张,从而发挥这些前武士的作用。这就是所谓的"征韩论"。由于明治政府刚刚建立,日本的实力也不够强大,对于这种有可能会招致当时清朝敌意的论调自然不予支持。而这些积极主张征韩的前武士们便以自己的言论自由和政治权利受到压制为理由,开始发动自由民权运动。实际上福泽对此也有认识,他在1882年发表的系列时评《藩阀寡人政府论》中就曾写道:"(武士们)郁郁闲居各抱不平,方产生倾轧,其郁气发则为征韩之论,又为征台之事。"[①]这一点并非只有福泽认识到了,早期的德富苏峰也曾说过:"当时的民权自由论,其名为民权,而其实是国权。即明治六年征韩论的影响尚支配着当时的人心。即使在民权论者中,一半以上也多持征韩的观点,可以说在民权论者中,多数人是变形的帝国主义者,或是武力主义者。"[②]

关于自由民权运动与政府之间的关系,福泽同样认为并不存在无法调和的矛盾。在上述《藩阀寡人政府论》一文中,他认为官民之间的不和并非表里都不可调和,而是"不和在事相之表,而和亲在其里"[③]。也就是说,无论是持征韩论的自由民权派也好,还是持缓征论的政府也好,其本质都是为了尽可能地扩张日本的利益,在这一点上两者之间并无矛盾。当时政府之所以不同意征韩,不过是认为没有必胜的把握,一旦失败则有可能招致巨大的损失,并非是出于正义与否的考虑。既然在福泽看来,官民不和只是"表"而非"里",自然也就该对其采取调和性的态度,尽量使双方从对立走向缓和。

---

① 『福澤諭吉全集』第八卷、一二二頁。
② 【日】德富蘇峰、『蘇峰自傳』、中央公論社、1935、一五四—一五五頁。
③ 『福澤諭吉全集』第八卷、一四九頁。

如前所述，日本自由民权运动的兴起本身并不是以反对国权为目的的，而是一些极力主张国权，主张对外扩张的人为扩大自己的言论与政治空间而采取的抗议政府的行动。在日本近代历史中，此类情况并非孤例，另一个相似的例子是1936年发生的二·二六兵变以及随后北一辉被判死刑的事件。实际上，二·二六兵变遭到镇压以及北一辉被判死刑并不表明昭和天皇和日本政府准备走和平主义道路，后来的历史演进也已证明了这一点。兵变后激进的"皇道派"被镇压以及"统制派"掌握军部实权，并没有使日本停下积极迈向战争的脚步，该事件发生后仅一年，日本就借七七事变发动了全面侵华战争。该事件只是表明，这种超越政府容忍限度的激进行动会给日本带来不利的影响，因此才会受到政府的严惩[①]。在主张对外扩张侵略中国方面，两派之间存在的只是程度上的差异，并无本质上的矛盾。无论是明治维新后的自由民权运动，还是后来的二·二六兵变，两者的共同之处是都有相当程度的民意基础，并不仅仅是少数政治人物的主张。我们可以看到，日本近代史中很多"官"与"民"的分歧，只体现在是以相对和缓还是激进的方式进行对外扩张上，而且很多时候还是"民"的一方更为激进。至于是否应该进行对外扩张，双方却没有根本的分歧，也都缺乏关于对外扩张是否正义的反思，这也正是福泽积极主张的"官民调和论"的基础。从这一点我们可以看出，日本近代思想的重心其实是在"行动"而非"思想"上，也就是说，由于种种原因，日本近代思想的一个特征是通常聚焦于入世之行动，而经常忽略超越性的思考。这也成为日后日本在对外侵略的过程中，尽管在战术层面上取得了一个又一个的胜利，

---

① 二·二六兵变中士兵杀死的官僚多为昭和天皇的股肱之臣，为此引发天皇震怒，这也是兵变发动者被严惩的原因。

第六章 福泽谕吉的"官民调和论"及其对自由的理解

却最终在战略上招致惨败的思想上的原因，同时，这也是理解日本近代思想的一个要点。

第三节 一人独立与一国独立

上面两小节讨论了福泽的"官民调和论"，以及和自由民权运动的关系，接下来再讨论一下福泽有关自由的理解。提到这一点，首先让人联想到的或许就是他的著名口号："一人独立则一国独立。"①这句口号经常给人带来福泽是一个强调个人独立的自由主义者的印象，然而实际上，福泽这句口号并不是要鼓励独立的民众挑战国家的权威，而是提倡通过个人的独立来实现国家的独立。与西方古典自由主义的一般观点不同，福泽思想中的个人独立与国家独立并不是相对立的，个人独立是国家独立的条件。也就是说，一人独立与一国独立之间的关系是相辅相成且可以调和的，这也是我们把握福泽思想中自由主义与民族主义分野的要点所在。

福泽的国家观虽然受到来自西方古典自由主义思潮的影响，但他的思想所携带的国家主义色彩又使他所理解的国家超越于个人权利之上。比如在《劝学篇》第十篇中福泽就指出："所谓独立，不仅是居住一所房屋，衣食不仰赖别人而已，这只是内在的义务；进一步谈到外在的义务时，就应该无愧于身居日本的日本人这一名称，与国人共同努力，使国家获得自由独立的地位，才能说完全尽了内在外在的义务。所以只顾一家衣食的人，只能说是一家独立的家长，尚不能称为独立的日本人。"②同时在《通

---

① 该句话是《劝学篇》中的一个小标题。
② 『福澤諭吉全集』第三卷、九十二页。《劝学篇》中译本第57页。

俗民权论》中福泽还指出："有了一人的权利①就有了一村一町的权利，就有了一郡一县的权利，郡县汇集成一个国家则就有了一国的权利。"②在这里，福泽将个人的"权利"与国家的"权利"统一了起来，这与西方古典自由主义将国家的"权力"与公民个人"权利"进行区分并将前者视为后者威胁的观点存在显著的区别，这种将个人的独立与国家独立并列起来的观点反映出福泽所要求的并非是通过个人的独立来保证个人不受公权力的迫害，而是通过个人的独立使国家的整体利益获得最大的保障。如果结合前述福泽对国家及政府的区分，可以说福泽所主张的是个人和政府齐心协力以实现国家利益的最大化。

这里必须指出的是，如果我们简单地认为福泽的思想在个人权利与公权力的对立方面有悖于经典的自由主义理论的话，那只是认识到福泽思想的一个侧面，实际上福泽思想在这方面还要更为复杂一些。在《劝学篇》中我们可以读到这样的话："文明的精神……就是人民的独立精神"③，以及"人民既然对本国政府抱有畏缩恐惧的心理，又哪里谈得到在文明上和外国竞争呢？"④在这里，他鼓励人民对政府不要"畏缩恐惧"，认为这是与外国竞争的重要条件，这在表面上似乎与西方的古典自由主义思想近似，但实际上在理解这句话的时候必须知道，对于福泽来说"国家"与"政府"并不属于同一个范畴。正如在前面已经分析过的，对于福泽来说，国家是一个以天皇为象征的最高存在，是一切价值判断的基础，而政府并不等于国家，它只不过是为国家利

---

① 原文为权理，与《劝学篇》中的用法相同，参见《劝学篇》对权利的定义。『福澤諭吉全集』第三卷、三十八頁。《劝学篇》中译本第9页。
② 『福澤諭吉全集』第四卷、五七四頁。
③ 『福澤諭吉全集』第三卷、五十八頁。《劝学篇》中译本第28页。
④ 同上、六十頁。《劝学篇》中译本第29页。

第六章 福泽谕吉的"官民调和论"及其对自由的理解

益服务的一个机构而已。对于福泽来说,他并非没有意识到在个人权利与政府权力之间有可能发生冲突,他也并非主张个人权利要无条件服从于政府权力,只不过他认为私权利与公权力之间的矛盾并非日本的主要矛盾,日本面临的主要矛盾乃是作为一个国家如何在国际社会中保护自己的权益不受侵犯。福泽认为:"个人和国家都是应当自由和不受拘束的。假如一国的自由遭到妨害,就是与全世界为敌也不足惧。"①在国家利益面临外来威胁的情况下,无论是政府还是个人,也就是"官"与"民"都应该团结起来一致对外,这也就是他一直主张的"官民调和论"。在这种情况下,个人的人权自然就要服从于国权了。在此有必要提示的是,国权之"权"在这里指的是"权利"而非"权力"。也就是说,所谓国权指的是在国际社会中,日本作为一个独立国家所应享有的"权利",而在福泽所处的时代,殖民扩张、侵犯他国还被视为该"权利"的一个重要组成部分。这种"国权"思想的进一步发展就形成了本书第四章曾提到过的北一辉的"日本无产阶级国家论"。

在明治时代的日本,这种人权应服从于国权的观念是非常普遍的,其内在的原因如上所述是由于与欧洲原发现代化国家不同,当时日本所面临的威胁主要来自外部而非内部。福泽在其著述中就多次提倡日本人应该不与自己人竞争而与外国人竞争,比如在《劝学篇》中,他就写道:"这些事业的成就,不是在国内与兄弟阋墙,而是和外国人作智力竞争。"②对于福泽这一代知识分子来说,由于以明治维新为代表的内部改革并没有遇到很大的

---

① 『福澤諭吉全集』第三卷、三十二页。《劝学篇》中译本第6页。
② 同上、九十四页。《劝学篇》中译本第58页。"这些事业"指务农、经商、著书、办报等人们从事的各种事业。

障碍，而是较为顺利地得以推进，他们并不认为日本内部存在对国体的威胁，相对而言，来自外部列强的压力才是更为迫切需要面对的。

如果对西方和日本的现代化进程进行比较就可以发现，西方古典自由主义理论的形成是源于新出现的资产阶级为了争取自己的政治权利而与国家内部的封建统治者展开斗争，因此提倡的主要是以个人的政治权利抵抗封建统治的国家权力。日本却不同，作为一个后发现代化国家，它面临的首要威胁乃是来自外部的西方扩张势力。而且经过明治维新，日本已经取消了原先严格的等级制度，从而在某种意义上消解了封建等级制度带来的内部张力。同时，日本也没有欧洲工业革命后出现的新兴资产阶级，这就使外国威胁的压力进一步凸现出来。作为针对外国威胁的反应，国家利益的重要性自然也就得到更多的重视。这也是明治时期的思想往往带有更强的国家主义色彩的原因之一。

第四节　政府的形式

在关于政府形态的观点上，福泽和欧洲古典自由主义的先驱们一样，并不认为存在唯一正确的政治体制[①]，而是主张政府的体制可以多种多样："世界上任何一个政府，都是为了人民的利益而设的。政府的体制只要对国家的文明有利，君主也好，共和也

---

① 相关论述可参见【英】霍布斯：《利维坦》，黎思复、黎廷弼译，商务印书馆1997年版；【英】洛克：《政府论·下篇》，叶启芳、瞿菊农译，商务印书馆1964年版；及【英】休谟：《道德与政治论文集》，中译编选其中部分为《休谟政治论文选》，张若衡译，商务印书馆2018年版等古典自由主义思想家的经典著述，在此不展开讨论。

第六章　福泽谕吉的"官民调和论"及其对自由的理解

好,不应拘泥名义如何,而应该求其实际。"①福泽也不认为民主是必然的选项,只认为是一种"风气"、一种习惯:"西洋各国的风气是以多数少数来决定人事的方向,而我日本国人习惯于遵从一个大人的指示而进退。这就是古来东西不同的旨趣,其是非得失很难判断。多数主义也好,大人主义也好,在形成数千百年的习俗,人民在心情上安于此道时,足可维持社会安宁。"②因此,福泽主张确定政体要根据实际情况:"君主未必不好,共和政治也未必都好。"③

但是,在其写于1891年的《超然主义不利于政府》一文中,福泽对传统的专制政体与新型的立宪政体进行了区分:

> 在专制政治时代,官尊民卑,政府是主人,而人民好像奴仆。政府根本没有重视人民的权利自由的想法,而且也没有这种必要,因此只是设立方便自己的法律,死死限制人民的言论,不容他们发表政治意见。如果有人对政府的所作所为发表这样那样的异议,则毫不宽容对其进行惩罚,因此民间的反对者中并没有以口舌笔端等温和手段来攻击政府的,一旦下定决心反对政府则不惜生命将成败诉诸兵马之争,事情若不成功则本来就不存继续生存下去的念头。不管是政府内部的防守者还是政府之外的挑战者,所依仗的只是武力,弱者失败而死,强者胜利而掌握政权。掌握政权后为了维持政权,防备反对党依仗的也只是兵马之力。随着人事变迁,

---

① 『福澤諭吉全集』第四卷、四十二—四十三頁。《文明论概略》中译本第34页。
② 『福澤諭吉全集』第六卷、十頁。
③ 『福澤諭吉全集』第四卷、四十三頁。《文明论概略》中译本第34页。

至于立宪政体的时代，政府与人民的关系乃大异其趣，政府不再是人民的主人，而仅仅是处理国务的理事者，对民众谨慎正直地行使职权，为此负起相应的责任。政府既然负有责任亦随之掌握权力，处理国务期间，有时符合民意，也有时不符合民意。双方意见相左之时，民众可以通过报纸或演说来表达意见，在毫不畏惧地批评政府所为的同时，政府亦倾力为自己辩护。只要不妨害社会的秩序安宁，相互以自由的言论进行争论，自然而然就能辨明是非曲直，不管是哪一方只要符合多数国民的意愿就算是胜出的一方，为此导致政府实施变革的情况亦不罕见。①

从上面这段话可以看出，对于福泽来说，传统与现代两种政体之间最重要的区别不是政府的形式，而是统治者与被统治者地位的变化以及统治方式的变化。在传统的专制政体中，政府是民众的主人，实施统治依靠的是武力；而在现代的立宪政体中，政府不再是主人，而是处理公共事务的治理者，政府实施统治依靠的也不是武力，而是多数国民的意愿。可以看出，两者之间的区别是一种内在的区别，并非只是政府形式上的不同。这一点可以和福泽的文明观结合起来，他对文明的强调亦着力于内在的文明，也就是民众独立自主的精神，只要内在的文明得到确立，外在的政府形式反而不那么重要了。福泽虽然也认为"共和体制则比君主立宪更前进一步"②，但他同时亦指出："无论君主立宪还是共和都是存在于政治的事实，并无大的差异。"③可见福泽对具体采用何种体制并没有固定的想法，不过从他尊重天皇，反

---

① 『福澤諭吉全集』第十三卷、二五一頁。
② 『福澤諭吉全集』第三卷、三六四頁。
③ 同上。

第六章　福泽谕吉的"官民调和论"及其对自由的理解

对专制的态度来看，他应该是主张君主立宪制的。在写于1882年的《论立宪帝政党》[①]一文中，福泽认为该党的名称体现了没有人会反对的"丝毫不容怀疑"的主张，其中尤其以"帝政"二字为当时所有人都支持，所以应该将其换掉以显示该党独有的政治主张。由此可以看出，天皇主权对于福泽来说并不是一个政治选项，而是一个不容置疑的现实政治基础，只要建立在该基础上，任何形式的政体都是可以接受的。

这里有必要强调一下的是，在上一章曾提到的，现代政治体制中统治权与主权的分离，为福泽在反对专制的同时积极主张天皇制提供了空间。因为同为天皇，既可以是掌握统治权的专制君主，也可以是象征国家主权的虚君，而后者与现代立宪政体并不矛盾，这也是福泽积极主张天皇不应参与具体政治事务的原因。实际上，明治维新之后，天皇的重新执政也在某种意义上带有虚君制的色彩，比如由天皇颁布的《五条誓文》中的第一条就是："广兴会议，万机决于公论"，这就表明，明治时代日本的天皇主权至少在确立之初并没有彻底关闭向议会民主政体演变的大门，至少在形式上是与之兼容的。当然，在此后的历史演进中，福泽所反对的专制并没有在新确立的天皇立宪政体中被抛弃，反而在后来军部擅权的过程中，走向了以天皇为名号的军人专政的战时体制，这一体制并非福泽所设想的现代立宪政体，而是更接近传统专制政体。吊诡的是，福泽本人思想中带有强烈民族主义色彩的部分实际上也为日本天皇专制的形成提供了思想资源。

福泽同样也设想过人民与政府的关系，这是一种带有现代政治色彩的关系，他把政府看成是保护人民的工具："政府保护人民，制裁强暴，扶助弱小，都是其应尽的职责，并非分外的功

[①]　『福澤諭吉全集』第八卷、六十八頁。

劳。这无非是符合社会分工的精神罢了。"①这段话很容易让人联想到最早将现代国家定义为保护民众权利不受侵犯的"利维坦"的霍布斯，可见福泽的思想受到西方古典自由主义思想的影响。他还认为："在亚洲各国，称国君为民之父母，称人民为臣子或赤子，称政府的工作为牧民之职，在中国有时称地方官为某州之牧……真是无礼已极。"②福泽主张亚洲家国同构的专制政体应该被法治社会，也就是他所说的立宪政体所替代，因为统治者与被统治者的关系并不是家人关系，而是陌生人的关系。因此应该依照法律对人们的行为进行规范："政府和人民本来不是骨肉至亲，实际只是一种陌生人与陌生人的交往。在陌生人相交往的情况下，情谊是不能起作用的，必须制定法规契约一类的东西，互相遵守，毫厘必争，反而能使双方圆满相处。这就是国法的起源。"③他还进一步指出，古代专制制度导致大量伪君子的产生，其原因在于："古人妄想把世上的人都看成是好人。"他对人性的现实主义态度，使他并不认为在"仁义之邦"的日本，仁义之士就占大多数。他认为："诚然古来不是没有仁义之士，惟其数极少，不值得拿出来说。"另外需要注意的是，尽管福泽对"国君父母说"提出了批评，但他自己却依然用父母与子女的关系来比喻天皇与日本国民的关系。④但正如在前面已经讨论过的，福泽将天皇看作国家的象征，但在他心目中国家并不等于政府。这里福泽所说的天皇与日本国民间的父子关系乃是出于维系日本作为一个国家的整体感的需要，天皇的主要作用可以说是团结凝聚国

---

① 『福澤諭吉全集』第四卷、一二一頁。《文明论概略》中译本第109页。
② 『福澤諭吉全集』第三卷、九十七頁。《劝学篇》中译本第61页。
③ 同上、九十八頁。《劝学篇》中译本第62页。
④ 『福澤諭吉全集』第八卷、七十一頁。

第六章　福泽谕吉的"官民调和论"及其对自由的理解

民的象征。通过区分天皇、国家与政府，福泽避免利用古典自由主义思想来阐释政府与民众之间的关系时可能遇到的矛盾。

值得注意的是，在福泽的政府观里还出现了带有契约论色彩的思想，比如在《劝学篇》中福泽这样阐述政府的职责："保护人民本来就是政府应尽的职责，不能叫作恩惠。假如政府把保护人民叫作恩惠的话，那么农民商人向政府交纳赋税，也可以叫作恩惠了。"[①]福泽在此提出的思想非常超前，甚至在今天都具有重要的启示意义。在福泽看来，政府的职责包括保护人民，人民并不需要因为政府保护了人民而感恩。因为人民向政府支付了赋税，所以两者间是平等的。在福泽看来，政府是人民的雇员，是人民交纳赋税雇佣他们提供保护及其他服务的，"可见民为邦本，人民就是主人，政府只是代表或经理"[②]。政府官员虽然掌握权力，但其地位并不高于人民，而是与人民平等的。这种官民平等的观念虽然貌似平常，但在等级观念很深的亚洲，至今依然没有普及。当然，福泽并不认为人民天生就与政府平等，而是认为人民要想与政府平等，必须"立志向学、提高自己的才德"，也就是说，只有个人获得了精神上的"独立"才能与政府平起平坐。

结　语

本章简单讨论了福泽谕吉的官民调和论以及他对自由及政体的理解，在最后，我还想结合前面提到过的文明论和天皇观等侧面，讨论一下福泽理解的自由思想与其所借鉴的西方古典自由主义思想之间的异同。通过这一讨论，我们或可从思想在传播过程

---

① 『福澤諭吉全集』第三卷、四十頁。《劝学篇》中译本第12页。
② 同上、七十一頁。《劝学篇》中译本第39页。

中发生的变化来观察思想传播的形式。

自由主义思想可以说是西方政治思想中的一脉主流。有学者认为早在古希腊罗马时期就已经产生了自由主义思想的萌芽，但自由主义思想的最终形成还是在欧洲资产阶级革命时期。实际上自由主义是一个非常复杂的思想流派，其中包含大量不同的分支，如果对其进行简单的概括，可以发现自由主义，特别是古典自由主义主要包括如下几个方面的思想：首先是对个人权利的强调，个人权利包括生命、自由、财产以及言论等，其中特别是对财产权的强调[①]，反映了新兴平民阶层对财产的重视。古典自由主义者将个人的基本权利视为自由最基本的体现，同时也是其最基本的保障，他们对权利平等的强调则意味着对原来封建等级制度的反动。其次则是警惕公权力的滥用，为此他们在政治上主张法治，希望通过法律规则等一系列制度设计"把权力关进笼子里"，而不是根据某个人或某些人的意愿来管理社会。需要指出的是，恰恰是古典自由主义者将缔造政府的目的归结为对民众私人权利的保护，从而从根本上颠覆了前现代政治中政府与民众的"主"与"仆"的预设，而这也正是福泽对新型政府的理解。最后，古典自由主义在经济上通常主张自由贸易的市场经济，反对政府对市场的干预。当然，在这里笔者不想也没有能力就古典自由主义的各个细节展开讨论，只是结合福泽思想中所包含的自由主义要素将其与欧洲古典自由主义思想进行简略的对比。

通过比较可以发现，在福泽的思想与欧洲古典自由主义思想之间最大的区别乃是对国家的看法，福泽主张国家至上，带有

---

① 比如洛克在他的《政府论·下篇》中就用了整整一章来讨论这个问题，参见【英】洛克：《政府论·下篇》，叶启芳、瞿菊农译，商务印书馆1996年版，第18—33页。

第六章 福泽谕吉的"官民调和论"及其对自由的理解

浓厚的国家主义色彩,而古典自由主义者则主张个人至上,带有个人主义色彩。西方古典自由主义思想可以说是西方掌握财富的新兴平民资产阶级对抗传统封建贵族的思想武器,作为当时统治者的封建贵族垄断着政府权力,而新兴资产阶级则试图通过对个人自由的提倡来抵抗封建政府权力的压制,这实际上是这些平民对自身权利要求的体现。由于欧洲有着深厚的基督教传统,所以这种对个人权利的强调也和宗教联系在一起,权利平等的观念就和基督教众人平等的观念存在契合之处。我们可以看到,当黑格尔讨论西方宗教与中国宗教之别时,指出西方宗教是投向个人内心的:"我们的所谓宗教,是指'精神'退回到了自身之内,专事想象它自己的主要性质,它自己的最内在的'存在'。在这种场合,人便从他和国家的关系中抽身而出,终究能够在这种退隐中,使得他自己从世俗权力下解放出来。"[①]这就显示出西方基督教传统为个人对抗国家权力提供了某种精神上的支持,这可以和基督教在西方作为一种超国家宗教而存在的状况联系起来。反观日本,天皇这一超越各藩国的精神性存在所发挥的作用,却是维系日本作为一个民族国家的整体象征。由于日本所面临的主要威胁来自外部西方扩张势力,福泽就选择利用天皇的象征意义以使日本民众与国家联合起来一致对外。这也是福泽从日本的现实出发对西方自由主义思想进行的修正。

　　作为一个后发现代化国家,十九世纪晚期的日本社会所面临的主要矛盾,并不是新兴的平民资产阶级与传统封建贵族之间的矛盾,尽管通过明治维新确立了与西方国家近似的政治体制,但这并不表明日本和西方国家一样,存在资产阶级以及掌握权力

---

① 【德】黑格尔:《历史哲学》,王造时译,上海世纪出版集团2006年版,第122页。

的封建贵族。同时，在日本作为一种外来传入的思想，自由主义思想与日本固有的传统思想存在着相当大的差异，因此必须根据日本的实际情况对其进行选择与调整，这正是福泽这一代知识分子的任务。可以说，日本是通过引进西方制度来推进资本主义化的，而西方国家则是在资本主义化的过程中摸索新型政治体制。对当时的日本来说，虽然同样存在公权力与私权利之间的矛盾与冲突，但日本面临的一个更为迫切的现实问题则是如何应对来自欧美国家殖民扩张的压力。另外，作为一个新建立的中央集权国家，如何巩固国民的国家认同感也是刻不容缓的任务。在这种情况下，国权问题自然在日本占据着更为突出的位置，并受到普遍的重视，而天皇作为一个现成的能够增加国民凝聚力和国家认同感的象征，其备受重视也就不言而喻了，这也就是福泽格外重视"帝政"的原因。福泽重视的"帝政"与西方自由主义者重视的"宪政"正好显示出两种思想之间最重要的区别。如果说西方早期自由主义知识分子所面临的课题是如何把"人"从各种传统的束缚中解放出来，那么福泽这一代日本知识分子所面临的首要任务却是如何建立一个有能力抵抗外侮的国家。也就是说，西方自由主义者所面临的主要问题是如何使个人的权利不受公权力的侵害，对于福泽来说，日本的首要课题则是如何建立一个独立国家以保护日本国民的权利免受外国侵犯。正因为明治时代几乎所有来自西方的思想背后都隐隐约约漂浮着黑船的身影，这就导致对这些思想的接受与整合或多或少地都与民族主义纠缠在一起。也就是说，在西方古典自由主义者那里，自由主义是一种削弱政府权力的思想武器，而在福泽等日本近代知识分子那里，自由主义却成为实现强国理想的思想基础。

当然我们也必须看到，虽然福泽所主张的自由主义与西方古

第六章 福泽谕吉的"官民调和论"及其对自由的理解

典自由主义有所不同,这并不等于说自由主义思想存在一个标准版本。而且即便是西方古典自由主义者,其视野也同样是立足于民族国家而非全人类,这可以从他们向亚洲扩张时所采取的咄咄逼人的态度看出来。在《建构主义的错误》一文中,英国思想家哈耶克非常准确地概括了十九世纪自由主义思想的状况:"十九世纪自由主义理想的基本信念是,存在一些客观的、普遍有效的公正行为准则。而错误地主张公正永远不过是一个具体利益的问题,大大助长了这样一种信念:我们别无选择,只能赋予每个人以时下掌权者认为正确的权利。"①实际上,福泽谕吉同样视公正为具体利益的问题,对他来说,自由也有一个前提条件,那就是必须符合国家利益,这也是他的思想最终被认为是日本军国主义思想源头的根本原因。如果简单概括其思想背后的理路,那就是由于对日本国家利益的定义被少数政治精英垄断,政治精英的误判再加上民众对精英的盲从,最终引发了日本对亚洲各国的侵略,这既给亚洲带来了灾难,也使日本陷入战争泥潭并最终战败。尽管福泽提倡个人独立,但由于他提倡的个人独立是为"一国独立"服务的,这就使日本民众并没有获得真正的独立,反而屈从于国家精英,导致日后举国支持侵略战争的局面,这一局面与福泽的设想并不矛盾。而且我们可以发现,正是在重视国家甚于个人的思路上,福泽的思想与后来在欧洲兴起的法西斯主义产生了相通之处。尽管福泽不像后来意大利法西斯独裁者墨索里尼那样直白,但他对自由的理解可以说与墨索里尼并无二致。墨索里尼在其《法西斯主义的信条》中写道:"与个人主义相反,法西斯主义者是为国家着想的;而且在他与国家保持一致的范围

---

① 【英】弗里德里希·冯·哈耶克:《经济、科学与政治》,冯克利译,江苏人民出版社2000年版,第625页。

内，也是有利于个人的……法西斯主义有利于自由……能成为现实的唯一自由，国家的自由，国家中个人的自由。"①可以说，福泽所信奉的自由也正是这种自由，即通过国家利益的实现，进而实现的个人自由，也正是因为这种自由观，使他日后被认为是日本走向军国主义的思想先驱之一。

虽然福泽对自由的理解与西方古典自由主义思想之间存在上述区别，但也必须指出，它们之间同样也存在明显的相似性。特别是在福泽的早期思想中，有相当多的部分来自西方古典自由主义思想。在他的著作中，提到过很多西方古典自由主义思想家的著作，比如亚当·斯密、托克维尔及穆勒等，也涉及很多自由主义的基本概念，比如在作于1866年的早期著作《西洋事情》中，福泽就已经提到了自由，当时日本对英语的freedom或liberty的译名还没有统一译为"自由"，在福泽的文章里也是"自主任意"与"自由"两个译名并用。对此福泽特意以脚注说明："本文中自主任意、自由等词并非指任性放荡、不惧国法之意。概括而言乃是与其国人民交往时可以不必拘束客气，各自施展能力之意，英语称为freedom或liberty。日文中尚无确切之译名。"②

在《文明论概略》中，福泽曾对权利③和权力作了区分，而在《劝学篇》中福泽对"权利"作了解释："在不妨害他人的限度内可以达到的情欲就是人的权利。这种权利在地头和农民之间没有丝毫轻重之别，只是地头富而强，农民贫且弱而已。贫富强弱

---

① 转引自【美】罗伯特·所罗门：《大问题》，张卜天译，广西师范大学出版社2004年版，第238页。

② 『福澤諭吉全集』第一卷、二九〇頁。

③ 『福澤諭吉全集』第四卷、一四七頁。在《文明论概略》一书中，福泽将其翻译为"权义"。《文明论概略》中译本第133页。

第六章 福泽谕吉的"官民调和论"及其对自由的理解

是人们的现实情况，本来就不能相同。"①这里值得注意的是最后一句话，福泽在这里承认人的现实状况的差异。由此可以看出，福泽所主张的平等其实是权利的平等而非事实上的平等。这也是非常重要的自由主义理念之一。②另外需要指出的是，福泽理解的"权"首先带有身份的意思，他在1878年写的《通俗民权论》中提出："首先，'权'带有分的意思，即身份、本分……"③又说："分字与权字其意义实在非常符合。"④这里可以看出，福泽对"权"的理解多少还带有传统影响的影子，因为自由主义所说的权（right）是指一个人被法律认可的自我意志主导的行为，而身份及本分则是传统社会中统治者对人的行为的约束，身份更是存在人与人之间的差异，而权利对每个人来说应该是平等享有的。需要提示的是，福泽对权利概念的理解还从一个侧面体现了他一直主张的"官民调和论"，在他看来，"权"既非"强者对弱者的无理无体"，亦非"弱者对强者的无法无天"，而是两者达成和谐的途径。

正如英国学者约翰·格雷在其《自由主义》一书中所写的："按照所有古典自由主义思想家的观点，承诺个人自由即蕴含着对私有财产及自由市场制度的赞同。"⑤财产权在古典自由主义

---

① 『福澤諭吉全集』第三卷、三十八頁。在《劝学篇》一书中，福泽将其翻译为"权理"。《劝学篇》中译本第10页。遗憾的是，或许是由于发音相同的关系，关于"权利"与"权力"的区别在中国至今仍然比较模糊，很多人在书写时无法区分两者，这也影响到自由主义思想在中国的受容。

② 关于该问题的讨论可参考顾肃在《自由主义基本理念》中关于机会平等的讨论，中央编译出版社2003年版，第47—50页。

③ 『福澤諭吉全集』第四卷、五七三頁。

④ 同上、五七四頁。

⑤ 参见【英】约翰·格雷：《自由主义》，曹海军、刘训练译，吉林人民出版社2005年版，第88页。

者所主张的人的基本权利中占据着非常重要的位置。福泽同样强调财产权的重要性:"无论是百万富翁的财产还是乞丐囊中之一文,都属于其人的私有,他人不得侵犯。"[①]实际上,他的著述中很多地方就是在转述西方古典自由主义思想,比如在他晚年的随笔集《福翁百话》中就有对言论自由及分权制衡等问题的阐述:"评价文明进步之标准很多,其中言论自由与否尤为社会人文之进或退的标志。放松对言论的限制并使其逐步自由化,即为文明的进步。……例如一国之政,应分做议政与行政两部分,法官应独立于政府之外,执政者并不能左右法律。"[②]此外还有他对法治的提倡:"因此,在所谓黄金世界没有出现以前,必须以人为的法律约束人类的言行"[③]等,可以说都与西方古典自由主义思想非常接近。

当然,对福泽的思想也要做出区分,在其早期著述中,由于部分内容是他根据西方思想家的文本"纂辑"而成的,自然就会存在很多与西方古典思想完全一致的地方。不过,福泽所处的时代可以说是日本社会变化最为剧烈的时代,他的思想也随着时代的变化而不断变化。但是,在福泽的思想中有一个核心始终不曾改变,那就是日本国家利益至上的思想。福泽思想中的很多"矛盾"之处,实际上都是围绕他所认定的国家利益,从现实中的变化衍生出来的。

最后还有必要指出的是,尽管福泽对自由的理解带有浓厚的国家主义色彩,但他并没有将自由主义的权利观置于与国家利

[①] 【日】福泽谕吉:《福翁百话》,唐沄、张新华、蔡院森、侯侠译,上海三联书店1993年版,第224页。
[②] 同上书,第126—129页。
[③] 同上书,第203页。

第六章　福泽谕吉的"官民调和论"及其对自由的理解

益相对立的位置上。通过在"国家"与"政府"之间进行区隔，他将"民权（利）"和"国权（利）"统一在了一起，而这也是他思想中最具特色的部分之一。相形之下，在同时代的中国，自由主义思想却往往被视为建立现代国家的障碍，比如略晚于福泽出生的中国近代政治人物袁世凯就认为自由主义观念是对国家的威胁，在接见即将由直隶赴日学习的二十三名青年时，时任直隶总督的袁世凯曾说过下面这一番话："直属经庚子兵乱，诸生皆身历其变。痛定思痛，我国文武皆不如人，宜如何奋励，此次东行数月之期，岂能深求。不过得其大概，归来可以教授学生。惟须潜心向学，不可惑于邪说。如平等、自由之议论，皆与国家为敌。岂有国家培养人才，而令其与之为敌者。诸生宜戒之。"[①]袁世凯将建设现代化国家中可以发挥巨大作用的"平等""自由"等观念视为国家之敌，这与福泽思想的区别可以说是一目了然了。可以说正是清末民初统治阶层这种普遍轻视"平等""自由"的观念延宕了中国现代化的进程。实际上，这种观念不仅为当时中国的统治阶层所有，甚至在一些爱国人士中也存在着类似的想法，比如1905年因忧国而投海自尽的爱国志士潘宗礼，他同样认为一些青年翻译民权、自由之书，宣传个性解放与独立的行为是"大背中国和平变法之良策"[②]的。可见，民权自由与国家相对立的观念在当时的中国还是相当普遍的，这与日本此前打着自由民权的旗帜主张国权的自由民权派恰成对照。从这一对比可以看出，至少对当时中国部分精英来说，他们理解的国家还是那

---

① 原见刘潜《东游旅人琐记》稿本8月22日条，着重号引者所加，转引自孙雪梅：《清末民初中国人的日本观》，天津人民出版社2001年版，第11页。

② 同上书，第45页。

个传统想象中的清王朝而不是现代意义上的民族国家。同时从这一对比也可以看出，福泽的思想在其时代对日本所具有的先进意义。

第七章　福泽谕吉视野中作为思想的西方与东方

当我们考察日本的现代化转型时，一个不能回避的问题便是日本在转型中是如何看待与西方国家及亚洲邻国的关系的。虽然早在1543年葡萄牙商人就曾到过日本，并经历了一段时间的贸易及传教活动，但德川幕府掌权之后不久，便采取禁止日本人与外国人来往的锁国政策，[①]使得西方势力在十七世纪早期就已离开日本。英国和西班牙人分别于1623年及1624年离开日本，而最后一条葡萄牙船则于1639年离开日本。[②]此后，作为一个采取锁国政策的东亚国家，日本在明治维新前的两百年间与外界仅保持着非常有限的联系。德川幕府规定仅长崎一地作为与荷兰及中国进行有限贸易的窗口，而且还被限制在一个叫出岛[③]的人工小岛上，此外便是与朝鲜和琉球的有限的交往。不过在十九世纪中叶，当西方势力再次出现在日本面前时，已经因工业革命的成功而带上了一

---

① 德川幕府于1603年建立，从1633年起连续五次颁布锁国令，禁止日本人与外国人来往，主要原因是感到天主教的威胁以及担心沿海贸易会壮大外样大名的势力。

② 参见【美】安德鲁·戈登：《日本的起起落落》，李朝津译，广西师大出版社2008年版，第21页。

③ 出岛是一个人工填海造出的小岛，呈扇形，面积不过数百平方米，如今已经和长崎市连为一体。

种自信乃至傲慢。正是在这种状况下，西方开始以新的姿态重新进入日本的视野。

在日本的现代化转型期，随着西方势力的到来，日本对亚洲的视角也发生着变化。在此之前，德川幕府一方面抵抗清朝"朝贡体制"带来的压力，避免像朝鲜和越南那样成为中国的附属国，另一方面又在模仿中国，试图在与朝鲜及琉球的交往中复制一种与朝贡体制近似的关系。但是，随着西方这一更为强大的势力的到来，日本不可避免地开始重新思考与亚洲邻国的关系。

作为日本转型期最为重要的思想家，福泽谕吉亦曾思考如何看待西方与东方的问题，同时还根据时局变化不断做出观念上的调整。如果说福泽的思想中有一条主线，那就是受西方兴起的近代民族主义思想的影响，从民族国家的角度思考日本的对外关系。受丸山真男《现代日本政治中的思想与行动》一书题名的启发，笔者也将福泽对西方和东方的看法分为"思想"的部分与"行动"的部分。所谓思想的部分主要涉及他的外交思想，笔者除了讨论福泽对西方和东方思想的看法之外，还想就相关的民族主义问题展开讨论；行动的部分则主要讨论福泽针对日本外交所提出的具体观点或建议，同时也涉及他关于战争的看法。

在此有必要说明的是，尽管福泽是日本近代致力于传播西学的思想家之一，但无论从"思想"层面还是从"行动"层面来看，他关心的重心都主要集中在东方而不在西方。近代以来，日本学习西方的目的就是为了跻身列强，尽管引进西方思想时进行了种种改动，但目的并不是要在学理上超越西方，而主要是受现实利益驱动。这就使西学成为日本经略东方的工具，这一情况的极端体现就是后来日本从学习西方转为与英美对抗时的表现，尽管敌人是"鬼畜米英"，但侵略的对象却依然是中国。这种错位

第七章　福泽谕吉视野中作为思想的西方与东方

甚至使当时一些知识分子觉得难堪，乃至在日本发动太平洋战争后反而觉得如释重负。回到福泽，鉴于他的外交思想的重点在东方而非西方，本章也将重点放在其对东方的思考上。

第一节　作为思想的西方

如果简单概括福泽谕吉与西方的关系，可以说他是一个向日本积极介绍西方情况，并极力主张向西方学习的人。作为那个时代少数亲历欧洲与美国的作者，他要比同时代的日本知识分子更了解西方，同时也拥有更开阔的眼界。

福泽是最早在日本致力于介绍西方情况的人，他的《西洋事情》[①]与中村敬宇的《西国立志篇》、内田正雄的《舆地志略》等被认为是当时传播西学的三大名著，为日本人了解西方情况开启了一扇门。

福泽对西方的介绍与他想要传播的文明息息相关，他对各国的介绍集中于历史、政治体制、经济、军事等方面。福泽之所以介绍西方带有很强的目的性，并不只是为了猎奇，而是想参照西方社会为日本未来的发展规划出某种愿景。福泽系统介绍西方的著作是1866年出版的《西洋事情》，在该书中，他将政治放在首位，然后依次是收税法、国债、纸币、商人会社、外国交际、兵制、文学技术、学校、报纸、图书馆、医院、贫院、哑院、盲院、颠院、弱智儿童院、博物馆、博览会、蒸汽机、轮船、火车、电报机、煤气灯等。之所以在此将所有项目都罗列出来，是

---

① 此书现已有中译本：《西洋国情》，杜勤译，上海译文出版社2018年版。福泽谕吉的原题为《西洋事情》，在本书中采用日本汉字的直译即《西洋事情》。

因为通过这一目录可以发现福泽对西方的介绍是全方位展开的。由于该书系"纂辑"之作，其中大部分内容是从原文翻译或转述过来的①，所以不能判定各章节的顺序是否是福泽自己确定的。因为有关社会方面的内容占据该书绝大部分篇幅，由此看来福泽显然有所偏重。可以说，福泽认为西方的各种社会制度及公共机构对日本的发展具有更重要的参考价值。

除了上述在"总论"中介绍的部分以外，福泽还在该书的"初篇"中依国别介绍了美国、荷兰和英国三国，在"二篇"中介绍了俄国、法国、葡萄牙和德国四国。每个国家分四个类目，分别是"史记""政治""海陆军"和"钱货出纳"，各自对应于历史、政治、军事及经济。从这四个类目亦可以看出他更为重视介绍西方的社会体制。《西洋事情》一书还有一个值得注意的地方，那就是在他介绍美国的情况时，还不惜篇幅全文翻译了美国立国时的两个重要文件，《独立宣言》和《美国宪法》，以及当时已经颁布的修正案，尤其是后者占据了相当大的篇幅。可以说，从他这部早期著作已经可以观察到他引进文明的思路：以引进文明的精神为主，同时注重学习西方的制度。

在《西洋事情·外篇》中福泽提出，"个人各自追求人身自由乃是天道的法则"。还指出"无论是乞丐还是富豪，其生命的价值都一样"，"虽然同是人类，但贵贱贫富智愚强弱之差不啻霄壤，其形虽似不同，就其实而视之，却并不妨碍拥有保存生命、寻求自由、重视身体、保护财产的权利"，同时还提出"随着文明开化制定法律，在社会上平等实施，始可见真自由之实

---

① 福泽主要根据的是：Chambers' Educational Course, Political Economy for Use in Schools, and for Private Instruction，同时参考其他书籍编译的。『福澤諭吉全集』第一卷、六一五頁。

第七章　福泽谕吉视野中作为思想的西方与东方

现"①。从上述这些语句可以看出，他已经认识到个人权利的重要性，而这正是西方古典自由主义的思想基础。如果我们简单概括西方从前现代社会向现代社会演进时发生的变化，可以说主要都是围绕人的解放展开的，也就是让人从前现代在精神乃至肉体上均依附于他人（比如封建领主）或某个组织（比如教会）的束缚中摆脱出来，转变为独立主张自己权利的个人。福泽准确地认识到了这一点，这也是他在著述中积极提倡"独立""自由"等现代价值的原因。

虽然福泽在其年轻时就已对西方文明有着较全面的理解，但他对西方思想的接受并非是教条主义的，而是有所取舍，也就是说，在福泽接受西方文明的时候，他其实是将西方文明与日本传统相对照，经过进行仔细甄别后，再确定什么才是日本所必须引进的内容。同时，福泽的文明观也是相当清醒的，他已经认识到文明在道德上并非是善的，而是恶的，只不过为了国家的利益，为恶亦是为善。在写于1866年的《西洋事情·外篇》的"各国外交"一节中他写道："因此当今欧洲诸国自诩为礼仪文化之邦，可是他们的争端从来没有停止过。今天是称作文明开化的乐土，明天有可能沦为尸横遍野、血流成河的战场，其变化之大，非'沧海桑田'可比。"②福泽的这种观点一直没有什么变化，在写于1884年的《东洋的波兰》一文中他亦曾写道："盖在文明的外交之上，残酷、人所不堪忍受之恶德，经常出现于数国的联合行动中。"③也就是说，文明虽然对一个国家的发展有好处，但往往会给其他国家带来祸害。当然，福泽并不打算改变这一状况，反

---

① 『福澤諭吉全集』第一卷、三九二—三九五頁。
② 『福澤諭吉全集』第一卷、四一三頁。译文采用《西洋国情》，杜勤译，上海译文出版社2018年版中的译文，第105页。
③ 『福澤諭吉全集』第十卷、七十三頁。

而极力主张通过日本文明化以避免被西方文明国家所害。

值得注意的是,在他介绍英国时,他用相当长的篇幅介绍英国的殖民地是否对英国有利,却得出了否定的结论,认为殖民地带给英国的好处并不多,甚至是坏处大于好处[①],表面上这与他后来积极主张向亚洲扩张的观点形成了矛盾。实际上,他认为日本需要的是土地以及其中蕴含的资源,而非土地上的人,所以两者其实并无冲突。对于福泽来说,殖民地的主要功用在于掠夺资源而非开拓市场,所以当他听说日本侵占台湾,受到当地民众的抵抗时,主张毫不留情地清除抵抗者便在情理之中了。总之,对于福泽来说,积极学习西方从而以西方的手段为日本谋求利益是其外交思想的核心。

近代以来,西方国家在全世界的殖民扩张引发了殖民地反抗殖民统治、建立自治国家的愿望。可以说现代民族国家体制的确立实际上包括两个部分:其一是西方国家摆脱旧有的封建贵族统治,建立人人平等的新型资本主义国家,原来不拥有基本权利的民众成为新国家的主体,即公民,与之伴随的则是对外扩张掠夺的殖民主义的兴起;其二是后发现代化国家的民族意识在面临西方殖民扩张的威胁时开始觉醒,在抵抗西方殖民统治的过程中建立了新型的民族国家。然而如果考察日本近代历史,就会发现它是一个非常特殊的国家。一方面,作为后发现代化国家,它在一开始也面临着西方扩张主义的威胁,1853年美国将领佩里率军舰叩关是其标志;另一方面,它又迅速实现了转型,成为唯一跻身殖民主义列强的亚洲国家,这可以1895年日本在甲午战争中战胜清朝吞并台湾为标志。日本近代历史演进的这种特殊性也在其思想领域留下了很深的影响,在内政方面,在引进西方制度时对其

---

① 『福澤諭吉全集』第一卷、三七九頁。

第七章　福泽谕吉视野中作为思想的西方与东方

进行了修正，使其带上了明显的国家主义色彩，人权被认为是应该服从于国家利益的。而在国际关系方面，其特殊性的影响则体现在对"国权"的不同理解上。在维新早期，日本面临西方压力的时候强调的"国权"是不被西方欺侮的一面，主要诉求是确保独立，并修改西方列强强加给日本的不平等条约，努力使自己站到与西方列强平等的地位上。随着日本的实力日益增强，在甲午战争中战胜清朝，并随后在日俄战争中击败老牌欧洲强国俄国，日本主张的"国权"亦随之发生变化，转变为争取和西方国家同等的对外扩张殖民的"权利"。也就是说，在一个相对较短的时期内，日本对"国权"的理解就从不被他国欺侮转为和西方列强一样欺侮他国。而福泽作为这一时期重要的知识分子之一，其思想同样经历了类似的转变。福泽早期的思想更注重维护日本的利益，主张日本在和西方国家打交道时要据理力争，避免沦为殖民地。随着日本国力的增长，福泽开始主张像西方国家那样对外扩张，成为西方国家的一员。在整个过程中，福泽其实一直是以西方思想为榜样，尽管他会根据实际情况对自己的思想做出调整。可以说，身处迅速崛起的后发现代化国家，如何在接受西方"对等"外交的同时，既在列强面前捍卫自身利益，同时又能从周边弱国那里攫取利益，成为福泽谕吉受容西方外交思想的核心任务。

第二节　作为思想的东方

从幕末到明治初期的现代化转型期中，日本社会经历了剧烈的变革，虽然日本的现代化转型不像中国那样历经曲折，但与西方，特别是欧洲那些自发型现代化国家长达数以百年计的转型期相比，这种由外来因素所引发的转型无疑会给社会带来更为强烈的冲击。作为亚洲国家，虽然日本一直谋求自我意识上的独立，但无论是在该转型期之前还是之后，日本面对的主要国家依然是东亚国家。随着西人来航，西方文化的传入促使日本反观自身，开始重新审视传统思想。由于日本的传统思想受到以中国为首的亚洲邻国的影响，在该转型期内，如何处理传统思想就成为福泽这一代最早推行"西学"的知识分子的任务，他们对东方思想的看法无疑既受到该时代的影响，同时也影响了该时代。

根据严绍璗先生对日本汉学与日本中国学两种学术范畴所做的区分，所谓汉学是指日本学者不仅"从学术上试图研究中国文化，而且更多表现为研究者在立场上具有把研究对象充做自我意识形态抑或社会意识形态……的强烈趋向。"[①]也就是说，对于日本传统的汉学学者来说，汉学不仅仅是研究对象，同时也是内在化于他们思想之中的价值依据。而所谓中国学则是"在日本以'明治维新'为标识的现代化潮流中形成的一种'国别文化研究'，它的最显著的特点在于摆脱了传统的'经学主义'文化观念，而以'现代主义'和'理性主义'作为其学术导向"[②]。这就是说，对于日本中国学的学者来说，中国文化只是研究对象而已，并不具有意识形态及方法论上的意义，很多中国学学者因此将中国文化作为批判对象。从该意义上出发，虽然福泽对中国文化以及内在化于当时很多日本知识分子思想中的汉学多有批判，但他其实是日本学界从"日本汉学"转向"日本中国学"的先行者之一。因为一方面福泽是明治时代西方文明的主要介绍者和倡导者，同时也是最早从西方近代文明的视角对汉学展开批评的

---

① 参见严绍璗：《日本中国学史》，江西人民出版社1991年版，第2页。

② 同上。

第七章　福泽谕吉视野中作为思想的西方与东方

人，另一方面，他从小接受的较为系统的汉学教育又使他同样受到汉学内在化的深刻影响，这反而使他在批评汉学时更为深入，更能做到有的放矢。这就使他对传统东方思想的批判以及他所提倡的"脱亚入欧"①思想对后来日本中国学的开创者，如津田左右吉（1873—1961）等学者，产生了深刻的影响②。

在对福泽的东方思想观进行考察之前，笔者还想简单介绍一下在福泽所处的时代，中国思想在日本学界所具有的意义。首先需要辨析两组范畴，第一组乃是前面提到的日本汉学与中国汉学之间的关系；第二组则是日本知识分子心目中的汉学观念与他们对中国（当时的清朝）的看法。虽然日本汉学系由中国传来，但并不能简单认为日本汉学只是中国汉学的翻版。实际上，经过传播中的"误读"过程，日本汉学已经成为一个独立于中国汉学的学术范畴。而日本汉学最主要的特征就是它对人性通常采取一种现实主义的态度，同时还带有较强的民族意识。虽然福泽对日本汉学提出了很多批评，但他的批评却不是从这两个方面展开的，反而是从与中国汉学一脉相承的部分，即等级制思想以及僵化不思进取的自大意识展开批评的。同时，他对汉学的批评也随着日本在明治维新后迅速西化而逐渐减弱。他并不认为汉学强调的道德是应该批判的，他只是认为道德并非实现富国强兵的条件，而且西方国家也并不反对道德。在其最早的著作《唐人往来》中，福泽就曾指出："人情（即道德）古今万国都是一样的，只是语言不同，没有国家不尊奉仁义五常之教的。无论在哪个国家都不

---

①　有必要提示的是，这里所谓"入欧"并不是指要成为一个欧洲国家或西方国家，而是与西方文明"共进退"，福泽并不主张以从属的身份加入西方阵营。

②　关于福泽对津田的影响，参见刘萍：《津田左右吉研究》，中华书局2004年版，第54、69页。

会出现将事亲不孝、事国不忠视为理所应当的政体。"①也就是说，在他强调的文明的两个要素，即"智"与"德"之间，他更强调汉学中所不包括的"智"的作用，是"智"而非"德"导致了西方与东方之间的差异。

对第二组范畴的辨析也十分重要，由于德川时代日本奉行锁国政策，所以与中国的交往并不像前代那么频繁，但德川时代同时也是儒学在日本意识形态领域占据统治地位的时代。此时，"华夷变态"的思想发挥了相当重要的影响。正如在第二章已经提到过，山鹿素行反映"华夷变态"思想的《中朝事实》乃是用汉文写作的。该文的题目以"中朝"指称日本，里面出现的"中华""中国"指的也都是日本，而地理上位居原"中朝"的清朝，却在该文中被称为"外朝"，由此可见这里的"华"指的是一个精神范畴而不是地理范畴，是指中国的传统经典所携有的精神。通过在精神之"华"与地理之"华"之间做出区分，并进而以精神之"华"的真正继承者自居，德川时代的日本知识分子就解决了在"慕夏"的同时维护自身主体性的课题。至于德川时代晚期，随着清朝在鸦片战争中失败的消息传到日本，一方面进一步动摇了清朝在日本知识分子心目中的地位，另一方面清朝的失败和西学的传播在某种程度上也同时动摇了汉学的地位。但是与清朝在日本人心目中一落千丈的地位相比，作为意识形态的汉学却依然被保留下来，其特有的日本至上的皇国思想甚至得到了进一步强化，最后反而成为日本抵抗西方，同时侵略中国的思想武器。进入明治时代后，国学作为德川时代的一支重要思想流派逐渐式微，但国学所主张的日本至上主义思想却并没有泯灭，而是被儒学吸收，最后逐渐在昭和初期演变为带有极端民族主义色彩

---

① 『福澤諭吉全集』第一卷、十四頁。

第七章　福泽谕吉视野中作为思想的西方与东方

及军国主义色彩的儒学。在昭和天皇裕仁年轻时所受的教育中，"儒教和日本的事例"就占了很大比重①，他的教师杉浦重刚就是一个主张"以儒教为本的皇室中心主义、政治主义、与外国竞争主义、世界第一主义和军国主义"的人②。因此，虽然在明治初期日本汉学遭到批判，且这一批判汉学的传统又被日本的第一代中国学学者如津田左右吉等人所继承，但极端民族主义化的儒学却依然在日本的意识形态领域占据着一个重要的位置③。实际上，在福泽晚年的文章中，已经出现了鼓吹这种带有军国主义色彩的儒学的特征，比如他写于1898年的《我们毋宁说是古主义的主张者》一文中就有："所谓儒教主义并非特指周公孔子之教，它囊括了古来我国所行之神儒佛等的古主义，归于儒教主义名下。……可以解释为其中自然包括神佛二教。"④这里的"古主义"就是日本带有民族主义色彩的传统儒学。甲午战争后，日本儒学的军国主义色彩日益浓厚，这就为后来日本宣扬其对抗西方帝国主义的"大东亚共荣圈"提供了潜在的思想资源。

在对上述两组范畴进行区分之后，我们可以发现，福泽的中国观也包括两个部分：其一是对传统文化观念⑤的看法，其二是对中国的看法。笔者之所以将这两部分一起放在"作为思想的东方"这一题目之下讨论，是由于鸦片战争中中国的失败给福泽对中国传统思想的看法带来重要的影响。可以说正是由于看到中

---

① 【日】弥津正志：《天皇裕仁和他的时代》，李玉、吕永和译，世界知识出版社1988年版，第6页。
② 同上。
③ 参见刘岳兵：《日本近代儒学》，商务印书馆2003年版，第二章"日本近代的军国主义与儒学"。
④ 『福澤諭吉全集』第十六卷、二八二頁。
⑤ 这里针对的不仅是中国的思想，同时亦包括日本的儒学传统。

国在对抗西方时的失败，福泽才去思考如何避免日本陷入中国的困境，而他得出的结论就是应该学习西方。这里需要说明的是，由于中日两国之间众所周知的文化渊源，在日本的传统文化观念中，很难区分某个观念具体属于中国还是日本，福泽很多以孔孟为对象的批评针对的其实是日本的情况，因此笔者在文中就不进一步细分了。

接下来将简略考察一下福泽谕吉对传统思想的批评，以及他对中国的认识的发展。

一、福泽谕吉对传统文化观念的批评

对福泽谕吉来说，或许也包括日本同时代的其他思想家，在他们的意识里，"传统"与"现代"的分野要远甚于"中国"与"日本"，甚至是"日本"与"西方"的分野。这一方面是由于他们幼年接受的汉学教育使他们自觉地将汉学内在化于自己的意识当中，并没有将汉学作为一种外来的学问[①]。另一方面，在当时西方的全新文化的映衬下，中日之间的文化差异反而显得不那么明显了。因此，在福泽对传统文化观念进行批评时，他并没有对其中的不同脉络进行进一步地梳理，不仅忽视儒学内部的各种派别，就连与儒学相抗衡的国学，甚至代表西方传统思想的"耶稣教"，也都笼统地被包括在他对传统观念的批判中。所以从严格的意义上来讲，福泽早期的批判思想并非针对中国，而是针对日本传统观念中阻碍文明进步的部分。他在自传中写道："我与汉学为敌到如此地步，乃是因为我坚信陈腐的汉学如果盘踞在晚辈

[①] 参见严绍璗：《日本中国学史》，江西人民出版社1991年版。直到战败前，日本很多正式文书还是以汉文书写，人们也将汉文视为一种雅驯的文体，同时将懂汉文视为有文化的表现。

第七章　福泽谕吉视野中作为思想的西方与东方

少年的头脑里，那么西洋文明就很难传入我国。"①这就表明，早期的福泽更关注日本的现代化，对他来说，中国只不过是一个在文明上不思进取而对日本具有警示作用的反面典型。

在思想观念上，福泽认为儒学是虚学，在《劝学篇》中他写道："所谓学问，并不限于能识难字、能读难懂的古文，能咏和歌和作诗等不切人世实际的学问。这些学问……并不像古来世上儒学家和日本国学家们所说得那样可贵。"②福泽将日本传统的儒学与国学视为识难字、读古文的学问，在他心目中，它们的地位甚至比不上如记账、打算盘等日常生活中需要的技艺，③更不用说和地理学、物理学、史学和经济学等相比了。对于致力于提倡实学的福泽来说，被他视为虚学就意味着贬斥。

此外值得注意的是，福泽将儒学与国学等而视之，均视为"虚学"而予以贬斥。这就貌似出现了一个矛盾：既然福泽是一个民族主义者，他为什么会反对同样表现出强烈民族意识的国学呢？原因就在于，尽管福泽是一个民族主义者，并且他的民族主义思想也是在日本国学所内含的民族意识语境中形成的，但福泽的民族主义并不是一种从国学思想中发展出来的，以"攘夷论"为代表的封闭的民族意识，而是与之相反，是一种主张开国，认为只有通过开国、向西方学习才能够最大限度地维护日本国家利益的民族主义。这种带有开放意识的民族主义与肇始于西方的近代民族国家体制有着共同的渊源，可以说是一种现代的民族主

---

① 【日】福泽谕吉：《福泽谕吉自传》，马斌译，商务印书馆1980年版，第181页。
② 『福澤諭吉全集』第三卷、三十頁。《劝学篇》中译本第3页。
③ 同上。

义。① 福泽并不反对爱国，但他认为从国学发展而来的尊王攘夷思想只是"粗浅的爱国观念"，他的目的则是将其转化为"精深的爱国思想"②。对于福泽来说，倒幕派提出的"尊王攘夷"口号只是手段，而非目的。也就是说，尊王攘夷口号的提出是为了打倒以幕府为代表的阻碍日本进步的"门阀专制"，其中"尊王"中的王即天皇，作为日本国家整体的象征，弥合了原来存在于藩与藩之间、藩与幕府之间，以及幕府与"公家"之间的种种冲突，从而整合出日本一体化的意识；"攘夷"则通过对从日本视角出发的他者——"夷"的界定，进一步从相反方向强化了日本的本体意识，两者的目的在福泽看来，都是确立日本作为一个民族国家的整体意识。一旦门阀专制被打倒，攘夷就因为会给日本带来祸患而立刻成为一种过时的诉求了。这里必须强调的是，福泽反对的仅仅是攘夷的行动，他并不反对攘夷行动背后蕴藏着的"爱国心"③，在《文明论概略》的最后部分，他这样写道："即使那些进行暗杀攘夷之辈，虽然其行为是错误的，但仔细分析其内心，则可以看出确是出于一片爱国心。"④ 可以说，当福泽面对日本传统文化观念时，他并没有进一步细分，哪些源于中国，哪些

---

① 这也正体现出笔者曾在第二章讨论过的，民族主义因其没有具体的诉求而带有一种模糊性，这就使各种主张都可以借力于民族主义，这种模糊性既扩大了民族主义的影响，同时又不免使其需要与更为具体的观念相结合才能发挥其力量。

② 『福澤諭吉全集』第四卷、七十四頁。《文明论概略》中译本第65页。

③ 这里实际上具有相当深刻的含义，即日本后来疯狂的侵略行动其实和这些攘夷者的举动没什么区别，但福泽在批评攘夷行为的同时却并不批评攘夷者的"爱国心"，现在日本一些思想家对军国主义者的同情也与之相近。

④ 『福澤諭吉全集』第四卷、二一一頁。《文明论概略》中译本第194页。

第七章　福泽谕吉视野中作为思想的西方与东方

源于日本，而是笼统地将之统统称为"虚学"而予以摒弃。在当时的福泽看来，接受西方观念才是更为迫切的任务，而为了接受西方观念，并不需要对日本的传统观念进行仔细的梳理。

福泽针对传统儒学观念提出的另一批评是儒学是一种德治思想而不是法治思想，这一点也非常重要。德治思想和法治思想可以说是中国与西方传统政治思想中最重要的分歧之一。但任何政治体制都不可能单纯以道德或法律为基础，都会兼两者而有之，所谓德治与法治的区别主要在于两者的侧重点不同。如果简单概括这一不同，可以说德治思想注重统治者的品德修养，认为善的统治来自统治者个人的美德；而法治思想则强调制度的作用，认为善的统治来自统治者遵循一定的制度（即法律）来实施统治。虽然就统治个案而言，无论是德治还是法治在历史上都不乏成功的例子，但总体来说，现代政治思想通常认为法治要比德治更为可靠。因为法治意味着对统治者的权力施加一种刚性约束，这样它也就限制了统治者施恶（暴）政的能力。当然，由于权力受到制衡，统治者施善政的效率也被削弱。反之，由于德治思想对统治者的约束是相对柔性的道德体系，统治者的权力要大得多，这样一方面可以使其在施善政时更有效率，但同时也使其更容易施恶（暴）政。在福泽写于1883年的《儒教主义》一文中就对"儒教主义"下了定义："政论与德论之亲和乃名曰儒教主义。两者很难分开，故苟入儒教者若提及道德则必然会言及政治。"[①]将德治视为儒教政治的根本特征。

在《文明论概略》一书中，福泽指出孔子"提倡以抽象道德

---

① 『福澤諭吉全集』第九卷、二六九頁。

来教化天下的学说,当然实际上是行不通的"①,同时还说:"切不可根据孔孟之道寻求政治途径。"②原因在于:"随着民智的逐渐开化,它(指道德)的功效必然逐渐丧失。假使现在还想以内在的无形道德,施于外在有形的政治,想用古老的方法处理现代的事务,想用感情来统御人民,这未免太糊涂了。"③福泽已经认识到儒学的政治思想是一种落后于时代的德治思想。众所周知,现代社会与传统社会的一个重要区别乃是现代社会是陌生人的社会,而传统社会则是熟人社会。对于陌生人社会来说,通常法治更为有效;对于熟人社会来说,则通常依靠道德约束人们的行为。福泽将政府与人民之间的关系视为陌生人之间的关系,而不像传统儒学将官员与人民之间的关系视为家庭或家族内的关系,因此福泽才会对"父母官""子民"之类的说法进行批判,④并将其与专制思想联系在一起,"其实并不是人不可靠,而是专制思想之不可靠"⑤。由于专制思想将国君视为父母而将人民视为臣子,这样就使国君与人民处于不平等的地位上,于是就会产生弊端,"由于极力维持上下尊卑的名分,一意倡导虚名,以实施专制,毒害所及,遂形成人间社会所流行的欺诈权术"⑥。如果像福泽那样将政府与人民之间的关系定义为陌生人的关系,陌生人之间维系关系所依靠的契约将成为政府权力合法性的基础,这恰恰

---

① 『福澤諭吉全集』第四卷、六十一頁。《文明论概略》中译本第51—52页。
② 同上、六十三頁。《文明论概略》中译本第53页。
③ 同上、六十二頁。《文明论概略》中译本第53页。
④ 『福澤諭吉全集』第三卷、九十七頁。《劝学篇》中译本第62页。
⑤ 同上、九十九頁。《劝学篇》中译本第63页。
⑥ 同上。

第七章　福泽谕吉视野中作为思想的西方与东方

与西方古典自由主义理论中的契约论思想存在着契合。①

在福泽对传统思想进行的批判中，还有一点应予注意，那就是虽然福泽对传统观念中的德治思想提出了批评，但他并未对传统道德进行批评。通过对"智""德"进行区分，他认为中国古代圣人所提倡的道德与西方的道德并没有什么区别。他将"耶稣教"的"十诫"和"孔子之道"的"五伦"等同视之，认为两者都是"几千年来从未改变"，"上古的道德和今天的道德在性质上并没有变化"②。但是，正因为西方与东方在传统道德上并没有什么不同，所以近代东方落后的原因并不在于道德，而是由其他因素导致的。福泽认为在社会进步中发挥主导作用的其实是智识，所以他批评的并非道德本身，而是批评因过于强调道德而忽视了智识的作用："试看古来学者的言论，十之八九违背了事实，错误地只提倡道德的一面，甚至有人竟极端错误地认为智慧是完全无用的东西。"③这里福泽显而易见是在批评中国传统道家的"绝圣弃知"思想。由此可见，福泽所要批评的并非道德本身，他是要批评通过提倡道德实现善政的德治观念。

福泽经常强调独立思考的重要性，他认为儒学妨碍了人们思想上的独立："有的人读万卷书并与天下人交往却没有自己的一定的见解。如墨守成规的汉儒学家就是这样。"④实际上福泽并不认为只有儒学是墨守成规的僵化思想，国学，甚至迷信"耶稣教"的洋学也一样："汉学家醉心于孔孟之道，除诵读经书以外

---

① 参见顾肃：《自由主义基本理念》，中央编译出版社2003年版，第24—26页。
② 『福澤諭吉全集』第四卷、九十二頁。《文明论概略》中译本第82页。
③ 同上、八十八頁。《文明论概略》中译本第77页。
④ 『福澤諭吉全集』第三卷、一〇四頁。《劝学篇》中译本第68页。

无所作为；皇学家信仰神道，除钻研古书以外也毫无用心；洋学家们迷信耶稣教忘了日新不已的学问，除诵读圣经以外也无所事事。"①由于福泽接受的西方思想是西方的近代思想，其目的之一正是将人们从教会及基督教传统思想的束缚中解放出来，所以福泽也将耶稣教与儒学、国学并立，视其为思想独立的障碍。这一点非常重要，表明福泽注重"现代观念"，反对"传统观念"，而不是在"日本观念""中国观念"或"西方观念"之中选取一种，然后对其他思想展开批评。

实际上，东方与西方之间的很多差异表面上似乎是地域间的差异，但实际上却是现代化不同阶段间的差异，东西之别到底是空间之别还是时间之别是一个应该辨析清楚的问题。当我们使用"东方"或"西方"一词时，通常让人觉得似乎是空间概念，但实际上往往背后隐藏着时间概念，也就是说，东西方之间的很多差异并不是地域差异，而是因为处于现代化的不同阶段而导致的差异。很多时候我们会发现东方与西方之间存在很大差异，但如果回到过去，就会发现也许并没有多少本质的区别。从现代视角来看，前现代社会无论东方西方都有很多腐朽、落后的事物，西方不比东方更先进，东方也不比西方更落后。真正使两者产生差距的其实是源于西方的现代化运动，其标志性事件则是工业革命及法国大革命，在这两场运动后，东方与西方之间才逐渐拉开距离，现在很多"东西之争"其实是传统与现代之争。回到福泽，福泽作为一个东方思想家，在十九世纪就意识到思想观念转变的关键在于以现代观念替代传统观念，这是非常难能可贵的。

此外，福泽还非常反对将西学附会于汉学的做法，"我修习

---

① 『福澤諭吉全集』第四卷、一〇二頁。《文明论概略》中译本第92页。

第七章　福泽谕吉视野中作为思想的西方与东方

西方文明，决不会折衷将其附会于汉学"①。并认为将西方文明附会于汉学是非常可怕的，"更可怕的是还有人在《书经》里看到'利用厚生'四字，便认为英国人亚当·斯密是盗用我汉土的《书经》而写作经济论的"②。

虽然福泽在其文章中经常将批评的矛头指向汉学，同时表现出对包括儒学在内的传统学问的轻视，但这并不影响福泽对自己国家的评价，他并不认为日本是无学之国，"往古之事姑且不提，德川政府的太平时期我国文学大有进步，学于汉而胜于汉"③。可见，虽然福泽并不像后来日本许多"大亚细亚主义者"所主张的那样，视日本为东方传统的正宗传人，但他同样认为，日本虽然向中国学习，但却做到了青出于蓝而胜于蓝，而这正是日本优于他国之处。福泽也因此相信，在学习西方的过程中，日本同样能做到青出于蓝而胜于蓝，甚至已经做到了这一点。比如他认为日本的小学教育要强于西方："考察外国与我国小学毕业后继续学习的学生，其学力平均比较起来不仅丝毫不弱于外国人，而且在与彼国学生的竞争中能够胜出。"④

对福泽来说，批判汉学与维护日本国体可以并行不悖，这正是日本与中国在思想领域现代化过程中的深刻区别之一。对于日本来说，汉学亦属于外来思想，尽管在明治维新前已经被相当程度地内在化于日本的意识形态之中，可是一旦维新，依然可以迅速抛弃，因为抛弃汉学采纳西学并不会影响到日本的"国体"。

---

① 【日】福泽谕吉：《福翁百话》，唐沄、张新华、蔡院森、侯侠译，上海三联书店1993年版，第71页。
② 『福澤諭吉全集』第八卷、八十頁。
③ 『福澤諭吉全集』第四卷、六二〇頁。
④ 同上、六二三頁。另见【日】福泽谕吉：《福翁百话》，唐沄、张新华、蔡院森、侯侠译，上海三联书店1993年版，第53页。

也就是说，否定汉学其实并非是对日本自我认同的否定，不过是为了维护"国体"在外来思想中做出最有益的选择。因此，某种意义上说，日本放弃传统思想要比中国更为容易。这也是明治维新时期很多儿时接受汉学教育的思想家能够迅速转向，成为热衷推介西学的先锋的原因，具体如西周（1829—1897）、福泽谕吉、中江兆民等思想家均属此列。

这里需要提示的是，尽管日本儒学已经不同于中国儒学①，但这并不妨碍福泽在批判本国"腐儒"的同时，通过将儒学视为中国学问而保持日本的优越意识。对福泽来说，儒学来自中国，与来自西方的学问相比已经落后，所以应该转向学习西方。只要始终善于学习最先进的知识，日本就可以摆脱落后的局面而跻身列强。福泽的经历使他在抛弃儒学时毫无障碍。福泽的儒学观与另一种从"华夷变态"中衍生出来的儒学观形成了明显的对立，②该儒学观认为日本才是儒学精神的真正继承者，因此反而优于中国。这种儒学观明显站在与西方对抗的立场上，最后发展成为日本"亚细亚主义"精神的内核之一。然而吊诡的是，"亚细亚主义"同时也是日本侵略亚洲的思想基础之一。

通过上面的介绍可以看出，在日本，尽管在对传统的看法上存在分歧，但无论是西化派还是传统至上派，都认为日本民族是优秀的，至少要比亚洲其他民族优秀。前者通过将儒学视为来自中国的腐朽学术，将日本能够轻易摆脱这一学术传统并转学西方，视为日本民族的优秀之处；后者则通过强调日本比中国更出色地继承了源于中国的儒学传统，以显示日本优于中国。这也能

---

① 比如有学者认为实际上日本在近世已经发展出了一种与中国法家相近的学术，参见韩东育：《日本近世新法家研究》，中华书局2003年版。

② 参见刘萍：《津田左右吉研究》（中华书局2004年版）中关于津田不敬案的相关章节。

第七章　福泽谕吉视野中作为思想的西方与东方

够为我们解释儒学在日本建构"大东亚共荣圈"的过程中所发挥的作用提供某种启示。

二、福泽谕吉视野中的中国

福泽的一生处于日本从幕末封建制解体到建立明治维新资本主义社会的激变时代。随着社会的发展，日本与中国，以及亚洲其他国家的形势也在不断发生变化，日本人对亚洲各国的看法也随之不断转变。在福泽不同时期的文章中，对中国的叙述亦有所不同。在福泽早期的著作如《文明论概略》中，由于当时日本和中国在实力上还没有拉开差距，而且都面临着来自西方的威胁，所以福泽对亚洲（中国）的批评通常和对日本的批评是结合在一起的，尚不带有强烈的蔑视色彩。但应指出的是，或许是受到在鸦片战争中中国战败的影响，从最早的著作开始，福泽就已经将中国视为失败的典型，并警告日本不要步中国之后尘。至于后期，由于日本已经走上了学习西方、"文明开化"的道路，逐渐摆脱了被殖民的风险，同时越来越与西方殖民国家接近，以1885年发表的《脱亚论》为标志，福泽观察亚洲的视角也发生了变化，开始带上了"文明"国家的傲慢。之后他对中国的蔑视也越来越严重，最终转变为一个热衷于鼓吹对亚洲（中国）进行军事干预的帝国主义者。

通过对福泽的文明观中关于亚洲国家是否文明这一判断的演变过程进行考察，我们可以看出福泽上述思想的演变历程。需要注意的是，在福泽的文明观里，已经自觉地将欧洲文明视为判断一国是否文明的标准，他曾这样写道："如果想使本国文明进步，就必须以欧洲文明为目标，确定它为一切议论的标准，以这个标准来衡量事物的利害得失。"①当然，尽管福泽对欧洲文明的接受缺乏批判性，但并不等于他接受的欧洲文明就是原汁原味的欧洲文明，而且由于欧洲邦国林立，也不存在所谓原汁原味的欧洲文明。不过福泽本人对此却并不介意，与梳理欧洲各流派的思想细节相比，福泽更为急迫的任务是择其要者尽快引进。

在福泽出版于1875年的《文明论概略》中，福泽根据西方现代文明标准对各个国家进行了分类，其中欧美等国被他视为文明国家，日本及中国则被他视为"半开化国家"（这里福泽并没有提及朝鲜，不过根据他的标准，朝鲜也应该被算作"半开化国家"），然后便是南非、澳大利亚等"野蛮国家"。从这一分类可以看出，当时福泽并没有把日本与中国，或与亚洲脱离开来，在他心目中日本还没有"脱亚"。实际上，福泽这一"半开化"的定位后来也为很多中国人所接受，比如陈独秀在其1915年发表的《东西民族根本思想之差异》一文中就表达了类似的看法。在该文中他写道："忠孝者，宗法社会、封建时代之道德，半开化东洋民族一贯之精神也。"②当然，从现代视角看，这种视自己为"半开化国家"的话语无疑带有一种被西方中心主义话语"殖民"的痕迹。也就是说，这些思想家并没有看到，现代文明的兴起与发展实际上从东西方传统文化中均汲取了很多营养，而是认为是从西方单一源头发展起来的。不过，秉持这种观点也情有可原，毕竟在他们所处的时代，面对强大且咄咄逼人的西方国家，更为迫切的任务是探讨如何让自己迅速强盛起来，而不是从更为宏观的视角出发考察文明在全世界的演进。

---

① 『福澤諭吉全集』第四卷、十九頁。《文明论概略》中译本第11页。

② 《陈独秀著作选》第一卷，上海人民出版社1993年版，第166—167页。

第七章　福泽谕吉视野中作为思想的西方与东方

陈独秀将"东洋",即东亚,视为一个半开化的整体,并没有在日本与中国之间进行区分,这虽然与福泽根据西方的标准,将日本与中国划分在同一等级的情况类似,但福泽已经观察到日本与中国的区别。日本不同于中国之处在于存在"至尊"及"至强"两元并立的权力结构[①],至尊即天皇,至强则指幕府,这种二元结构"自然产生了一种自由的风气"。中国则以"君主为至尊至强",是一种一元的权力结构。这种状况导致"中国人的思想是贫困的,日本人的思想是丰富的,中国人是单纯的,日本人是复杂的"。因而,"在汲取西洋文明方面,可以说,日本是比中国容易的"。[②]福泽的这一观点非常重要,从某种程度上可以说非常准确地发现了一个导致日本及中国在现代化过程中走上不同道路的因素。实际上,笔者在本书第一章关于制度背景的分析正是福泽这一认识的延伸。从福泽该思想中可以看到,虽然早期福泽将其批判的矛头主要对准不分国界的"传统观念",但福泽已经开始对日本和中国进行区分了,可以说这是他区别对待日本与中国的开始。

历史确实如福泽所预计的那样发展,在现代化的过程中,日本"后来居上",迅速超过了中国。在1884年发表的《应该摈斥清国风》一文中福泽这样写道:

> 清国人与日本人共于东洋立国,其心情风俗之异则为普世中明显的事实,如果就中择其要者而言,则清国开国已有百余年,日本只有三十年,尽管其间有七十年之差,清国人迟钝不知文明为何事,近来虽少采西洋之长,唯止于利用其

---

① 『福澤諭吉全集』第四卷、二十五頁。《文明论概略》中译本第18页。

② 同上。

器物，并无人询问文明之主义为何。①

福泽认为清朝之所以会在现代化进程中落后于日本是因为只引进西方技术而不引进西方的思想观念以及社会制度。福泽因此流露出对清朝的轻视，日本已经向"文明国"跃进，而清朝却依然停留在"半开化"的国家中裹足不前。发表在同一年的《东洋的波兰》一文同样显示出福泽对清朝的蔑视，在该文中，他仿照法国人画的《清国帝国分割案》②，认为中国最终将像波兰一样被列强分割，而在该分割案中，日本已赫然位于列强之中，"领有"台湾和福建。这里已经显现出了福泽对外扩张的野心。到了1894年，在《甲午战争是文野之战》一文中，福泽在自诩日本为"文明"的同时，还将中国贬斥为"野蛮"，已经不再将中国视为"半开化"的国家。

在福泽对清朝的观察中，出于他对国家的重视，他还认为清朝的失败在于民众没有国家意识："清国人几经革命却仍处于旧式政府之下，虽然生于其国却不知国家之所在，作为国家的寄生物，国事如何却都无关自身痛痒，与之相比日本则不可同日而语。"③福泽的这一观点在当时的日本思想家中并不少见，比如尾崎行雄（1858—1954）在1895年甲午战争结束后写的一篇文章中也写道："清人不知国家为何者"，"国家、忠义心、团结力皆保国之要素也，清人不备其一，如此而能保存独立于倾夺世界中之事例，余未曾知也"④。实际上，不仅日本作者，当时很多中

---

① 『福澤諭吉全集』第十卷、四十九頁。
② 同上、七十六頁。
③ 『福澤諭吉全集』第十五卷、三十頁。
④ 转引自李晓东：《军国民思想研究》，载《日本学研究》4，外语教学与研究出版社1995年版，第182页。

第七章　福泽谕吉视野中作为思想的西方与东方

国思想家也意识到了这一点，比如梁启超在其写于1901年的《中国积弱溯源论》一文中就曾写道："中国人向来不自知其国为国也。……故吾中国数千年来，长处于独立之势，吾民之称禹域也，谓之为天下，而不谓之为国。既无国矣，何爱之可云？"①同样认为中国之所以"积弱"的原因之一是因为没有国家观念。陈独秀在其写于1904年的《说国家》一文中亦曾写道，他早年并不知道国家是什么，直到1900年八国联军侵华战争中中国战败，方才知道："世界上的人，原来分做一国一国的，此疆彼界，各不相下。"②然而尽管这些作者看到了问题所在，却并未能扭转清朝灭亡后中国陷入分裂的局面。

　　福泽的中国观实际上也从一个侧面反映了他对日本的看法，对于福泽来说，中国可以说是一面镜子，正好可以用以反衬日本在"脱亚入欧"过程中的表现。虽然中国与西方接触较早，却因文化上的积重而难以迅速应对，这就正好成为福泽等主张西化的日本思想家的反面教材。在其早期没有发表的著作《唐人往来》中，福泽已经对中国的不思改革提出了批评，认为中国正是由于不善改革，才屡屡被自己所轻视的夷狄打败。他提到第二次鸦片战争中，咸丰出逃热河时的狼狈状况，并指出这都是由于"不知道学习他国之风气而改革，因自大之病而招致的祸端"③。在福泽写作该文时，日本同样面临西方的威胁，这种威胁激发了攘夷论的流行，但此时福泽已经敏锐地意识到，对待西方，日本不能采取与中国同样的方式。他指出："本来外国人前来日本的用意，即便是在最初也并非来盗取日本。"④这时他已经把西方国家提

---

① 《梁启超文选·上》，中国广播电视出版社1992年版，第67页。
② 《陈独秀文集》第一卷，人民出版社2013年版，第37页。
③ 『福澤諭吉全集』第一卷、十四页。
④ 同上、二十页。

出的开港、通商、驻使等条件视为"世界普通的道理"。相比之下，咸丰皇帝却宁肯接受全免关税、鸦片开禁等条件也不愿意让公使驻京，显示出一种与西方完全不同的重视虚礼甚于实利的价值观。[1]可见，福泽对西方价值观的态度是认同而非抗拒，尽管从后现代主义的视角看，这是一个"内在殖民化"的过程，但该过程恰恰为保存日本的主体性提供了条件。[2]

站在这一带有内在殖民化色彩的"文明观"上，早年的福泽将包括日本在内的亚洲各国都视为"固陋"，其中尤以中国为典型，"其人情风俗之卑屈贱劣，可以说彻底暴露了亚洲国家（这里也包括日本）的原形，中国并非礼仪之邦，而只能说是礼仪人士所居住的国家。"[3]

福泽对中国人的看法也是相当负面的，他认为中国人惟利是图，轻视名誉重视金钱，没有国家的观念。在《西洋人与中国人谁更惟利是图》一文中他写道："永远的胜败姑且不论，以眼下的形势来看，在惟利是图一点上来说，不得不相信西洋人也有很多不及中国人的地方。"[4]"在商买一事上（中国人）不仅为东洋之冠，西洋诸国人亦往往退避三舍。其最擅长者乃轻廉耻而为常人所不能为。由于毕生之心事唯集中于挣钱一点之上，被他人视为奴隶也好或是真的成为别人的奴隶，只要能够挣到钱就没有什

---

[1] 参见茅海建：《苦命天子》，生活·读书·新知三联书店2006年版，第192—193页。

[2] 这里或许可以印证萨义德提出的"文化霸权在弱势方也产生了生成性"的观点，参见【美】爱德华·W.萨义德：《东方学》，王宇根译，生活·读书·新知三联书店1999年版，第19页。

[3] 『福澤諭吉全集』第四卷、五十三頁。《文明论概略》中译本第43页。

[4] 『福澤諭吉全集』第九卷、五五四頁。

第七章　福泽谕吉视野中作为思想的西方与东方

么可畏惧的。"①值得注意的是，福泽这种对中国人带有贬义的印象很有可能来自西方。因为在西方对中国的描述中经常可以看到对中国人长于经商、虚伪、好利等特点的描述，且以贬义的居多。比如在明代葡萄牙传教士克路士所著的《中国志》（1569）中就写道："（中国人）每人都有自己的秤。这是因为每人都想方设法去骗别人，……商人一般都是虚伪的，也是骗子……。因他们长期干这种恶习，他们不以为耻。"②而在明末另一位葡萄牙传教士曾德昭（Alvaro Semedo，1585—1658）所写的《大中华志》（1638）中亦写道："（中国）富有的商人信用良好，很守时，但他们做生意的方式，非常会耍手腕和奸猾，超过世上其他地方所能见到的。"③至于清末，类似描述仍有不少，美国传教士何天爵1895年出版的《真正的中国佬》一书，从正面称赞了中国人的商业天才："中国人是天才的生意人，因为他们具有高度智慧的头脑。"④而另一位美国传教士明恩溥（1845—1932）在他著名的《中国人的特性》（1899）一书中也写道："中国人看起来具有一种极强的商业天赋，为任何其他现存民族所无法比拟。"⑤另外值得注意的是，黑格尔还为中国人的特点提供了解释："在中国，既然一切人民在皇帝面前都是平等的……因此自由民和奴隶的区别必然不大。大家既然没有荣誉心，人与人之间又没有一

---

① 『福澤諭吉全集』第九卷、五五四頁。
② 【英】博克舍编注：《十六世纪中华南部行纪》，何高济译，中华书局1990年版，第91页。
③ 【葡】曾德昭：《大中国志》，何高济译，上海古籍出版社1998年版，第28页。
④ 【美】何天爵：《真正的中国佬》，鞠方安译，光明日报出版社1998年版，第211页。
⑤ 【美】明恩溥：《中国人的特性》，匡雁鹏译，光明日报出版社1998年版，第319页。

种个人的权利，自贬自抑的意识便极其通行，这种意识又很容易变为极度的自暴自弃。正由于他们自暴自弃，便造成了中国人极大的不道德。他们以撒谎著名……"①虽然福泽未必看过这些著作，但可以看出福泽对中国的看法与这些表述之间存在相当程度的一致性，因此很有可能是受当时在西方流行的中国观的影响。

第三节 福泽谕吉的思想与民族主义

在讨论了福泽谕吉对西方与对中国的看法之后，下面再简要讨论一下他的思想与民族主义的联系。与福泽在日本受到大多数人的推崇相反，其他亚洲国家，尤其是遭受日本侵略最严重的国家，通常都将福泽视为日本军国主义思想的根源，以及日本后来发动侵略战争的思想先驱②。在本书中，笔者并无意为福泽翻案，因为诸多事实印证了这一点。但如果我们不能跳出评价福泽的极端化思维，研究福泽也就失去了意义。福泽留下的思想遗产之一就是在民族主义的基础上提倡个人自由（或独立），对福泽来说国家利益始终居于首位，而个人自由或独立乃是服务于国家利益的手段，因此这种对自由的提倡并不彻底，同时还预示着日本后来危险的军国主义道路。不过，我们在福泽的思想中也能发掘出有益的成分，这种有益的成分笔者认为实际上是一种基于自由主义的民族主义思想。当然，福泽本人并非是这种思想的发明者，他的思想只是蕴涵着自由主义的民族主义种子。福泽所提倡的自由独立等价值观虽然受到西方古典自由主义的影响，但他的这些

---

① 【德】黑格尔：《历史哲学》，王造时译，上海世纪出版集团2006年版，第122页。
② 【日】安川寿之輔、『福沢諭吉のアジア認識』、高文研、2000。

第七章　福泽谕吉视野中作为思想的西方与东方

价值观是服从于更高的国家至上价值观的。表面上看，是"以国家为目的以自由为手段"，还是"以自由为目的以国家（政府）为手段"像是一个文字游戏，但实际上两者间却存在着重要的差异。前者很有可能会导致个人自由被牺牲，战前的日本就是一个明显的例子；而在当今民族国家的建制下，后者却有可能通向一种温和无害的民族主义。实际上，在明治时期，日本已经有学者提出过后一种模式，比如植木枝盛（1857—1892）就认为："从根本上来说，如果不伸张民权就不能伸张国权，也就不能保国独立，专制就是卖国。"①不过这种思考最终被淹没在日本对国家利益的强有力的宣传中，并没有产生广泛的影响。

本尼迪克特·安德森在其讨论民族主义的名著《想象的共同体》中将民族定义为想象的共同体，是现代化的产物之一，这是非常具有启发性的观点。正如安德森在该书中指出的："区别不同共同体的基础，并非他们的虚假/真实性，而是他们被想象的方式。"②可以说，民族的想象方式是以国界、主权、国籍等现代民族国家体制为基础的，阶级则通常是根据职业或收入来界定的，性别和种族依据的则是人的某种生物属性。民族共同体与其他共同体的最大区别是它通常是由一个相对确定的"场域"③所界定的。而诸如阶级、性别及种族等共同体则不具有限定的场域。在任何一个社会都存在不同的阶级，也都存在不同性别的人，同时种族也是跨国界的。正是由于民族共同体所具有的这种场域性，

---

① 明治文化研究会编、『明治文化全集·第十四卷·自由民権篇』、日本評論社、1968、一九二頁。

② 【美】本尼迪克特·安德森：《想象的共同体》，吴睿人译，上海世纪出版集团2003年版，第6页。

③ 在此之所以不用"地域"一词是由于并非每个民族共同体都具有自己确定的边界，比如巴勒斯坦。但这并不妨碍巴勒斯坦人建构自己的民族想象。

民族主义才显现出特异性。也就是说,民族主义所提倡的价值并非是一种带有普遍性的价值①,这就使以建立现代民族国家为目的的民族主义更强调"主权"而非"治权"。当然,我们必须意识到,虽然现代民族独立运动发轫于意大利独立之父马志尼(1805—1872)提出的"一个民族一个国家"的口号,但在世界上并不存在纯粹的"单一民族国家"。同时,我们也不能因此就忽视民族国家想象所具有的影响力,在这种情况下,民族想象往往作为国家想象而发挥着凝聚社会的作用②,因为除了拒绝这种认同的民族分离主义之外,所有接受民族认同的人共同组成的社会内部并不存在异己。

由于共同体通常是通过想象建构出来的,根据鲍曼对共同体的分析,共同体能够带给人们一种"不错的感觉","首先,共同体是一个'温馨'的地方,一个温暖而又舒适的场所。……其次,在共同体中,我们能够相互依靠对方"③。这样在现实中,我们就可以从很多话语中看到共同体的这种"温馨"的痕迹,比如同胞情谊、阶级情谊和姐妹情谊等。实际上,任何共同体的想象都是参照现实中最普遍的共同体,即家庭来建构的,然而即使在家庭中,也可能存在不和谐因素,更何况主要由陌生人组成的共同体呢。这种共同体的温馨想象之所以是"想象",恰恰暗示着它带有某种非现实的乌托邦色彩,而这通常是危险的,因为共

---

① 或者说这种普遍性是"分立"的,每个民族(国家)都把本民族的利益视为最高利益,如果将每个民族(国家)视为一个个体,那民族主义也具有普遍性。

② 当然,这种凝聚力和其他意识形态带来的凝聚力一样,其中隐含着强制性因素。

③ 参见【英】齐格蒙特·鲍曼:《共同体》,欧阳景根译,江苏人民出版社2003年版,第2—3页。

第七章　福泽谕吉视野中作为思想的西方与东方

同体带来的这种"不错的感觉"只是一种感觉,更接近理想而非现实。正如鲍曼在引述雷蒙·威廉斯的评论时所说:"雷蒙·威廉斯……评论说共同体值得注意的东西是,'它总是过去的事情'。我们可以补充说:或者它总是将来的事情。今天'共同体'成了失去的天堂——但它又是一个我们热切希望重归其中的天堂,因而我们在狂热地寻找着可以把我们带到那一天堂的道路——的别名。"①实际上,人类历史中的很多悲剧其实都是由追求天堂(乌托邦)的狂热所引发的。

任何想象的共同体在试图构建共同体的想象时都会带来对内对外两种暴力②倾向,对内是迫使共同体内部成员放弃部分自我,并统一到共同体价值观上来的暴力,对外则是对异己共同体的敌视。民族共同体的想象亦不例外,以日本为例,在战前,对内存在一种将其他共同体的想象统一到民族这一最高想象之上的暴力。正是在国家利益至上的压力下,日本共产党及妇女团体发生了大面积的转向③,这在某种意义上意味着阶级共同体想象和性别共同体想象对国家共同体想象的被迫或自觉的服从,最终导致侵华战争时期的日本至少在表面上形成了举国一致开动战争机器的情形。另外值得注意的一点是,民族主义虽然也能导致残忍的内部暴力,但和其他共同体一样,一般情况下,其指向共同体外部的暴力要更为残忍。但这并不表明民族主义不会给共同体内部带

---

① 参见【英】齐格蒙特·鲍曼:《共同体》,欧阳景根译,江苏人民出版社2003年版,第5页。

② 作为一种价值观,它并不一定总是通过暴力强加于人,更多的是通过教育、宣传等意识形态工具以灌输观念的形式使人在无意识中接受它。

③ 关于这些"转向"的情况请参见【日】升味准之辅:《日本政治史》第三册,董果良译,商务印书馆1997年版;胡澎:《战时体制下的日本妇女团体》,吉林大学出版社2003年版,及【日】上野千鹤子、『ナショナリズムとジェンダー』、青土社、1998、等相关著作。

来压力，日本共产党的转向，就是受到民族主义的压力，尽管日本的共产主义者也并不都是国际主义者，比如与佐尔格有关的川合贞吉就认为他所从事的和平反帝和社会主义事业"最终是为了日本的国家利益"[①]。根据丸山真男的研究，日本战时的无产阶级运动亦曾受到法西斯主义运动的渗透，[②]这也是引发转向的一个因素，而法西斯主义则正是极端民族主义的具体体现。

在和平且不存在民族独立吁求的情况下，由于民族有一个固定的场域，在此场域内部通常仅存在唯一的民族共同体想象，所以它反而为自由主义思想提供了一定的生长空间。其原因在于，自由主义的实现是以个人为单位的，而只要遵守社会规范，个人的自我发展就并不会与社会相矛盾。在社会意识形态不存在内部敌人的环境中，自由主义的发展也就具备了条件。自由主义围绕什么是社会，也就是民族或国家的最大利益，以及如何才能实现这一利益的讨论，甚至能够代替原来其他共同体的利益诉求。我们可以看到，大多数想象的共同体都带有某种先天的色彩，和党派不同，它通常是不能自由选择的，比如人是无法选择自己的民族、种族、性别及出身等的。由于民族共同体并不在内部想象异己，同时又由于民族共同体与国家通常又是重合的[③]，它反而能在讨论共同体（国家）利益时避免偏见，它不会导致对其他成员的立场的怀疑，毕竟都是同一民族的成员。所以说从共同体的

---

① 参见傅佛果（Joshua A. Fogel）：《一个另类的日本社团》载熊月之、马学强、晏可佳选编：《上海的外国人》，上海古籍出版社2003年版，第205页。

② 参见【日】丸山真男：《现代政治的思想与行动》第二章中的讨论。陈力卫译，商务印书馆2018年版，第31—32页。

③ 当然，在多民族国家并不一定重合，但依然可以利用"国家"这一共同体来整合内部矛盾，当然，这种整合未必能够成功，特别是在存在势均力敌的两个或更多民族的国家内部，经常会出现分离主义。

第七章 福泽谕吉视野中作为思想的西方与东方

角度来看,自由主义与民族主义是具有整合的可能性的,在面对民众对自由的诉求时,民族主义者通常并不会问是哪个民族的自由(当然前提是在不存在民族歧义,即不存在民族分离主义的情况下),而其他想象的共同体往往会联想到自身的状况,比如就会产生到底是哪个阶级、哪个种族或性别的自由的问题等。也就是说,其他的共同体一方面超越了民族国家的界限,带有国际主义色彩,另一方面在民族国家的建制内,又小于民族(国家)认同,这样就有可能因对自由的不同理解而导致矛盾。当然笔者并不认为民族主义与自由主义的整合没有障碍,不过两者之间的可整合性相对而言是高于其他想象共同体的。

如前所述,任何共同体的想象都有可能因极端化而导致灾难,民族想象主导的民族主义也不例外。实际上,如果我们把所有"主义"都视为某种价值倾向,那么当这种价值倾向被极端化的时候,都有可能带来危险。然而自由主义与民族主义的结合却有可能避免两者单独存在时被极端化的危险。对自由主义的提倡可以避免民族主义陷入一种对外盲目好斗的状态,因为自由主义强调个人权利而对所有以集体(不管该集体是国家还是民族)名义出现的目标带有天然的警惕。同时,民族主义又可以提供一个从民族或国家整体看问题的角度,从而避免自由主义陷入彻底忽视民族国家内部的平等诉求的境地,因为借助民族(国家)共同体的想象,政府可以理直气壮地宣称纳税人有义务纳税以帮助自己的同胞。

综上所述,只有当自由成为目的、民族成为手段时,才能避免民族主义极端化带来的灾难,日本发动战争所导致的灾难正是由于他们错误地将国家(民族)视为目的,而将自由仅仅视为手段,最后被抛弃的是自由。在战争机器的运转下,自由荡然无存，日本重新成为一个专制国家。而这一状况在思想上的渊源却可以追溯到以"反门阀专制"著称的福泽那里，这不能不说是历史的吊诡。

结　语

在本章中，笔者简略讨论了福泽的外国观与外交思想，从本章前两个小节悬殊的篇幅就可以看出，福泽的外交思想是以东亚为核心的，其实就是人们常说的"弱国无外交"，尽管并不完全正确，但也简明有力地说出了外交领域的部分真相。在福泽谕吉的青年时代，日本相对于西方是弱国，面临着被殖民的风险，因此与西方交往的主要目的就有两个：一是修订曾经签署的不平等条约，二是尽量避免西方国家将扩张的矛头指向日本。在这种情况下，如果用最简单的话来概括福泽的外交思想，就是在接受西方的外交规则的基础上，利用该规则为日本谋求一个更为有利的外交地位。

明治维新之后，日本尽管走上了学习西方的现代化道路，但在思想领域，因为面临西方的扩张压力，不可避免地带上反西方的色彩。作为这个时代清醒的思想家，福泽谕吉准确地认识到，日本如果想在当时弱肉强食的世界上占据一个有利的位置，就必须确立自己作为一个民族国家的民族意识，但同时又不能让这一民族意识成为学习西方的障碍。所以福泽谕吉一直小心翼翼地避免将日本民族意识的兴起与"攘夷"联系在一起，相反他一直思考的则是，如何学习西方并尽快使日本强大起来，从而能够在当时弱肉强食的世界上分一杯羹。也就是说，这时福泽的思想已经发生了某种变化，从避免日本被西方列强压迫转变为与西方列强

第七章　福泽谕吉视野中作为思想的西方与东方

一起瓜分世界。我国近代最初接触西方的知识分子魏源曾提出过"师夷长技以制夷"的口号，而在福泽那里，这一口号变为"师夷长技以制华"，即通过学习西方使自己跻身列强，并从中国及其他亚洲邻国那里攫取利益，而关于此问题，笔者将在下一章展开讨论。

第八章　福泽谕吉视野中作为"行动"的东方与西方

近代之前，日本德川时代奉行锁国政策，虽然锁国最直接的原因是德川幕府希望控制天主教的传播以免威胁到自己的统治，但它同时也阻断了与外界的来往。虽然幕府开放长崎的出岛作为与荷兰及中国交往的窗口，但这种交往是非常有限的，通常仅限于贸易及少量的信息交流。在西方叩关之前，日本德川时代的外交基本上以锁国政策为主，但在与东亚邻近国家的交往中则仿效中国的华夷秩序式的朝贡外交，潜在地将朝鲜、琉球等视为朝贡国，同时又避免与中国缔结正式的外交关系，这恐怕是因为日本并不想被纳入由中国主导的朝贡体系。正如信夫清三郎在其《日本政治史》中指出的，近代在东亚以中国为主体形成了朝贡体制，这种体制与在西方形成的近代外交体制有所不同。信夫认为它们之间主要有三点区别：首先在朝贡体制里，中国与他国之间形式上并不平等，位于中心的"华"即清朝在地位上要高于位于四方的"夷"，然而西方的近代外交体制则在形式上强调国与国之间的平等；其次在实质上，朝贡体制又在国与国之间维持着一种相对平等的关系，因为位于中心的"华"很少干涉各"夷"的内政，相反西方外交体制在实质上反而"是一种弱肉强食的不平等关系"；最后，"在中国方面看来，华夷秩序首先是一种包罗

第八章　福泽谕吉视野中作为"行动"的东方与西方

宇宙的普天下的秩序，与其说是国际秩序，不如说是一种世界秩序"①，而西方体制则只是以国家为单位的国际秩序。虽然以华夷秩序思想为基础的东亚朝贡体制由来已久，但清朝的建立却为这种体制带来了微妙的影响。尽管清朝继承了原来的华夷秩序思想，继续以"华"自居，但在邻近国家，如日本和朝鲜等就因此产生了前面提到过的"华夷变态"②思想，不再把当时的清朝视为"华"。虽然地理上与中国接壤的朝鲜依旧服从清朝主导的朝贡体制，但孤悬海外的日本却在某种意义上抹去了作为中华文化接受者的自卑心理，尝试另立门户，确立一种与清朝对等的关系。当然，由于实力悬殊，德川时代日本这种谋求与清朝对等地位的做法在行动上并不直接指向中国，而是间接体现在与朝鲜、琉球等国交往中寻求确立和清朝一样的宗主国地位③。不过，考察德川时代的思想领域，就可以看到日本以"万世一系"的皇统为骄傲，并因此轻视历经朝代鼎革的中国，这种思想已经相当普遍，这种思想在德川时代早期就已出现，到幕末时期更通过水户学进一步扩大了影响。

在对德川时代日本如何处理与中国及其他邻国的关系进行考察时，我们可以发现两个特征：首先，在日本寻求与中国对等关

---

① 关于信夫清三郎的叙述请参见《日本政治史》第一卷，周启乾译，上海译文出版社1982年版，第7—8页。

② "华夷变态"在日本主要见于山鹿素行、本居宣长等人的思想，在前面涉及民族意识的段落里已经讨论过，关于此问题亦可参照【日】信夫清三郎：《日本政治史》第一卷，周启乾译，上海译文出版社1982年版，第47—56页。

③ 参见【日】新井白石：《折焚柴记》，周一良译，北京大学出版社1998年版，第103页，"接待朝鲜使节"条，及第165页，"琉球聘使及国书格式之改变"条，及【日】荻生徂徕：《政谈》，龚颖译，中央编译出版社2004年版，第111页。

系的行为中，可以发现与后来西方近代外交关系相类似的萌芽；其次，在日本视朝鲜及琉球等小国为自己的进贡国的行为中，又可以看出此时主导幕府的外交思想依然是中国"华夷秩序"观念的日本翻版，与西方近代外交体制相去甚远。

近代以来，西船来航迫使日本面临必须对固有外交政策进行调整的局面。在此之前，日本所采取的锁国政策并没有受到同样采取锁国政策的清朝政府的干涉，双方相安无事。然而西方的到来却伴随着开港、贸易的要求，而且这些要求还是以武力为后盾的。实际上，这样一个"亘古未有之变局"也是当时中国所必须面对的挑战。在福泽所处的时代，对于日本来说，继续坚持以往的锁国政策已不可能，必须开始重新应对如何与外国交往的问题。而在明治维新之后，已经接受西方外交体制的日本所要处理的最重要的外交关系可以说包括两个部分：一是如何应对来自西方的压力，包括如何修改以往签订的不平等条约；二是如何处理与周边国家的关系。所谓西方是指包括英、法、德、美、俄在内的向东亚扩张的国家，而周边国家首要便是中国和朝鲜。

从明治维新建立新型国家到1945年战败的近八十年间，日本的外交政策虽然存在很多局部的调整，但其宗旨却非常简单，那就是失之西洋取之东洋，也就是说通过在与中国和朝鲜的关系中获取利益来弥补同西方打交道时遭受的损失。这主要有两方面的原因：一方面是在与西方的交往中，日本发现在实力上很难与西方对抗，更为明智的策略是接受西方的游戏规则，谋求富强从而去除不平等条约给日本带来的各种损失；另一方面是中国在鸦片战争中的失败，也使日本不再那么敬畏中国，比如德川时期的萨摩藩主岛津齐彬（1809—1858）在主张以武力对付中国时就曾说道："况清人与日本人异，苟兵力足以制其民，则无不帖然从

第八章　福泽谕吉视野中作为"行动"的东方与西方

服。彼英法远隔重洋，尚不惮用兵之劳以取之，况我日本乎。"①此外，日本历史上一直有通过海外扩张转嫁内部危机的传统，在德川幕府建立之前，当时日本的首领丰臣秀吉就曾入侵朝鲜，其主要原因便是为了解决连年混战带来的失地武士的问题，所谓"当时日本群雄割据，类皆百战之余。秀吉手定海内，知不可以威力屈，故兴无名之师，驱之海外。胜则割彼膏腴，广予封土，以图自安；不胜则死于锋镝，不许生还，亦所以自便"②。明治维新后，因实施"四民平等"政策，又产生了大批失业武士，如何解决这些武士的出路问题，再次引发了关于出兵朝鲜的讨论。与中国在二十世纪二三十年代出现的围绕"攘外"与"安内"孰先孰后的争论不同，日本经常奉行的方针是通过"攘外"以"安内"，不过日本所"攘"的"外"不是强大的西方，而是周边更为弱小的国家。明治政府甫一成立，就开始了一系列所谓经略亚洲的活动，同时"征韩论"也迅速抬头，日本也开始谋划侵略我国台湾，吞并琉球等行动。虽然在第二次世界大战期间，日本提出了反对英美的口号，但实际上其目的依然是想确立日本在中国不受其他列强干涉的统治地位，利用在中国攫取的经济利益来弥补本国经济危机带来的损失。

作为这个时代的重要思想家，福泽亦不例外，他也积极地投入到关于外交政策的讨论中。通过考察福泽关于外交政策的讨论，就会发现他的外交思想实际上是服务于他的民族意识的，也就是说，福泽的外交思想与其内政思想一样，始终将如何才能最大限度地提高日本的利益放在其价值判断的首位。《文明论概

---

① 参见王芸生：《六十年来中国与日本》第一卷，生活·读书·新知三联书店2005年版，第64页。
② 同上书，第25页。

略》中的这段话可以看作是福泽关于对外关系的基本看法:"国与国之间的关系,则只有两条。一条是平时进行贸易互相争利,另一条就是一旦开战,则拿起武器互相厮杀。"①可见福泽将贸易与战争看作是国家之间交往的主要形式,其外交思想的核心就是如何在贸易与战争中维护日本的最大利益。下面笔者尝试将福泽的外交思想分为针对西方的"开国论"及针对亚洲的"脱亚论"两个主题展开讨论。

第一节 对西方:开国论

作为一个深受西方影响的人,在其最早的著述《唐人往来》(1865)中②,福泽已经表现出非常明显的开国思想。他介绍了世界五大洲及各自都有哪些国家,虽然国家与国家之间在大小、体制、强弱方面各有不同,但各国之间相互交往,相互贸易。福泽的开国思想其实意味着遵循西方的国家理念对传统日本进行改造。在该文中,福泽引人注目地批评了日本锁国自大的神国思想:"只有日本一国高唱自己为神国什么的,而厌恶与世间交往,试图封闭自己驱逐外国人,这是多么不合时宜啊。"③可见,福泽在其早年就主张开国,这一点并没有因为西方迫使日本签订不平等条约而改变。在《文明论概略》里,福泽认为佩里来航迫

---

① 『福澤諭吉全集』第四卷、一九〇頁。《文明论概略》中译本第175页。

② 虽然在此之前还有《华英通语》,但这只是一部译述之作,本文则是福泽创作的第一部文稿。

③ 『福澤諭吉全集』第一卷、十四頁。

第八章　福泽谕吉视野中作为"行动"的东方与西方

使日本开国的举动是"为改革创造了条件"①。福泽思想的值得注意之处，就在于他能够在日本面临西方威胁并因而盛行"攘夷"之风时，依然坚持主张学习西方的开国论，这一点非常重要。明治初年，对外国人的恐惧与憎恨使不少日本人盲目排外，他们怀着对本国的盲目忠诚，发动了不少带有强烈民族主义色彩的攘夷行动，当时一些主张学习西方的思想家和政治家也都受到"志士"们的暗杀威胁，甚至福泽本人也一度受到威胁②。不过，这并没有动摇福泽主张开国、学习西方，同时反对攘夷的初衷。同时，尽管福泽反对攘夷，自己也是攘夷行动的受害者，但他依然认为攘夷论的思想根源"绝非出于个人的私心，而是出于要划清敌我界限，出于保卫祖国的一片热忱"。他进而还肯定了攘夷论中所包含的爱国思想，认为"其目的却是为了国家，完全是为公的"③。这就显出他与攘夷志士都想缔造一个强大的日本，分歧只在于应该采取何种手段。

关于如何处理与西方的关系，福泽主张在接受西方观念的前提下，利用西方观念来保护本国利益，而不是采取鲁莽的攘夷政策。在《文明论概略》中福泽这样写道："但是，要知道争利就是争理。今天，正是我们日本与外国人争利讲理的时期。"④表面上看，该观点虽然和福泽后来在《通俗国权论》（1878）中所说的"百卷万国公法不如数门大炮，几册和亲条约不如一筐弹

---

① 『福澤諭吉全集』第四卷、七十二頁。《文明论概略》中译本第63页。日本对胁迫开国的佩里并没有很强的敌意，也不把佩里叩关视为耻辱，日本还有一些地方为佩里塑像，以纪念日本的开国。

② 参见【日】福泽谕吉：《福泽谕吉自传》，马斌译，商务印书馆1980年版，以及本书第三章的讨论。

③ 『福澤諭吉全集』第四卷、七十二—七十三頁。《文明论概略》中译本第63页。

④ 同上、八十頁。《文明论概略》中译本第71页。

药"①。以及后来在《福翁百余话》中所说的："各国国民只谋本国的利益，不顾他人的痛痒，这是当今世界有目共睹的事实。可以说，毫无义理人情就是万国交际的真相。"②这里观点貌似矛盾，但其内在却并无抵牾之处，这里前者代表了福泽对如何处理比日本强大的西方国家的看法，而后者则代表了福泽对如何处理比日本弱小的亚洲国家的看法。

由于日本与西方列强之间实力悬殊，当日本与西方交往时接受西方提出的规则反而更为有利。所以在与西方的交往中，福泽并不主张依靠强（实）力而是主张依靠法律："然当今与外国的交往中，处理日本人与外人关系的只有一片法律，习惯之力丝毫不起作用。"③需要指出的是，福泽在这里提出的与外国人"争利讲理"中所讲的"理"，亦非日本传统之理，而是西方之理。也就是说，福泽对西方的态度是先承认西方之理，再依据此理与西方争利，从而捍卫日本的利益。在《劝学篇》中福泽还写道："如果无故遭受欺凌，即使与世界为敌也不足惧。"④这里表面看似乎与"争利讲理"的说法相矛盾，但实际上，这里所说的"无故"并不是在坚持自己传统情况下的"无故"，而是在认同了西方之理情况下的"无故"，也就是说，如果依据西方之理实行开国的日本依然受到西方的欺凌，这时就应该全心全力予以抵抗。

从福泽对待东西方的态度中我们可以看到显而易见的区别。对待东方国家，福泽的态度通常是盛气凌人且带有强权色彩，而对待西方国家的态度则要温和得多，这与后来日本发展出来的更

---

① 『福澤諭吉全集』第四卷、六三七頁。

② 【日】福泽谕吉：《福翁百话》，唐沄、张新华、蔡院森、侯侠译，上海三联书店1993年版，第263页。

③ 『福澤諭吉全集』第四卷、六一七頁。

④ 『福澤諭吉全集』第三卷、四十三頁。《劝学篇》中译本第14页。

第八章　福泽谕吉视野中作为"行动"的东方与西方

加敌视西方、更具有侵略性的理论相比，区别还是比较明显的。从他最早期的著作《唐人往来》中已经可以看出这一点。这部在日本攘夷论最为流行之时创作的著作并没有出版，根据福泽自己的说法，写作这本书的目的，在于试图劝说那些顽固的攘夷论者放弃自己的错误观点。在该书中，他以清朝为反面教材来劝说日本人应该改变对外国人的态度，他认为清朝之所以遭受到鸦片战争的失败和英法联军的羞辱，都是因为它"不知世情，唯以本国为尊，更不愿了解他国之情，也不知实行改革，因这种自大病而招致的祸患"①。对于鸦片战争中林则徐的做法，福泽认为无论敌国势力多强都应该据理力争，比如在遭受鸦片之害时，中国首先应该制定禁止吸食鸦片的法律，然后向英国说明鸦片给中国带来的危害，谋求英国限制鸦片的贩运。福泽认为"即便是英吉利也没有道理认为加害他国是无所谓的"，而林则徐的做法只是"使世人无有责怪英吉利，而只是笑话清国人"②。从福泽的观点中可以看出，他是站在认同西方的视角来说这番话的，也就是说，他设想的是在西方近代外交体制框架内解决问题的模式，并不认为中国当时按照自己的方式解决问题包含着合理因素。

作为开国论者，福泽自然也不反对开港。他认为"关于开港一条，就国家利益而言并非都是损失。开港二十年来，日本人勤勉于学问，亦开创了物产流通的道路，同时改旧政府为新政府，人民也开始提倡自主自由等，这些全都是开港所致，虽然费尽许多周折，终于成为于我有利之事，但最初美国人来时，带着数艘军舰，吵吵闹闹地开进我国海岸，实在可说是无礼。"③所以说，

---

① 『福澤諭吉全集』第一卷、十四頁。
② 同上、二十一頁。
③ 『福澤諭吉全集』第四卷、六〇八頁。

福泽应对西方的思路就是积极向西方学习，在西方的体制下与西方进行交涉，通过谈判以谋求或维护日本的利益。他坚决反对盲目排外，因为他已经看到，排外并不能给日本带来好处。在福泽的观察中，清朝无疑是非常重要的案例，清朝应对西方不当带来的教训，正是他形成开国理论的主要根据之一。

值得注意的是，福泽已经预见到欧洲将会进一步侵略中国，他在中法战争期间写的《清国灭而欧洲太平》（1884）一文中写道：

> 清国的人民醉文忘武，蔑视事物的真理原则，不知利用文明的利器。即便想要利用，也只见文明形体而不解文明之主义，甚易以欧洲的兵力征伐之。清国不缺天然之富源，其地理之便，不仅适合农工商业，广大之国土，自数千年前的古代既已施人力，在利用福利方面，俨然已成开化的面貌，这样欧人施以伎俩，利用其天然之利，左右其人为之经济，没有与此相比更愉快满足的了。[①]

他还写道：

> 西洋人既在东洋一大国土获得愉快满足之地位。就不一定需要在自家的小天地里争些小利害了。君主贵族的虚大不足羡，宗教之妄诞，政治之权谋，这些都可置之度外，更何况贫富不均之苦恼，虽然正因为自己贫困才有不平，既然有入他乡致富之路，不平之鸣同时可止。欧洲文明之惨云忽然放晴又可持续数年安康。[②]

---

① 『福澤諭吉全集』第十卷、四十四頁。
② 同上、四十五頁。

第八章　福泽谕吉视野中作为"行动"的东方与西方

预见到欧洲并不会放过清朝这块"肥肉",而且从中也可以看出,福泽自己对清朝亦存觊觎之心。这里需要说明的是,近代以来以英国为首的西方国家向中国的扩张,虽然提出的口号是要实行通商贸易,但更深层的目的是将工业革命后大量生产出来的商品销往中国。[1]然而由于当时清朝的经济仍以自给自足的自然经济为主,商品经济并不发达,这就导致贸易过程中有大量的中国商品,如茶叶、瓷器等出口到英国,同时有大量白银流入中国。英国不仅没能将工业革命后产出的大量产品销往中国,反而流失了很多白银,而白银的流失又会影响经济发展。为了避免白银持续流失,英国开始向中国贩卖鸦片以回流白银,遇到阻力则不惜以战争解决问题。[2]当然,在福泽的时代,他很难认识到这一点,不过,他却看到清朝之所以不敌西方的主要原因就在于没有积极引进西方文明,要使日本避免像清朝那样被西方列强宰割,就必须开国积极向西方学习。这一点是非常重要的,虽然福泽同样具有很强的民族意识,但他的民族意识并没有通向狭隘的排外与封闭,而是通过学习与开放,从而实现自强。

第二节　对东方：脱亚论

福泽谕吉有关亚洲外交的论述中最著名,同时也是最经常招致批评的,便是其于1885年3月15日发表于《时事新报》上的《脱

---

[1] 参见【日】浅田实：《东印度公司》,顾姗姗译,社会科学文献出版社,2016年版,第20页。另外很多西方思想家亦持同样的观点,如以写作《枪炮、细菌与钢铁》著称的美国学者贾雷德·戴蒙德,在其新著中亦持类似观点,参见《剧变》,曾楚媛译,中信出版集团2020年版,第75页。

[2] 参照【美】特拉维斯·黑尼斯三世、【美】弗兰克·萨奈罗：《鸦片战争》,周辉荣译,生活·读书·新知三联书店2005年版。

亚论》。在今天的中国，福泽的"脱亚论"甚至可以说比其"文明论"更有名。与福泽在日本作为近代思想启蒙者而倍受推崇的形象不同，在中国，福泽的形象则常常与日本军国主义联系在一起，之所以会这样，《脱亚论》可以说发挥了重要作用。作为积极关注现实政治的作者，福泽在十九世纪七十年代之前的著述中涉及亚洲的并不多，这时日本面临的主要课题还是如何稳定国内局势以改变与欧洲列强的关系，因此该时期福泽关于对外政策的论述主要集中在相对抽象的国际关系上。到了十九世纪八十年代，随着日本开始向朝鲜半岛扩张，福泽关于亚洲的论述多了起来，在甲午战争时期，福泽关于亚洲问题的著述达到高峰。在他1894年发表在《时事新报》上的时评文章中，差不多有一半以上是在讨论日本与清朝及朝鲜的关系，在甲午战争爆发后，福泽所写的几乎所有时评文章都和这场战争，以及日本与中、朝的关系有关。

作为毗邻亚洲大陆，同时深受大陆文化影响的岛国，日本在现代化过程中一个不可回避的问题便是如何处理与亚洲（主要指清朝与朝鲜）的关系问题。这个问题之所以重要，是因为它不仅关乎日本如何看待亚洲，同时也关乎日本如何看待自身。由于日本与亚洲大陆之间存在着深厚的文化纽带，所以在日本的亚洲观上不可避免地折射出日本的自我认识。正如子安宣邦在其《日本近代的东亚叙事》一文中指出："如果（日本）不强行把逐渐实现了近代化的日本与中国进行差异化，那么，日本作为近代国家的成立和发展都是不可能的。"①而福泽的《脱亚论》可以说就是在思想领域对日本与中国进行差异化的开始。当然我们也必须认识到，"脱亚"这个题目本身其实暗含着一个前提，那就是日

---

① 载《视界》第14辑，河北教育出版社2004年版。

第八章　福泽谕吉视野中作为"行动"的东方与西方

本是属于亚洲（或者东亚）的，因为属于，所以才要脱离。虽然福泽谕吉还不像后来的津田左右吉那样强调日本文化与中国文化之间的差异，但他提出的脱亚思想无疑从文化上开了区隔日本与中国之间连带的先河。虽然这种区隔日本与中国的思想，后来因为与日本构建"大东亚共荣圈"的国策相矛盾而逐渐隐退，并没有产生广泛的影响，但在最深层的思想脉络上，两者之间其实并无矛盾。"脱亚论"意在宣扬日本的独特性乃至优越性，以提高国民的自豪感；"大东亚共荣圈"则服务于日本向东亚扩张的政策，即通过宣传亚洲各国"同文同种"，一方面消除受到日本占领或侵略的朝鲜与中国两国国民对日本的抵触情绪，另一方面则通过强调与西方在文化上的差异，从而掩盖自己与西方帝国主义之间的内在一致性，最终为侵略战争的合法性确立了基础。

一、"脱亚论"与亚细亚主义

在近代日本与亚洲的关系史中，"脱亚论"和"亚细亚主义（兴亚论）"是主导日本东亚外交思想的两个主轴①，其中"脱亚论"便源于福泽《脱亚论》这篇文章。如果简单地对两者进行概括，"脱亚"意思就是日本在现代化过程中应该避免与亚洲"恶友"为伍，积极向西方国家靠拢。"脱亚"后来往往和"入欧"连在一起成为一个词组，意指日本所选择的现代化道路。而"亚细亚主义"则强调日本在亚洲的领导或主导地位，认为如果日本的现代化要避免来自西方的遏制，就必须联合亚洲其他国家，以日本为盟主，共同实现亚洲的现代化。虽然两者都是日本民族主义思想在近代衍生出来的分支，但实际上在明治之前的日本思想

---

① 当然，在表面上两者并非同时显现，可以说"脱亚论"是里子，而"亚细亚主义"则是面子。

界已经为这两种思想的形成做好了准备。纵观历史，日本一直寻求一个相对于中国保持独立地位的国家，同时又总是试图在自己控制的范围内复制中国建立的"华夷秩序"。这两种前近代的思想恰好可以视为"脱亚论"与后来"亚细亚主义"的前导。到了幕末时期，在佐藤信渊（1769—1850）主张向大陆扩张的《宇内混同密策》（1823）和主张利用中国以抵抗西方的《存华挫狄论》（1849）中，上述两种思想可以说已具备了雏形。

此外，虽然两者表面上貌似对立[①]，但实际上却包含着共同的内核，那就是如何在东亚外交中谋求日本最大的利益。在福泽写作《脱亚论》的1885年，日本尽管已经维新成功，但还没有完全摆脱弱国的地位，同时也依然面临着被西方殖民的风险，其标志就是当初被迫签订的不平等条约还没有修改成功。这时脱离亚洲，让西方国家视其为与其他亚洲国家不一样的现代国家对日本更为有利。而当"亚细亚主义"流行时，日本已经因维新而日益富强，逐渐有实力像西方国家一样称霸亚洲，这时"亚细亚主义"不过是掩盖其帝国主义扩张行为的一套冠冕堂皇的理论。也就是说，尽管表面上"脱亚论"和"亚细亚主义"以对立的形式出现，但两者的共同基础却是明治维新以来在日本得到日益强化的民族主义思想。即便是所谓的"亚细亚主义"，也并非以亚洲利益为衡量价值的最高标准，判断的标准依然是对日本是否有利。此外，即便在战后，日本思想界发生了很多显著的变化，这两者也并没有被新的亚洲观所替代，而是依然以潜在的形式存在着。虽然因为战后形成了以冷战为主导的地缘政治格局，以致

---

① 比如信夫清三郎就认为，通常被认为是"亚细亚主义"思想源头的樽井藤吉的"大东合邦论"就是"与福泽谕吉的脱亚论针锋相对的"。参见【日】信夫清三郎：《日本政治史》第三卷，吕万和、熊达云、张健译，上海译文出版社1988年版，第262页。

第八章　福泽谕吉视野中作为"行动"的东方与西方

"亚细亚主义"不再被提倡，但它依然体现在日本部分右翼知识分子对侵华战争的辩护中。"脱亚论"虽然也不再被当作政治或外交目标，但随着日本战后经济重新崛起，以及战后日本政治家们所采取的向美国一边倒的外交政策，依然顽强地反映在战后日本的自我认识中。比如梅原猛、梅棹忠夫等学者提出的"日本独特论"，在某种意义上就可视为"脱亚论"的变形。①另外在《东亚近代史理论的再探讨》一书中，作者中村哲就指出："在日本，说到东亚大多不包括日本。不仅仅是在学术界，在新闻媒体和一般人的意识里，一说到东亚大多是指日本以外的东亚。"②可见在日本，日本并不属于亚洲的意识还是很普遍的。而小泉允雄在其《日本与亚洲》一文中，更是对"日本与亚洲"这一题目本身所反映出来的脱亚意识进行了分析，在此亚洲被当成日本的他者而非一个包括日本在内的区域概念，小泉因此指出："或许在我们内心中无意识地存在着'脱亚论'。"③这很容易让人联想到福泽的"脱亚论"所带来的影响，尽管它是以日本自我认知的面目出现的。

当然，尽管福泽针对亚洲的外交思想以"脱亚论"最为著名，但"脱亚论"并不是福泽外交思想的全部，一方面《脱亚论》在福泽生前并没有形成广泛的影响，另一方面他的思想亦曾呈现出积极介入亚洲事务，并以日本为亚洲盟主共同抵抗西方的类似"亚细亚主义"的一面。在《脱亚论》发表之前不久的1883

---

① 参见孙政：《战后日本新国家主义研究》，人民出版社2005年版，第272页。
② 【日】中村哲：《东亚近代史理论的再探讨》，陈应年、王炎、多田正子译，商务印书馆2002年版，第4页。
③ 【日】小泉允雄、「日本とアジア」、板垣雄三編集、『新アジア学』、亜紀書房、1987、三六一頁。

年，福泽就在其作为该年新年献词的《明治十六年前途之望》一文中写道："我日本乃是东洋文明的魁首，作为魁首诱导清国与朝鲜，勉励其与我共喜忧，如以文论劝其不听则有必要以武力威胁。"[①]这里已经出现了后来日本主张"亚细亚主义"的作者们经常自觉或不自觉地显现出来的日本以武力为后盾"领导"亚洲的意识。在现实行动上福泽也同样有所作为，在其发表《脱亚论》之前，福泽就曾热心地支持朝鲜著名的改革派人物金玉均。自1882年与金玉均接触后，福泽还委派两名庆应义塾的学生到朝鲜支持改革，其中井上角五郎创办了朝鲜最早的报纸《汉城旬报》。福泽对朝鲜改革派的支持同样是出于维护日本利益的需要。如果主张"独立"的朝鲜改革派最终掌权，就会使朝鲜脱离与清朝的藩属关系，这样日本再去经略朝鲜就不会受到清朝的掣肘。而且，如果亲日的改革派能够掌权，本身也有利于日本对朝鲜的外交，此外还有一个福泽在《脱亚论》中曾经提到过的潜在好处，那就是如果朝鲜走上接受西方文明的革新之路，对日本改变自己在西方心目中的形象也会有所帮助。可以说福泽对金玉均的支持与后来日本很多"亚细亚主义"者支持日朝合并，支持辛亥革命的所作所为并没有本质上的不同。1898年，当福泽得知清朝有人主张学习日本以实现变革时，他还写了《关于清国的改革》一文，并在其中指出："在今后清朝的改革中日本人责任甚大。"[②]显现出积极参与清朝改革的"热情"。这里应指出的是，福泽对金玉均的帮助，以及后来在日本曾盛行的"亚细亚主义者"对中国革命的帮助并不是无私的国际主义行为，其最终目的依然是为日本本国利益服务。福泽认为，对于日本来说，邻国弱

---

① 『福澤諭吉全集』第八卷、四八〇頁。
② 『福澤諭吉全集』第十六卷、四八三頁。

第八章　福泽谕吉视野中作为"行动"的东方与西方

小是比邻国强大更应担忧的状况。在《脱亚论》发表后不久，福泽写的《对英俄的举动不能不关注》一文中即有如下之语："至于谈到邻国之强弱其利害如何，则我不得不说弱邻有可能比强邻还要危险。"①还说："盖我国目前之地位，尚不宜直接与英俄等强国接近，面对其图南图东之气焰，如中间隔一、二国，不过间接影响我国，则似稍可安心，然观我邻国皆无力薄弱，亦无守护自己之藩屏。我国以其为邻，如其有盗难失火等飞来横祸，并非无转嫁于我国之虞。"②可以看出，福泽对朝鲜独立派的帮助实际上是寄希望于朝鲜通过改革而强大，从而可以成为日本抵御西方势力扩张的屏障。

福泽发表《脱亚论》正是在朝鲜发生甲申事变（1884年年底）后不久，虽然《脱亚论》经常被视为福泽亚洲外交思想的代表性文本，但并不能排除这是福泽一时的激愤之作。福泽之所以写作该文，很有可能是由于在甲申事变中他支持的金玉均所代表的"独立派"（指希望从清朝藩国地位独立出来的派别）败给了事大派（这里的"大"指清朝，即亲华派），从而让他大失所望的缘故。虽然日本学者伊藤之雄认为，该文"可以被理解为在1885年俄国、英国、法国侵入东亚的可能性增大的情况下，认为朝鲜问题应该通过列强间的交涉来解决的背景下的一种文饰"③。但实际上他提到的标志着英、俄介入朝鲜事务的"巨文岛事件"发生在1885年4月，是福泽发表《脱亚论》之后的事。而且如前所述，福泽并不主张日本与西方对抗，在得知"巨文岛事件"后所

---

① 『福澤諭吉全集』第十卷、二五七頁。
② 同上。
③ 【日】伊藤之雄、「日清戦前の中国・朝鮮認識の形成と外交論」、古屋哲夫編集、『近代日本のアジア認識』、緑蔭書房、1996、一四七頁。

写的《对英俄的举动不能不关注》①一文中指出，虽然日本对俄英可能进一步染指日本的担心决非空穴来风，但他却并不主张采取实际行动进行干预。在该文的最后他写道："今日我国人知道其所作所为，关键也仅仅在于期待异日其不再如此作为。"他并没有主张积极与俄国及英国对抗。由此可见，福泽的外交观可以分为两个部分，对于欧洲国家他主张的是开国与妥协，对亚洲国家则主张积极干预，其主张的"脱亚"仅意味着精神上的脱离，绝非现实中的忽视。

顺便说一下，在考察日本近代思想的演变时，可以发现与"脱亚论"和"亚细亚主义"这种表面对立实则一致的思想分歧还有很多，比如在明治初期形成的"征韩派"与当时政府中内治派的对立，以及在十九世纪八十年代晚期德富苏峰所提倡的平民主义与政教社提倡的国粹主义之间的分歧等。我们从这些相互对立的形形色色的主义中都可以找到民族主义的内核。可以说在这些表面相异甚至对立的思想背后，日本的国家利益一直占据着最重要的核心位置，这就使日本近代思想深受民族主义的影响，从而在某种意义上缺乏超越性及普遍性。尽管在明治维新后，日本无论是作为战前的军事强国还是战后的经济大国，一直是一个不可忽视的重要国家，在自然科学领域也出现了很多世界知名专家，但在人文社科领域却并没有出现拥有世界级影响力的思想家，深受民族主义影响的意识形态恐怕是原因之一。

另外，在我们阅读福泽涉及对外关系的文章时，经常会发现，他在论及与欧美的关系时通常较为抽象且婉转，在论及与中国及朝鲜的关系时则较为具体且直接。这主要是来自两方面的原因，一方面是在论及日本与欧洲列强的关系时，福泽必须谨慎考

---

① 『福澤諭吉全集』第十卷、二五七頁。

第八章　福泽谕吉视野中作为"行动"的东方与西方

虑,也就是说,正是由于福泽主张以西方对待日本的方式来对待亚洲邻国,所以对西方的批判必须小心翼翼,不使其转变为对日本自身的批判;另一方面则是欧洲强大而亚洲疲弱,所以在论及亚洲关系时,并不会像论及欧洲那样有可能招致现实中的外交麻烦,因此可以更加无所顾忌。

二、"脱亚论"所显示出的意义

作为福泽谕吉外交思想方面最广为人知的论述,《脱亚论》确实包含了福泽外交思想中很多非常重要的要素。该文首先提到的仍是福泽一贯坚持的西洋文明优越论,认为日本并不应该对西洋文明进行无意义的抵抗而应该"与文明之海共沉浮",只有这样才能够保证日本的独立。福泽在这里表达的观点是:如果日本不在文明上服从西方的价值观,那么日本作为一个国家就会被西方征服。接着,福泽写下这样一段很有意思的话:

> 于是,我日本之士人,基于"以国为重""以政府为轻"之大义,又幸运地依仗帝室(天皇)之神圣尊严,断然推翻旧政府,建立新政府。国内朝野无别,一切万事都采纳西洋近代文明,不仅要脱去日本的旧套,而且还要在整个亚洲中开创出一个新的格局。其主义所在,唯"脱亚"二字。①

在这段话中,笔者添加加重号的部分非常有意思。这段话的关键所在便是在前面章节中已经讨论过的福泽对"国家"与"政府"的区分,这显出福泽在将国家视为最高价值的同时,亦将政府视为实现这一价值的手段。根据该观点,政府同样是为国家利益服务的。这样一来,如果政府不能捍卫国家利益,其合法性也

---

① 『福澤諭吉全集』第十卷、二三八—二四〇頁。

就不存在了,这就是断然推翻旧政府(指德川幕府)建立新政府(指明治政府)的意义。这段话中另外一个有意思的地方是:日本"要在整个亚洲中开创出一个新的格局",但其所依赖的主义却是"脱亚"。福泽主张的"脱亚"只意味着在精神上脱离亚洲之"固陋",并不意味着在现实交往中断绝与亚洲的关系,也就是说,福泽主张通过精神上的"脱亚",从而在东亚扮演领导性角色,作为"文明"国家在亚洲其他"野蛮"国家攫取利益。

关于日本之所以要"脱亚",远离东亚的"恶友",福泽的解释是这样的:

> 假如清国、朝鲜政府的陈旧体制无法律可依,西洋人就怀疑日本也是无法律的国家;假如清国、朝鲜的知识人自我沉溺不知科学为何物,西洋人就认为日本也是信奉阴阳五行的国家;假如朝鲜国对人使用酷刑,日本人就会被推测也是同样没有人性。如此事例,不胜枚举。①

福泽提出的"脱亚"的理由其实是为了使日本不被列强视为清朝和朝鲜的同类,从而招致不平等的对待,他还认为清朝与朝鲜在欧洲人眼中的形象已经影响到了日本的外交。虽然福泽在此并没有具体说明被西方视为清朝和朝鲜同类的后果,但考虑到当时日本与西方外交中最重要的目标就在于修正幕府时期与之缔结的不平等条约,他可能担心:如果日本人被西方视为清朝人或朝鲜人的同类,既不懂法律也不懂科学,那就将影响日本未来的修约诉求。其中暗含的逻辑则是:只有让西方国家意识到日本在文明上已经认同了西方的价值,才会得到西方的平等对待,这实际上是一种通过内在的"服从"或"殖民化"以达到外在"独立"

---

① 『福澤諭吉全集』第十卷、二三八—二四〇頁。

第八章　福泽谕吉视野中作为"行动"的东方与西方

的过程。这在当时的日本是一种非常流行的想法，与此同时在日本兴起的以"鹿鸣馆文化"①为代表的事事仿效西方的欧化风潮，正是这种想法在现实中的体现。

当西方强迫亚洲国家接受其不平等条约时，经常提出以其自我为中心的文明作为借口。例如西方所主张的"领事裁判权"②，其借口便是在日本及中国不存在西方认可的公正的法律体系。虽然西方的这种做法也曾在日本幕末激起攘夷的抵抗，但日本的"志士"们恰恰是在攘夷行动中认识到"夷"之先进与强大，因此在明治维新后迅速转为向"夷"学习，从而使日本成为东亚最早与西方修约成功的国家。在甲午战争之前，日本的很多行动都是为了得到西方的认同。在《脱亚论》中，福泽特别强调日本应该向西方国家展现与清朝、朝鲜等国不同的面貌，这实际上也是当时明治政府努力的方向。

在明治政府的努力下，日本终于在1899年修约成功，取消了英美等国的"领事裁判权"，而在主权上更有实质意义的税权则迟至1911年才完全收回。虽然与清朝相比，日本成功修正不平等条约要早得多，但这很难说仅仅是由于日本接受了西方文明并改革了制度，更有可能的因素是日本通过仿效西方而迅速增强了国力，尤其是增强了军事实力，因此增加了谈判中的筹码。另外，因为国家不大，日本也并非是西方国家寻求通商的重点对象，修

---

① 指日本十九世纪晚期出现的欧化主义文化，因很多模仿西方的活动在鹿鸣馆举行而以之为名。

② 该权力的让与最初乃是清朝官员出于避免未来引发事端的考虑，但不管出于什么原因，都表明清朝官员并不准备接纳西方思想，在这方面并无不同。

约因此也相对容易①。虽然在《脱亚论》中，福泽强调摆脱东方"固陋"形象的重要性，但他对修约的看法却更为准确地聚焦于实力，在他之前发表的一系列关于修正条约的文章②中，就将国力（指综合实力而非单纯的武力）视为修约的基础。

在《脱亚论》中，福泽已经认识到，面对强大的西方，对其进行排斥或抗拒是不可能的。正如他在文中为人熟知的比喻，西方文明的传播速度就如同不可抗拒的"麻疹"，不仅不应该阻止，反而应该助其蔓延，让民众"沐浴文明之风"，这样反而会获得抵抗力。而且，仅仅学习西方文明还不够，福泽认为还应该让西方人看到日本正在学习西方文明，以及学习西方文明取得的成果。为做到这一点，就必须摆脱清朝和朝鲜等"恶友"，实现"与西洋文明共进退"才能"共同品尝文明的苦乐"。他进而认为，清朝和朝鲜要想维持独立也必须和日本明治维新一样"改革政治，使人心焕然一新"，否则就将"亡国，被西方列强分割"。不过，当时的清朝和朝鲜并没有显示出改革的迹象，至于为何如此，福泽在文中并没有给出答案，只是含混地推论说或许是"人种之由来"的不同，或者是"遗传教育"之不同。由此可见，福泽关注的并非清朝与朝鲜的改革，而是以两国之落后来衬托日本的成功。

尽管"脱亚论"后来成为福泽谕吉最广为人知的观点之一，

---

① 有学者在对日本与中国的现代化过程进行对比时，突出强调了这一点，比如韩毓海的《面对西洋大清与日本的幸与不幸》一文，但这种强调是有问题的，因为虽然中国和日本在面临西方冲击的压力上有大小之分，但以当时中国的实力，不仅没有在与西方的交往中占上风，反而沦为一块任人宰割的"肥肉"，这当然是一个应该思考的问题。

② 参见「条约改正」、『福澤諭吉全集』第八卷、二十頁。「条約改正直に兵力に縁なし」、『福澤諭吉全集』第十卷、二十頁。

第八章　福泽谕吉视野中作为"行动"的东方与西方

但是从后来的历史演进来看，日本最终却既没有"脱亚"，也没有"入欧"，反而走上了一条与西方对抗，同时打着对抗西方的幌子侵略亚洲的道路。日本最终在亚洲和西方的联合反击中惨败，至今还是一个主权不完整的国家，然而《脱亚论》中日本带有优越感的"脱亚入欧"意识，恰恰是引导日本走上这一道路的思想基础，这不能不说是历史的吊诡。

三、"失之西洋取之东洋"

在本章开篇处笔者已经提到，从明治维新到1945年战败，日本的外交方针一直是"失之西洋取之东洋"，也就是通过侵略东亚邻国获取利益以弥补与西方签订的不平等条约带来的损失。这同样可以用来概括福泽谕吉在《脱亚论》中提出的外交方针，《脱亚论》也因此被认为是后来日本军国主义的先声，该文最后这段话可以说就是这一方针的具体体现：

> 既然如此，作为今日之谋略，我国不应犹豫，与其等待邻国的开明，共同振兴亚洲，不如脱其行伍，而与西洋文明国共进退。对待清国、朝鲜的方法，也不必因其为邻国而给予特别照顾，只要仿效西洋人对待他们的方式对待他们即可。

或许是由于甲申事变中朝鲜"改革者"金玉均的失败，使得福泽不再对"共同振兴亚洲"抱有希望，于是提出了脱离亚洲并效仿西洋人对待亚洲的主张，但这并非福泽的发明，明治维新后，日本新政府建立伊始就已经在外交中执行该方针了。1871年，日本谋求与中国签订通商条约，此时日本就"一心想照样用不平等条约来套中国"①。在福泽写作《脱亚论》时，日本还没有摆脱欧美加诸自身的不平等条约，但福泽已经寻求将同样的条约转嫁到清朝及朝鲜身上，这从一个侧面反映出在福泽的思想里只有至上的国家利益，并不存在超越国家利益的普遍价值，在以民族主义作为意识形态的国家中，这种情况非常普遍。

虽然西方列强同样采取十分强硬并且不公正的态度对待日本，但福泽谕吉从来就不是一个攘夷派。他对西方的容忍并不与他的民族主义思想相矛盾，因为在他看来，最符合日本利益的不是与西方对抗，反而是积极向西方"文明"学习。一方面在与西方的交往中韬光养晦，一方面效仿西方对待日本及其他东亚国家的方式，甚至以更为严酷的方式对待东亚其他所谓"非文明"国家，即清朝和朝鲜，通过从两国攫取利益来弥补与西方交往中的损失，最终通过富国强兵实现与西方文明国家"共进退"。

福泽的这一观点与当时日本政局存在密切的关系。明治维新运动可以说是为了应对来自西方列强的扩张压力，在旧有统治集团，即武士内部，进行的从封建到集权的一系列制度转型。这一转型不可避免地会导致旧有利益集团内部的利益重组，这就势必损害其中部分人的利益，而这些人的不满就会成为社会动荡的潜在根源。明治维新时期平民的生活也未见明显改善，明治初期的"地租改正"因税率过高还引发了农民暴动，这些因素都使明治维新之后的日本社会面临着如何保持稳定的巨大压力。于是，通过对外掠夺来缓解压力就成为不少人的共识，福泽亦不例外。可以说在当时的日本，这是很多"志士"们共享的观点，比如与福泽同时代的吉田松阴，他的观点就几乎与福泽完全一致。松阴同样认为，对欧美强国与中朝弱国应区别对待，对前者应该"严章

---

① 王芸生：《六十年来中国与日本》第一卷，生活·读书·新知三联书店2005年版，第41页。

第八章　福泽谕吉视野中作为"行动"的东方与西方

程，厚信义"，对后者则应采取征服策略，从而实现"在贸易上失之于俄美者，应由朝鲜、'满洲'之土地以为偿"①。松阴还认为应该："北割'满洲'之地，南收台湾吕宋诸岛"②，而1870年日本出使朝鲜的使臣佐田白茅在回国后的建白书中也给出了"满清可交、朝鲜可伐、吕宋、台湾可唾手而得"③的外交政策建议。

这种主张在当时的日本政界也是非常普遍的，虽然围绕是否应该"征韩"，在倡导者西乡隆盛、坂垣退助与反对者岩仓具视、大久保利通之间存在着严重的分歧，但在台湾问题上，岩仓与大久保也支持出兵台湾，因为他们认为台湾问题"与'征韩论'不同，只需要一点点儿兵力便能激励想发动内乱的国内人心，从而使之转向国外"④。福泽当时亦将发动对外战争看作是解决国内问题的手段，在他写于1892年的《惟在决断》一文中就指出："其努力方向在于增加与外国的事端，将国内的人心转向对外一条途径，这就是从前之所以在报纸上寄希望于朝鲜政略的原因。"⑤而且值得注意的是，对外战争在日本确实也能起到弥合分歧的作用，比如在甲午战争前夕，日本"政府与议会的尖锐对立却干净利落地得到解决"⑥。这从一个侧面说明，在明治维新后，

---

① 沈予：《日本大陆政策史1869—1945》，社会科学文献出版社2005年版，第36页。
② 【日】吉田松陰：『幽囚録』、惜春莊、1939、三十八頁。又见http://news.cctv.com/special/C18851/20070706/103777.shtml（访问日期：2023年5月22日）。
③ 王芸生：《六十年来中国与日本》第一卷，生活·读书·新知三联书店2005年版，第118页。
④ 【日】久米政雄：《伊藤博文传》，林其模译，团结出版社2003年版，第195页。
⑤ 『福澤諭吉全集』第十三卷、四三五頁。
⑥ 【日】信夫清三郎：《日本政治史》第三卷，吕万和、熊达云、张健译，上海译文出版社1982年版，第286页。

至少在统治阶层内部,确立日本利益优先的民族主义意识形态已取得共识。

由上可见,福泽一贯的主张是用西方对待日本及其他"非文明"国家的手段来对待清朝及朝鲜,而且福泽认为日本作为西方的学生是"青出于蓝而胜于蓝",日本与东亚交往中的残酷及霸道胜过西方。实际上,这种"失之西洋取之东洋"的思想所折射的仍然是日本民族主义意识形态的兴起。正如在本书第二章曾讨论过的,与其他拥有具体理念的"主义",如自由主义、社会主义不同,民族主义除了"民族(国家)利益至上"这一抽象价值理念以外,并无具体的价值诉求,所以也就可以为各种不同,甚至对立的国家行为提供理论基础。这就使日本能够一边忍受西方的霸凌,一边又去霸凌比自己弱小的东方国家。尽管民族主义意识形态可以服务于日本的现实利益,但显而易见,它缺乏超越国界的价值观,这又为日本寻求成为东亚盟主的战略设置了障碍。民族主义意识形态有助于日本培养自己的"硬实力",但却无助于培养其"软实力",这正是日本亚洲战略最终遭到惨败的深层原因之一。

在处理国际关系方面,福泽很早就观察到国际社会本质上是无政府的现实。他对世界的观察可以用下面这句话来概括:"各国国民只谋本国的利益,不顾他人的痛痒,这是当今世界有目共睹的事实。可以说,毫无义理人情就是万国交际的真相。"①在其早期著作《西洋事情外篇》中福泽曾指出:"由于世界上还没有一定的明确的全权,所以没有防止(国与国之间的)争端的办法。""在文明国家,如果二人之间产生争论发生冲突时,

---

① 『福澤諭吉全集』第六卷、四一〇頁。中译见【日】福泽谕吉:《福翁百话》,唐沄、张新华、蔡院森、侯侠译,上海三联书店1993年版,第263页。

第八章 福泽谕吉视野中作为"行动"的东方与西方

政府可以以法律来制止争斗,限制争论,至于与外国之交则不然……"①福泽该观点非常具有影响力,其影响一直延续到侵华战争时期。京都学派的哲学家高山岩男(1905—1993)在其《世界史的哲学》一书中就继承了这一观点:"在国家之中没有任何来自外部的抽象性道义,也没有任何来自外部的审判法庭。在这个意义上,可以说国家是一个绝对性的存在。"②所谓"国家的绝对性"就是指国家是可以超越正义原则的,以国家为单位做任何事,哪怕从个人视角来看不符合正义也没有关系。譬如抢劫,个人抢劫是非正义的,即便抢劫成功也会受到审判及惩罚;然而如果行为主体换成国家,那就与正义无关,只与国家的实力有关。该思路正好体现了从福泽开始一直延续下来的日本主流思想的特点,即缺乏对普遍正义的超越性思考。究其原因,主要在于在福泽所处的时代,西方势力并不以正义原则来约束自己的殖民扩张行为,③福泽的判断源于他在现实中的观察。此外,笔者认为还有

---

① 『福澤諭吉全集』第一卷、四一二—四一三頁。
② 【日】高山岩男、『世界史の哲学』、岩波書店、1942、八頁。
③ 西方历史上不乏对战争正义性的讨论,从古罗马的奥古斯丁到中世纪的阿奎那等均有涉及,近代最重要的此方面的思想家是荷兰思想家格劳秀斯,他的《战争与和平法》(何勤华等译,上海人民出版社2005年版)系统讨论了战争的正义性问题,并为此后西方现代国际关系体系即威斯特伐利亚体系提供了理论资源。但是,这些关于正义性的讨论主要集中在西方内部,特别是在福泽所处的年代,根本不可能从西方对外扩张的军事行为中观察到任何"正义性",毕竟该体系在当时只是欧洲内部为避免过于血腥的战争而缔造的,仅适用于欧洲内部。此外,战争的正义问题作为一个经典的政治哲学问题在东方同样有思考的传统,比如孟子主张的"春秋无义战"之说就包含着对该问题的思考,而中国亦曾提出自己的国际关系体系,即"天下体系",关于此可参考基辛格的《世界秩序》(胡利平、林华、曹爱菊译,中信出版集团2015年版)。尽管存在关于国际关系中正义的种种思考,但现状依然是国际社会不存在对霸权国家的强制性约束。

一个因素也不可忽视，那就是对于福泽谕吉等人来说，这些思想都是外来的而非原生的，尽管可资利用，但却并不具有牢固的文化传统与哲学基础，自然也就缺乏深入的对终极问题的思考。对当时的日本知识分子来说，如何在新的国际环境中处理国际关系的外交思想，都是在受到西方威胁的背景下在一个很短的时期内集中"拿来"的，因此从现实功利的角度出发，利用这些思想就成为顺理成章的选择。这种功利主义外交观在战后也没有得到彻底的清算，并因此影响到日本对战争的反思。1945年战败后，日本对战争的反思往往集中于战败会使国家蒙受重大损失的功利主义视角，较少反思日本发动的这场战争在道义上存在什么问题，也正是这种反思，强化了日本的战争受害者意识，同时却有意无意地忽略了日本作为一个加害者给邻国带来的灾难。可以说，在日本存在一股思想势力（当然并非日本的唯一势力），将战争反思建立在战争给日本国家利益带来损失的基础上，而不是建立在思考战争是否正义的基础上，而这种思想方式的根源其实可以一直追溯到福泽那里。

与"失之西洋取之东洋"的方针一脉相承的，是福泽对待西方与东方的不同态度。可以说福泽对中国采取的态度是强权主义，对西方则要温和得多。福泽这种对东方强硬对西方温和的态度直接反映在甲午战争后他对俄、德、法三国干涉归还辽东半岛的态度上。在1895年5月10日天皇下诏书接受俄、德、法三国提出的日本归还辽东半岛的要求，福泽在5月14日的《时事新报》上发表的《和平条约的发表》一文中，并没有对三国的做法表现出激烈的不满，而是以相对温和的口气指出，人们应该将三国干涉带来的"不平"化作"奋发图强的原动力"。这种态度与他针对清朝提出的必须要求割地赔款，决不能客气的态度形成鲜明对

第八章　福泽谕吉视野中作为"行动"的东方与西方

比。这也是当时日本外务大臣陆奥宗光（1844—1897）所坚持的态度，即"对三国终于非全部让步不可，但对清国则一步也不可退让"①。这种对邻国强硬的态度一直延续下来，最终演变为日本二十世纪初期侵略亚洲的主导思想。当时日本致力于在东亚建立以日本为领袖的"大东亚共荣圈"，其奉行的外交原则是"以强力的逻辑对待亚洲，以道义的原则对待欧美"②，与福泽的主张一脉相承。这一原则甚至影响到第二次世界大战期间日军对待不同国家俘虏的态度，日军对待中国俘虏比美国俘虏更为残忍。根据一个美国作者的观察，日本军队"用训话而不是刺刀对付我们（美国俘虏）"，于是该作者得出一个结论，即对于日本军队来说，"中国人属于亚洲内部的政策范围，而我们（美国人）则归入针对西方的对外政策范围"③。战后对日本战争罪行的清算也有可能受到这一情况的影响，在掌握着反法西斯话语权的欧美人心目中，日本人的形象并不像中国人心目中那样野蛮残忍。远东国际军事法庭在审判日本甲级战犯时，判处死刑的日本战犯比例较纽伦堡审判中的德国战犯为少④，或许这也是原因之一。

第三节　福泽谕吉的战争观

在写于1883年的《外交论》开篇，福泽谕吉写道："自古以

---

①　『福澤諭吉全集』第十五卷、一五四頁。
②　参见刘岳兵：《日本近代儒学》，商务印书馆2003年版，第96页。
③　参见【美】戴维·贝尔加米尼：《日本天皇的阴谋》，张振久译，商务印书馆1984年版，第11页。
④　纽伦堡审判中德国高级战犯24人中有12人被判处绞刑，而东京审判中日本的28名甲级战犯中只有7名被判处绞刑，同时在战争中负有重要责任的天皇也没有被审判。

来，世界各国相互对峙，相互觊觎的状况与禽兽相遇相食的状况无异。"①可见在福泽的意识中，战争还是处理国际关系时的常用选项。关于战争，福泽也留下不少论述，本节将围绕福泽谕吉的战争观展开讨论。在进入讨论之前，笔者想先以非常概要的方式梳理一下人类历史上战争行为的演进脉络。

考察人类历史，就会发现战争是非常普遍的群体行为，因而《左传》中才有"国之大事，在祀与戎"之说，内政以祭祀为主，外交则以战争为主，可见战争在当时的重要性。在古代社会，由于生产力不够发达，人力的产出去掉消费后盈余很少，而且一旦承平日久，人类自身繁殖的速度就会超过粮食产量增长的速度，从而超过土地所能负载的程度，②这时多余的人口为了生存，战争往往是唯一的选择。同时，古代战争以使用冷兵器为主，武器的威力有限，战争主要以杀伤人口为主，并不会大规模破坏财产，于是战争就能发挥减少人口与转移财富的双重作用。从现代视角来看，虽然战争很不人道，但在古代却经常是解决现实问题的唯一途径。无论东西方，这种情况在工业革命到来前的数千年间几乎是常态。另外，由于同样的原因，人类的另一主要群体行为，即贸易在古代则不够发达，一方面产出有限，因此可供交换的富余产品不多；另一方面，与贸易相匹配的金融、交通及物流等技术也不够发达，从而使贸易不可能成为"国之大事"。古代无论东西方都有重农抑商的传统，就是这种情况的体现。随着工业革命的到来，人类的生产力有了突飞猛进的提升，这时人口开始变成财富。每个人一生的总产出开始普遍超过总消

---

① 『福澤諭吉全集』第九卷、一九二頁。
② 参见【英】马尔萨斯：《人口原理》，朱泱、胡企林、朱和中译，商务印书馆1992年版。

第八章 福泽谕吉视野中作为"行动"的东方与西方

费,而且呈加速趋势,也就是说,技术越进步,人力的产出超过消费的盈余就越多,这时人口越多就意味着能够积累下来的财富就越多。同时,随着避孕技术的进步,人们可以节制生育,这就使越是富裕的社会,人的生育率通常也就越低,而这进一步提高了人的价值。从某种意义上说,这也是现代社会普遍更重视人权的原因之一。这种情况毫无疑问也给战争带来非常大的影响,一方面人自身的价值越来越高,另一方面随着技术的发展,武器的破坏力也越来越大,从以杀伤个体为主的冷兵器发展到可以摧毁从人和物质财富的大规模杀伤性武器,最终出现了破坏力惊人的核武器,甚至到了可以摧毁人类文明的程度。[①]以上这两个因素相结合,就使得现代战争规模越大,带来的破坏就越大,参战各方也就越难以从中获益。第二次世界大战之后,虽然全球分为相互敌对的两个意识形态阵营,但除了一些局部的代理人战争,大国之间并没有爆发全面战争,这也是冷战之所以"冷"的原因之一。在这一趋势的影响下,人类群体间活动的重心开始从战争转向贸易,"国之大事"开始从古代之"戎"向现代之"商"转变。当然,该过程并非一蹴而就,先是在技术的推动下,战争和贸易呈现出一种"齐头并进"的态势,一方面战争的规模越来越大,同时随着武器杀伤力的提高也变得越来越残酷;另一方面贸易也越来越繁荣,交易额也越来越大。不过在十九世纪,已经出现了两个预示着战争将被贸易取代的迹象。一个迹象是,同以往主要以抢夺财富为目的的战争不同,出现了很多以获取通商贸易权利为目的的战争。另一个迹象则是,尽管战争的规模在不断扩

[①] 某种意义上说,核武器也是"大战终结者",它巨大的破坏力使得核战争会彻底摧毁战争中的一方或双方,从而失去了克劳塞维茨所说的"作为政治的延续"的意义。

大，武器也越来越先进，但通过发动战争获利的情况反而越来越少。在进入二十世纪后，没有任何一场大规模的战争是以战争发动方获利而结束的。在东亚地区，1895年的甲午战争是最后一场发动方获利的战争①，之后从日俄战争到日本侵华战争，以及第二次世界大战后的朝鲜战争和越南战争，没有一次战争是以发动方获利而结束，相反参战各方均付出了沉重的代价。进入二十一世纪，这一趋势仍在延续，冷战结束后，发动战争最多的国家就是美国，尽管无论在军事实力还是经济实力上，美国都是公认的世界第一强国，其军费一度占到世界军费的一半，但其在二十一世纪发动的两场战争中，即伊拉克战争及阿富汗战争，却泥足深陷，不仅没有获利，还给自己带来沉重的负担，最后美国在阿富汗的仓促撤军就印证了这一点。

因技术进步而形成的战争与贸易"齐头并进"的态势，最终止于二十世纪爆发的两次世界大战。两次大战带来的巨大伤亡和物质财富损失，特别是最后阶段原子弹的巨大威力让人们意识到，如果听任战争不断发展则有可能导致人类文明的毁灭，正如爱因斯坦的名言："我不知道第三次世界大战人类使用什么武器，但第四次用的一定是木棍和石头。"第二次世界大战结束后，由于教训惨烈，人类对战争开始变得谨慎，此时贸易才真正取代战争成为大部分国家的"国之大事"。

回到福泽所处的十九世纪后半叶，我们会发现，这正是战争和贸易都在新技术的刺激下日益活跃的时代，正如福泽在其《外交论》中所写的："西洋人在亚洲逐利一事并非始于今日，

---

① 从世界范围内看，1898年美国发动的美西战争应该是最后一场发动方获利的大规模战争，可以说甲午战争和美西战争是通过发动战争获利的尾声，进入二十世纪后几乎没有靠发动战争获利的例子。

第八章 福泽谕吉视野中作为"行动"的东方与西方

如英国于东印度之所为虽由来已久,然近年以来正发生着非常大的变革,欧洲人通过研究学问,发明了蒸汽、电力等,又将之灵活运用在工业、贸易以及军事上。……使人类如长出了翅膀,贸易繁多且交易活跃,海陆战争更为剧烈,同时胜败也迅速见出分晓,以往需要花费数十上百年的业务如今只要数月就可以看到结果。"①从这段话可以看出,福泽已经看到战争的烈度和破坏力的提升,不过,他依然将战争视为解决国家之间矛盾的手段,"我日本外交法最后诉诸的手段乃是战争"②。

如果我们考察日本明治维前所面临的来自西方的战争威胁,不管是"黑船来航"事件,还是不久之后发生的西方国家与西南强藩之间的"萨英战争""下关战争",实际上都是围绕着通商权而发生的战争。由此可见,尽管欧洲国家在东方扩张的诉求是贸易通商,但背后都是以武力及战争威胁作为其后盾,③因此也就使战争成为日本现代化进程中一个需要经常面对的课题。实际上,早在1786年,也就是黑船来航前近七十年,日本学者林子平(1738—1793)在其出版的《海国兵谈》中,就已经认识到欧洲民族国家对内团结对外扩张的特性:"尤其诸国(欧洲各国)皆有妙法,政治修明,人民相亲,故不自相攻伐。世代团结一心,专事侵掠他洲,并攫为己有,一国之内,决不进行内战,此日本、清国望尘莫及也。"④福泽也拥有类似的看法,在其早期编著的《西洋事情·外篇》中,福泽就曾指出,在国与国的关系方

---

① 『福澤諭吉全集』第九卷、一九二頁。
② 『福澤諭吉全集』第四卷、六三八頁。
③ 佩里本人是美国的东印度舰队司令,黑船本身就是军舰,上面载有多门大炮,参见加藤祐三:《黑船异变》,蒋丰译,东方出版社2014年版。
④ 转引自【日】井上清:《日本的军国主义》第一册,商务印书馆1959年版,第14页。

面:"至于今日尚与往古夷民互争匹夫之勇无异。故即便是现在被称为至文至明的国家,也动辄发动大规模的战争,杀人破财,其害不可尽举。"①关于国与国的关系,福泽信奉的是实力至上的社会达尔文主义,②他还认为:"当今文明之深处充满全盛之兽力,人类的优美外表不过是为掩盖其兽力而已,大至国际交往,小至日常处世,皆优胜劣败,弱肉强食,此事实不容掩盖"③,进而认为"野蛮"民族将逐渐消亡。"有人不明讲究卫生之法,故而短命者甚多,今日,野蛮民族逐渐消亡的事实足以证明此点,文明开化的民族则不然。"④这里值得注意的是,福泽将野蛮民族逐渐消亡的事实类比为卫生与健康的关系,这等于在暗示野蛮民族消亡的正当性,实际上是用自然规律来掩饰文明带来的人祸。不过,这与福泽的进步史观是一致的,他认为:"与今日文明相比,来证明古代优于现代是困难的。"⑤福泽还认为人与人之间的道德是"私德",并不适用于国与国的关系,他认为国际关系是一种弱肉强食的关系,但正是由于日本相对于西方与相对于东方的地位是不同的,所以他主张对待西方与东方采取不同的策略。

尽管福泽已经认识到战争的非正义性:"考察世界古今一切战争,可称为义战的可以说一个也没有,战争只是人类为了自利而进行的活动。"⑥但如前所述,他并不反对战争,依然将战争视为解决国际问题的重要手段。福泽认为在外交中实力最为重要,

---

① 『福澤諭吉全集』第一卷、四一一頁。
② 『福澤諭吉全集』第十五卷、八十二頁、九十五頁。
③ 【日】福泽谕吉:《福翁百话》,唐沨、张新华、蔡院森、侯侠译,上海三联书店1993年版,第111页。
④ 同上书,第15页。
⑤ 同上书,第16页。
⑥ 『福澤諭吉全集』第十五卷、一四八頁。

第八章　福泽谕吉视野中作为"行动"的东方与西方

一国的实力则主要体现在军力上。他是"弱国无外交"的信奉者，同时也并不相信所谓的国际法体系，这主要是出于他对西方历史以及西方在东方所作所为的观察。他的一则名言便是："和亲条约也好、万国公法也好，看上去好像很美好，但不过是表面的仪式名目，交际的实质不过是争夺权威贪求利益。……百卷万国公法不如数门大炮，几册和亲条约不如一筐弹药。"①尽管福泽未必是这一观点的始作俑者，但它的影响却非常深远，在明治时期已经成为一种相当普遍的话语。在明治时代的作家尾崎红叶（1868—1903）的长篇小说《金色夜叉》②中，主人公的朋友蒲田就曾说："要保卫国家的权力和利益、国际公法之类的东西顶个屁用，重要的还是兵力！世界万国，又没有一个立法的君主在统治，国与国的争端、应该由谁来公平解决呢？这儿就是唯一的审判机关：打！"③这从一个侧面反映出这一观点在当时非常流行。

值得注意的是，这种将战争只视为实力的较量而完全忽视其中是否存在正义的观点，在今天的日本依然拥有一定的市场，比如在石原慎太郎与江藤淳合著的《日本坚决说不》一书中，石原就认为："战争没有正义，有的只是国家的利害关系。所谓'正义'不过是一种托词，一种外交上的策略手段。"④这就从根本上否认了战争与正义之间的联系，这样一来，日本侵略中国的战争是否正义的历史问题自然也就被消解了。在该书中，江藤甚至将美国以军队保护黑人学生到密西西比大学就读的事件解读为

---

① 『福澤諭吉全集』第四卷、六三七頁。
② 连载于1897年1月1日—1902年5月11日的《读卖新闻》上。
③ 【日】尾崎红叶：《金色夜叉》，金福译，上海译文出版社1983年版，第141页。
④ 【日】石原慎太郎、江藤淳：《日本坚决说不》，军事科学院外国军事研究部译，军事科学出版社1992年版，第14页。

"'实力便是正义'的实例,这才是美国民主的精髓"[①],完全忽视了维护种族平等本身所具有的正义性。通过将美国民主的精髓理解为"实力便是正义",江藤淳也就潜在地将日本的战败解释为一个和实力有关,而非和正义有关的问题,在其中被忽略的依然是日本侵略亚洲是否正义的历史问题。

回到福泽,基于他对现实中国际关系的观察,他认为战争是不可避免的。在其较为早期的《通俗国权论》(1878)中,最后一章的题目便是"论战争不可避免",讨论了战争的必然性,他之所以认为战争不可避免,是因为"各国交际之道只有两种,灭人或被灭"[②]。福泽的这一观点在当时其实是相当普遍的,甚至可以说明治维新以来,战争就一直是日本对外政策的重要选项,这在明治初期就已经初露端倪。既然福泽认为战争不可避免,围绕战争就有两组关系应该考虑,那就是"富国与强兵"以及"攘外与安内"。

一、富国与强兵

富国与强兵是日本现代化过程中最主要的课题之一,福泽同样非常重视。在其最重要的著作《文明论概略》中,福泽认为:"今天的对外关系,不是单靠充实军备就能维持得好的"[③],因此他主张在加强军事力量的同时要大力发展经济、技术等。在福泽

---

① 【日】石原慎太郎、江藤淳:《日本坚决说不》,军事科学院外国军事研究部译,军事科学出版社1992年版,第85页。这里江藤淳显然只看到了保护黑人学生入校的武力而忽视了允许黑人入校本身是否正确的问题。按照他的逻辑,如果美国南方能够打败北方,以武力捍卫奴隶制,那么奴隶制就是可以接受的。

② 『福澤諭吉全集』第四卷、六三七頁。

③ 同上、二〇七頁。

第八章　福泽谕吉视野中作为"行动"的东方与西方

的《通俗国权论》中,他就讨论了"富国之事",认为富国才是根本。"如果国家财力匮乏就不得不流于下等国家。如果拥有财富,不仅可以装饰国家的外观以张声势,而且在现代战争中,惟有依靠财力才能获得胜利。如果有钱,就可以制造并购买武器,还可以养兵征兵。或者在如今这个卑劣的世界上,甚至所谓公议舆论也不是没有能够拿钱购买的手段。"①从这段话可以看出,在福泽看来,富国就是为了强兵,他认为战争胜败取决于一个国家的经济实力,只有实力强才有可能取胜。但是,我们必须注意到,福泽同样也非常重视富国。在福泽为《时事新报》写作的社论中,可以看到大量论述经济的篇目,远较论及军事的篇目为多,其主旨都在于如何发展经济以提高国力。其实福泽思考战争的出发点也是经济利益,对他来说,强兵同时也是富国的手段,这也是他观察现实国际关系得出的结论。在他写于1885年的《论兵备扩张论的根据》一文中,他这样写道:"即如欧洲强国之人,在欧洲内部互相打仗,在外部侵入野蛮不开之地玩弄兵力,其根本也没有不是为了利的。既然是为了利,在兴兵之前就必须对得失进行比较。假如起兵攻打某国,总共要花费一亿元军费,战后只能得到五千万元赔偿;或是即使将该国灭掉,此后统治该国的各种费用与从其土地上能够获得的利益相减,剩下纯利很少,对这类国家,最开始的时候不开战反而是有利的。"②根据这一观点,福泽对兵备有自己的看法:"当以我国为敌国的国家,在考察我国是怎样的敌人时,只会在能够(通过战争)从我国获得利益的时候,才会来与我国为敌。如果是这样,我们所准备的兵力只要足够守护本国国利则可。如果拥有的国利大,而准备的

---

① 『福澤諭吉全集』第四卷、六三一頁。
② 『福澤諭吉全集』第十卷、二四四頁。

兵力小，则满目皆敌，……反之如果国利与兵力相比兵力一方更大，那就算我们招引敌人，他们也不会来。"①可以看出，福泽重视的是在富国与强兵之间寻求一种平衡，而不是片面地强调军备的重要性。总之，对于福泽来说，富国与强兵是相辅相成的，最终目的都是为了使日本成为一个不被侵略的强国。

虽然认为战争不可避免，但福泽对战争的态度也是随现实情况的发展而变化的。在日本的实力还不能保证在战争中取胜时，他并不积极主张战争。比如他就认为，在佩里来叩关时不攻击佩里的黑船是有好处的："当时如贸然开战，我国人民之勇怯姑且不论，由于缺乏兵器，不习惯战事也会导致一时的大败。"②而在前述引文中，也只是强调防御用的军备。但是随着日本经济不断发展，国力日益增强时，他就开始主张侵略亚洲弱国了。在中日甲午战争期间，他积极主战，还积极主张向中国索要巨额赔偿。在甲午战争期间他写了《有必要使用兵力》（1894年7月14日），在战争取得胜利时还写了《指名割让台湾的理由》（1894年12月5日）、《不要放过好机会》（1894年12月11日）等，积极主张在战后赔偿中谋取最大的利益。就《指名割让台湾的理由》一文还有必要提一下，福泽认为之所以一定要吞并台湾，是因为台湾对日本利益攸关，如果中国领有台湾，则会威胁到日本的冲绳，所以他认为台湾是日本"卧榻旁的鼾声"，因此"为维持永远的和平，（将台湾）收为我有乃是日本国最大的要务"③。并且呼吁道："为了谋求我边境冲绳县的安全，从根本上断绝清国人的野心，即便作为边境上的一种警戒正当防卫，我也希望大家不

---

① 『福澤諭吉全集』第十卷、二四四頁。
② 『福澤諭吉全集』第四卷、六四二頁。
③ 『福澤諭吉全集』第十四卷、六六〇頁。

第八章　福泽谕吉视野中作为"行动"的东方与西方

要忽视这乃是军国（占领台湾）的理由。"①这种希望将台湾据为己有的想法，至今仍存在于日本少数右翼极端分子的观念中。可以说，福泽对于富国与强兵孰先孰后的判断是根据现实情况判定的，当对手实力强大，通过战争难以得到好处时，他就强调富国；而当对手弱小，可以通过武力获取利益时，他就主张强兵。

在明治时期日本的思想家中，福泽关于富国与强兵的看法还属于相对温和的，当时还存在非常激进的将强兵置于富国之前的观点，其中最著名的代表便是日本陆军的缔造者山县友朋。他在1880年的奏章中说："兵强则民气始可旺，始可语国民之自由，始可论国民之权利，始可保交往之对等，始可得互市之利益，国民之劳力始可积蓄，国民之富贵始可保。"②将强兵置于一切之上，在这种战争话语泛滥的情况下，日本日后走上军国主义道路，也就很容易理解了。

二、攘外与安内

之所以将本小节的题目定为"攘外与安内"，是因为福泽主张通过"攘外"，也就是对外战争以提升日本人的民族意识，并进而起到"安内"的作用，也就是说，通过对"外"与"内"的界定，为日本民族意识确立边界，故以之为名。在进入该话题前，笔者想先简单概括一下民族意识在近代战争中发挥的作用。

近代之前的战争，虽然存在各种形态，但由于并不存在现代民族国家体制，所以并不存在现代意义上的以国家为单位的全民战争动员。在前现代的封建国家，军事行动通常由贵族阶级垄

---

① 『福澤諭吉全集』第十四卷、六六〇頁。
② 参见沈予：《日本大陆政策史1869—1945》，社会科学文献出版社2005年版，第25页。

断,对外战争通常也是在贵族阶级之间进行。以日本为例,民众按照职业被分为士农工商四等,此外还有一些贱民,而战争则是由士,即武士阶层垄断。类似情况亦出现在封建制的欧洲,参与战争者通常是贵族骑士,平民并不参与。当然,在前现代的中央集权国家,比如清朝,也存在招募平民为士兵的情况,比较接近于现代,但传统国家与现代民族国家的士兵通常存在福泽所说的内在精神层面的区别。也就是说,现代民族国家的士兵通常具有一种为自己的国家而战的主人公意识,而这是前现代国家的士兵所欠缺的,对他们来说,当兵只是一种职业或义务。至于近代,以法国大革命为标志,民众的身份发生了重要变化,开始从前现代的被统治者转变为现代拥有平等权利的公民,于是也就更愿意为国家而战,因为捍卫国家等于捍卫自己的权利,法国大革命后,拿破仑最初在欧洲所向披靡就与法国能更充分地动员民众有关。①

日本在明治维新之后迅速崛起,一个重要的标志便是1895年在甲午战争中战胜了清朝。由于两者在体量上非常悬殊,因此日本的胜利尤为引人注目。一般都认为,日本之所以能取胜,主要原因就在于从明治维新开始的一系列成功的改革,通过学习西方,国力有了很大的提升所致。这个解释固然有其道理,但它只聚焦于福泽所说的"外在的文明",也就是日本对西方制度及技术的学习。实际上,甲午战争中日本之所以能够取胜,还有另一层精神上的原因,那就是民族意识的崛起,这其实可以归结为福泽所说的"内在的文明"。

在明治维新前,日本民众和同时代的清朝民众一样,并没

---

① 参见【美】林恩·亨特、杰克·R.森瑟:《法国大革命和拿破仑》,董子云译,北京:中信出版集团2020年版,第187—192页。

第八章　福泽谕吉视野中作为"行动"的东方与西方

有什么国家意识。福泽谕吉同样看到了这一点："我国（自古以来）的战争只是武士与武士之间的战争，而不是人民与人民之间的战争，是一家与另一家的战争，而不是国家与国家之间的战争。因此在两家武士作战时，人民只是袖手旁观，不管敌方还是我方，谁强大就畏惧谁。"①

不过在明治维新后，日本建立了以天皇为核心的新型中央集权制民族国家，废除了森严的阶级制度，确立了"四民平等"的新体制，日本人因而迅速形成了国家观念，战争动员能力也因此大大加强，从封建时代由武士阶级垄断军事转为以国家为单位的全民动员。②1895年日本发动甲午战争就得到从天皇到民众的一致支持，因为军费匮乏，明治天皇主动拿出宫内经费购买新型战舰，③最终大获全胜。反观清朝，在1900年八国联军侵华时依然有不少民众帮着八国联军搬梯子。④由此可见，两国民众在民族国家意识上已经存在明显的不同。可以说，甲午战争中日本之所以能够战胜在体量上比自己大数倍的清朝，除了维新后实力的提升，民族意识的兴起亦发挥着重要作用，正是由于民族意识的兴起，日本才能够更充分地进行全民军事动员，"上下一心"地投入战争。

---

①　『福澤諭吉全集』第四卷、一五三頁。《文明论概略》中译本第139页。

②　在《日本的军国主义》（商务印书馆1959年版）一书中，作者井上清对德川时代的军备的封建性进行了讨论，同时还讨论了幕末武士势力的衰落，以及民间势力的兴起，最终在明治维新后，这些因素为以国家为单位的军事动员奠定了基础。

③　关于日本和清朝在甲午战争前的军事动员，可参见宗泽亚：《清日战争》，世界图书出版公司2012年版，书中有比较详细的介绍。

④　参见https://kan.china.com/article/996508_all.html。（访问日期：2023年6月13日）

福泽同样非常清楚地认识到民族意识这种精神力量的重要性。在《通俗国权论》中，他就指出："即使为张一国之权利，与在贸易买卖盛衰上的竞争相比，第一最为紧要的乃是使全国人民的头脑中抱有国家思想。"①也就是说，福泽认为全国人民同仇敌忾的精神是彰显国权的重要手段。而且他还认为，战争本身也是提升民众的民族意识的一个手段，因为通过外战可以增强民族的凝聚力。"没有比外战更能奋起一国人心，感动全体人民的了。……故与今日西洋诸国相对立，振奋我国人民报国心的手段，没有比与之交兵更好的了，虽然看上去有些过激，但没有比这更好的感动全体人心，并使之永远存续下去的方法了。"②而且福泽甚至还认为，为了唤起国民精神而发动的战争，即使有一二次失败也不足为虑，"以一两次胜败之损失而振奋起全国人民的报国心，从百年的利益来看，其损失并不足虑。"③从上面这些叙述，再结合他在讨论文明论时所强调的精神上"内在的文明"，就可以看出福泽的"内在的文明"既带有浓厚的民族主义色彩，同时也带有浓厚的军国主义色彩。

实际上，正是这种将民族主义及军国主义结合在一起的倾向，使福泽被认为是后来日本法西斯主义的思想开端。不过，这一思想并非福泽一人独有，在当时还是相当普遍的，比如提出"征韩论"的西乡隆盛亦认为，这是"将图谋内乱之心转向对外的兴国远略"④，而中江兆民在其《一年有半》中亦认为："往年日清之役（甲午战争）并今日北清之役（义和团事变），我军

---

① 『福澤諭吉全集』第四卷、六四一頁。
② 同上书、六四一頁。
③ 同上。
④ 【日】远山茂树：《福泽谕吉》，翟新译，中国社会科学出版社1990年版，第74页。

第八章　福泽谕吉视野中作为"行动"的东方与西方

人奋勇战阵，大耀国威，除外人轻侮，于治愈我恐外病乃有大功。"①可以说这种"攘外以安内"的方针正是日本此后一直贯彻的外交方针之一。在日本侵略我国东北的过程中发挥重要作用的石原莞尔就曾主张，"为消除国内之不安应对外扩张"②。

关于攘外与安内的问题，自然就会联想到我国抗战时期蒋介石提出的"攘外必先安内"的口号，不过两者之间还是存在显著区别的。对于福泽来说，"攘外"和"安内"并无矛盾，甚至可以相互促进，然而在蒋介石看来，"攘外"与"安内"则是相互对立、无法调和的。当然，他提出这一口号和当时存在军阀及异见势力割据的实际情况有关，但他将"攘外"与"安内"视为对立的观点反映出清朝灭亡之后，由于军阀混战，权力分散使得各派军阀利益集团都将取得统一治权视为重中之重，这反而影响到抵抗外敌的效率。而中共当时则准确地认识到外敌当前，民众更渴望的是抵抗外敌，而不是国家内部的争斗，因此提出联合抗日的口号，从而赢得了广泛的支持，也为自己开拓了生存空间。

虽然在甲午战争期间，福泽是一个战争的积极鼓吹者，但他并没有预见到，在他去世后不久，日俄战争就成为日本战争史上的分水岭。这次战争日本虽然获胜，但付出了惨痛的代价，战后也没有获得丰厚的战利品，有得不偿失之嫌。此后日本发动的所有战争，无论胜败，最终都给日本带来了巨大的损失。福泽囿于其时代所限，并没有认识到随着现代化运动的演进，人类将越来越难以通过战争获益。站在二十一世纪的现在，我们应该看到，无论是从亚洲还是从世界的视角出发，战争都是人类社会不可承

---

① 【日】中江兆民，《中江兆民全集》第十卷、岩波书店、1983，二〇八頁。

② 参见【日】安川寿之輔、『福沢諭吉のアジア認識』、高文研、2000、二二九頁。

受之重。

结　语

　　上面围绕"开国"与"脱亚"以及战争观等主题对福泽谕吉在外交实践中显现出的思想进行了简单的介绍与概括。福泽一生所处的时代，正是日本从面临西方压力被迫开国，继而通过积极学习西方从而在东亚崛起成为强国的时代。虽然其中也经历过一些曲折，同时在政治领域也发生了大规模、多方位的转型，不过和东亚其他邻国相比，日本的现代化进程还是比较顺利的。这也使东亚第一次出现了日本成为地区最强国的情况。在新建构起来的民族国家的框架下，中国和日本都开始拥有作为民族国家的主体意识，这样两国之间的冲突就不仅是利益上的冲突，同时也是民族主体意识上的冲突，这种冲突是无法在传统框架中解决的。这也是直到侵华战争日本战败，中日之间一直冲突不断的原因。而这种冲突如果说在福泽所处的时代已经露出端倪，那就可以说体现在"脱亚论"与"亚细亚主义"之间的张力上。

　　众所周知，日本对中国的侵略最终归于失败，然而日本的失败并非现代化的失败，恰恰相反，从某种意义上说，日本正是因为战败而实现了其现代化转型。与之同时，作为胜利者的中国同样也在为实现现代化转型而努力。在福泽所处的时代，现代化转型还带有浓厚的殖民主义扩张色彩，这也构成了他外交思想中带有侵略性的一面。作为西方的观察者，福泽从西方历史中发现了西方国家奉行的"丛林法则"，但作为西方文明的学习者而非批判者，他不仅没有对其进行反思，反而继承了其中诸多"恶"的因素，并主张施之于亚洲邻国。这就使福泽具有了双重角色，在

第八章　福泽谕吉视野中作为"行动"的东方与西方

日本他是一个现代思想的启蒙与传播者，但对亚洲邻国来说，他同时也是西方文明之"恶"的继承与发扬者。最终，福泽继承并发扬的战争之恶反噬了日本，导致日本战败并成为唯一被原子弹轰炸过的国家，最后被迫走上和平发展的道路。

通过观察福泽时代在东亚开始变得咄咄逼人的日本，及其日后发动全面侵略战争并最终战败，被迫放弃以武力达到目的的过程，我们也可以看到战争从近代勃兴到日渐式微的完整过程。可以说，一方面，随着技术的发展，特别是核武器的发明，大规模战争带来的破坏力已经超过了人类的承受能力，同时也使战争在其原初目的上丧失了意义。另一方面，越来越便捷的全球化贸易可使参与其中的各方获利，贸易从根本上来说是一种合作的关系，繁荣的贸易可以使国与国之间的关系越来越密切，从而避免战争的发生。当然，因贸易而引发的矛盾也呈现出威胁和平的态势，如何避免激化矛盾，消弭可能的武力冲突，则是现代外交所必须面临的课题。通过对福泽外交思想的了解，或可给现实提供某种借鉴意义，如何在学习先进与恪守独立之间取得平衡，以免滑向危险的战争，依然是当代知识人应该思考的问题。

第九章 关于福泽谕吉的著述、影响与争论

在本书的最后一章,笔者将简单介绍一下福泽谕吉的研究背景,主要包括他的著述以及影响、相关研究成果以及笔者注意到的与其思想有关的争论等。由于福泽谕吉在日本的重要性,相关著述可谓汗牛充栋,笔者学力不逮,仅择其要而述之,主要介绍一下福泽的著述及影响,以及关于福泽的先行研究,最后还会介绍一个围绕福泽思想展开的争论,通过该争论可以更深入地了解福泽的思想。

第一节 关于福泽著述及影响

作为日本近代最重要的启蒙者,福泽纂辑[①]并写作了大量著作。从1860年代初写作《唐人往来》开始,福泽一生笔耕不辍,最后留下的全集有二十一卷之多,此外还有两卷别卷。福泽著述的一个显著特点是,他有意识地采取平易的语言,以期使更多的人能够看懂他的文字从而接受他的思想,根据他自己的说法,他

---

① 包括翻译、编译、创作和翻译相结合等写作方式。

第九章 关于福泽谕吉的著述、影响与争论

的这种文风得益于其师绪方洪庵。①

福泽公开发表的著述主要包括两大部分，一部分是他为启蒙而写的论著，这些著作主要写作于前期。该部分可以进一步分为两类，一类是介绍西方情况的各种著作，除了像《西洋事情》《西洋旅案内》《条约十一国记》《掌中万国一览》《世界国尽》等综合介绍西方文史政经情况的著作之外，还包括介绍英国议会政治情况的《英国议事院谈》，相当于辞书的《华英通语》，介绍记账等方法的《帐合之法》，以及军事方面介绍兵器知识的《雷铳操法》，介绍一般军事知识的《洋兵明鉴》《兵士怀中便览》，还有介绍一般自然科学知识的《穷理图解》等。从这些著述涉及的内容可以看出福泽对西方的介绍是全方位的，非常详尽。

如果我们将《西洋事情》（1865）与较早之前魏源的《海国图志》（1842）做一比较，可以发现如下有趣的事实：第一福泽对西方的介绍比较有条理，每个国家都分为"历史""政治""军事（海陆军）""经济（钱货出纳）"等四个部分，而且福泽还注重介绍西方的政治制度，甚至不厌其烦地翻译了美国的《独立宣言》及宪法。而《海国图志》相对而言则比较松散，虽然也包括历史、政治等内容，但主要是直录他所采用的书籍且并没有进行整理。魏源并不像福泽那样重视对西方社会政治经济体制等的介绍。另外一个显著的区别是，福泽对外国的介绍具有很强的目的性，虽然他也提到世界的各大洲，但他详细介绍的国家却都是"文明"的西方国家。这里可以看出他的标准，即只介绍西方"文明"国家，而像东南亚各国和印度等国家并没有进入福泽的视野。相比之下魏源的《海国图志》除了介绍欧美等"文

---

① 「福澤全集緒言」、『福澤諭吉全集』第一卷、三頁。

明"国家之外,还介绍了东南亚各国、印度、非洲和南美洲各国。当然,从篇幅上看,魏源同样以介绍欧洲各国、美国和俄国为主,但与福泽相比,其介绍的重点并不突出。

福泽的另一类著作则是集中系统地阐述其思想、观点的论著,其中以《文明论概略》和《劝学篇》两部最为重要也最有影响,此外还有阐述政治、经济、外交、军事等问题的著作,如《通俗民权论》《通货论》《通俗国权论》《兵论》等。

除上述著作之外,福泽另一部分公开发表的著述则是针对时事所写的时评及随笔等,这主要包括他从1882年开始一直到他生命晚期为《时事新报》写作的文章,涉及他对政治、经济、外交、军事等问题的看法。当然,对福泽著述的分类只是为了讨论问题时方便,划分并不严格,比如《福翁百话》就是由他在《时事新报》上连载的100篇短文结集而成,因此既可以视其为著作,也可以视其为随笔。而《文明论概略》中也包括从西方著作"纂辑"过来的内容。

在明治维新时期,福泽的地位之重要是毋庸置疑的,在当时的学界他享有很高的威望。明六社创立时他就被缺席选为社长,但由于他坚辞不受,最后才决定由森有礼担任社长。[①]明六社的早期成员大都有明显的官方背景,在此情况下,作为一个平民思想家的福泽能被推选为社长,其在学界的影响可见一斑。另外政教社机关刊物《日本人》第十号曾推荐福泽为日本帝国议会的议长,由此一方面可见福泽的威信,另一方面也可看出他对政教社

---

① 明六社是明治初期带有启蒙性质的学术团体,成员为当时重要的传播西学的知识分子,因创建于明治六年而得名。参见【日】戶沢行夫、『明六社の人びと』、築地書館、1991、二十五頁。

第九章　关于福泽谕吉的著述、影响与争论

的影响力。①

福泽的影响力有相当大的一部分来自于他的著作，他的《西洋事情》《文明论概略》《劝学篇》等均有非常大的销量，《西洋事情》的发行量前面已经介绍过②，另外根据福泽自己对《劝学篇》发行量的记述："从明治五年（1872）二月发表的第一篇起，到明治九年十一月发表的第十七篇为止，截至现在（1880），发行总数约有七十万册，其中第一篇不下二十万册。加之以前版权法不严，伪版流传很多，其数也可能有十多万册。假定第一篇真伪版本共达二十二万册，以之与日本的三千五百万人口相比，则国民一百六十人中必有一人读过此书。这是自古以来罕有的发行量，由此可以看出近来学问迅速发展的趋势。"③由此可见，他的著作具有非常广泛的影响。他的著作之所以广为传播，其中一个不可忽视的原因就是由于他坚持使用平易的文体。明治初期，虽然西学日渐兴盛，但以汉文为古雅的传统意识并没有被完全打破，而福泽从其最早的著作《唐人往来》开始就一直贯彻以平易文体进行写作的主旨，这就使他的著作一般人都可以读懂，从而扩大了读者群。因此福泽的书出版时往往会引起轰动："福泽谕吉的书一出，天下少年靡然相从，撼其胸膛、浸其肺腑，父不能制其子，兄不能制其弟。"④

除上述著作外，福泽还在《时事新报》上写作了大量的时政评论，也获得了广泛的影响。他经常在政论中直接给日本政府

---

① 【日】丸山真男、『丸山真男講義録』第二册、東京大学出版会、1999、一八七頁。
② 『福澤諭吉全集』第一卷、二十七頁。
③ 『福澤諭吉全集』第三卷、二十三頁。《劝学篇》中译本第1页。
④ 近代日本思想史研究会：《近代日本思想史》第一册，马采译，商务印书馆1983年版，第235页。

提建议，虽然并不一定被日本政府采纳，但这些建议的存在已经从侧面显现出他的影响力。福泽的政论常常直指现实中的具体问题，比如《可以向朝鲜政府提出要求》①《应该提高洋学的地位》②《不可只偏向政治思想一方》③《可以让旧藩主华族回到其原来领地居住》④《从今可以开始探讨财富分配的理论》⑤《医药分离是非常困难的工作》⑥《改良教育最为重要》⑦等。从这些题目就可以看出，福泽的建议包罗万象，可以说从政治、经济到外交领域应有尽有。特别是在甲午战争时期，他更是撰写了很多外交建议方面的文章，如《可以迅速出兵》⑧《不可轻易讲和》⑨等，不胜枚举。根据福泽自己的叙述，《时事新报》"自创立以来只有一个宗旨，眼中惟有国家，丝毫没有其他考虑，方针十数年如一日不曾改变"⑩。它虽然因言论故被多次停刊，但为国家政策积极献言献策的宗旨却始终没变。而且他的很多建议也都被证明与日本政府后来采取的政策或行动非常接近。《时事新报》在当时甚至被称为"海军的御用报纸"⑪。

除了以写作的方式传播知识及观念外，福泽还非常重视演说的作用，在他的《劝学篇》中就有一章的题目是"论提倡演

---

① 『福澤諭吉全集』第八卷、九十四頁。
② 『福澤諭吉全集』第九卷、一六三頁。
③ 『福澤諭吉全集』第十卷、二七八頁。
④ 『福澤諭吉全集』第十一卷、三十三頁。
⑤ 『福澤諭吉全集』第十二卷、八十七頁。
⑥ 『福澤諭吉全集』第十三卷、二三六頁。
⑦ 『福澤諭吉全集』第十四卷、五〇一頁。
⑧ 『福澤諭吉全集』第十四卷、三九二頁。
⑨ 『福澤諭吉全集』第十五卷、二十四頁。
⑩ 同上、一四三頁。
⑪ 【日】鹿野政直編著、『福沢諭吉と福翁自伝』、朝日新聞社、1998、二〇〇頁。

第九章　关于福泽谕吉的著述、影响与争论

说"，他认为"学问的要诀，在于活用"①，而通过演说发表意见正是活用的方法之一。他常举行演讲会，利用演讲会，宣传自己对各种问题的看法。

虽然作为一位启蒙思想家，福泽刻意与官场保持距离，主张"学者在野论"，并拒绝进入政府成为官僚，但这并不表明他的影响只来自他的著作，他与当时很多官僚关系密切，常常公开或私下给他们提供建议。他对政坛的影响包括对大久保利通等政治人物产生的影响。②另外福泽创办的庆应义塾也扩大了他的影响力，他的很多学生毕业后投身政治，从而间接地给政坛带去了福泽的影响，比如大隈重信的立宪建议就是由时任太政官大书记官的矢野文雄（龙溪）（1850—1931）起草的。③矢野乃是福泽的门人，也是福泽推荐给大隈重信的。另外根据远山茂树的记载，"参与拟定学制的文部少辅田中不二麿曾求学于福泽……福泽被看成是文部省行政的幕后操纵者"④。可见福泽的影响之深。福泽自己对此并不隐讳，甚至还有些洋洋自得："在今日各官省中，地方厅，以及府县会，或学校，新闻社以及各工商会社中，在日本全国各处，只要是处理社会公共事物的场所，没有看不到我校的学生的。"⑤

此外，他在庆应义塾的弟子除有很多从政以外，还有很多

---

①　『福澤諭吉全集』第三卷、一〇三頁。
②　参见【日】升味准之辅《日本政治史》第一册，董果良译，商务印书馆1997年版，第135页；另见【日】福泽谕吉：《福泽谕吉自传》，马斌译，商务印书馆1980年版，第262页。
③　【日】安冈昭男：《日本近代史》，林和生、李心纯译，中国社会科学出版社1996年版，第253页。
④　【日】远山茂树：《福泽谕吉》，翟新译，中国社会科学出版社1990年版，第57页。
⑤　『福澤諭吉全集』第八卷、五頁。

进入报纸等媒体，他们的文章在当时也产生了相当大的影响。福泽的影响甚至间接扩展到文学，前述矢野文雄就是当时政治小说的代表作《经国美谈》的作者，而该小说后来还被介绍到中国。庆应义塾的知名校友还有思想家马场辰猪、政治家犬养毅等。庆应义塾后来发展为日本著名的私立大学庆应义塾大学，它与大隈重信创办的早稻田大学可以说是日本私立大学中的双璧。而且，今天庆应义塾大学依然在日本政坛中保持着相当大的影响，比如2006年去世的日本前首相桥本龙太郎和前首相小泉纯一郎都是该学校的毕业生。

在日本明治维新时期，福泽在思想方面的影响可以说无人能出其右。正如家永三郎在其《日本近代思想史研究》中所写的："作为风靡一世的思想开拓者，在明治二十年之前当首推福泽，明治二十年之后则以德富苏峰为第一人，这绝非不妥当的评价。"①

另外有必要指出，福泽的影响并不局限于他在世的时代，在他逝世后，他的影响依然存在。比如上面提到的德富苏峰，虽然他并不以福泽为然，还对福泽一些观点提出过批评，但实际上，在他的思想中就有和福泽的思想一脉相承的地方。福泽著作的出版也并没有因他的去世而停止，1958年岩波书店出版了《福泽谕吉全集》，并于1969年再版，此外在日本还出版过《福泽谕吉选集》，而且在2001年，曾出版过《福泽谕吉全集》的岩波书店还出版了新版的《福泽谕吉简集》。从这一侧面就可以看出，福泽虽然已去世一百多年，但他的影响依然存在。

---

① 【日】家永三郎、『日本近代思想史研究』、東京大学出版会、1980、一九八頁。

第九章　关于福泽谕吉的著述、影响与争论

第二节　关于福泽的先行研究

由于福泽在思想领域中的重要地位，也由于他所处的时代是日本历史上最为重要的变革时代，因此在研究近代日本时，福泽是一个不可忽视的研究对象。在日本，研究福泽的著作可谓汗牛充栋，根据笔者在日本国立国会图书馆通过检索"福泽谕吉"所得的结果，截至2020年，总共检出5507个条目与他相关，其中图书有2825种，包括研究福泽的专著，以及各种福泽的文集、选集等，此外还有杂志1032种，这是一个相当惊人的数字。虽然其中包括部分重复、再版的种类，但围绕一个作者，能有如此众多的著述，实在令人叹为观止。

根据笔者分年代进行的检索，福泽1901年2月去世，在1900年之前，也就是福泽生前，条目中共检出图书345件、杂志34件，以福泽自己著述的各种版本为主；1901—1945年，也就是福泽去世后到日本战败之前，共检出与福泽相关的图书595件、杂志102件；战后1946—2020年，则检出图书1885件、杂志896件。1945年以前数量之所以相对不高，估计是由于在该时期日本一直在发动战争的缘故。而此后便基本维持在一个相对稳定的水平上。

根据笔者的不完全统计，在上述著述中，题目中出现福泽谕吉名字的研究专著就有两百多种，其他涉及福泽的专著就更是数不胜数，如果全部统计进来，那将肯定是一个令人吃惊的数字。在研究福泽的专著中，仅以《福泽谕吉》为题，就有五十来个作者写过各种版本的专著，其中包括远山茂树、鹿野政直，家永三郎等知名的思想史研究者。从上世纪初一直到本世纪初，均有以此为题的新著面世。

在围绕福泽的专著中，二十世纪八十年代以前从整体上对福

泽思想进行探讨的比较多，而进入九十年代以后，出现了更多专著，这些专著通常都是从单个侧面展开对福泽思想的讨论，涉及的领域可谓方方面面，如教育、经济、法律、科学、宗教观等。所以说，关于福泽的研究在日本并未随着时间的流逝而衰落，相反一直保持着相当的热度。

在中国，对福泽的研究并不像在日本那么受到学界重视，其中一个原因就是福泽在其政论中显现出来的对中国的蔑视和侵略性，这使他在我国更被认为是日本军国主义的倡导者而非思想启蒙者。但由于福泽的重要性，我国也翻译出版了部分福泽的著作，早在二十世纪五十年代商务印书馆就出版了福泽的《劝学篇》（1958）和《文明论概略》（1959），在改革开放后还再版并多次重印两书。1980年，商务印书馆翻译出版了《福泽谕吉自传》，1993年上海三联书店出版了《福翁百话》，其中包括福泽的两部随笔集《福翁百话》和《福翁百余话》。此外还有人民教育出版社1991年出版的《福泽谕吉教育论著选》（2005年该社出了第二版），上海译文出版社2018年出版了他的《西洋国情》，以及江苏凤凰文艺出版社2018年出版的他为儿童启蒙打造的《童蒙教草》。虽然与福泽的大量著述相比，这只是很小的一部分，但可以说基本上涵盖了他最重要的著作。

在中国出版的关于福泽的研究专著中，翻译日本作者的有三联书店1987年出版的鹿野政直的《福泽谕吉》，中国社会科学出版社1990年出版的远山茂树的《福泽谕吉》，学林出版社1992出版的丸山真男的《福泽谕吉与日本近代化》（此书后于1997年由世界知识出版社再版，更名为《日本近代思想家福泽谕吉》，又于2018年由北京师范大学出版社再版，题名改回初版名《福泽谕吉与日本近代化》），清华大学出版社2010年出版的子安宣邦

第九章　关于福泽谕吉的著述、影响与争论

的《福泽谕吉〈文明论概略〉精读》（此书2019年由三联书店再版），还有中国大百科全书出版社2013出版的安川寿之辅的《福泽谕吉战争论与天皇论》、九州出版社2016年出版的小川原正道的《福泽谕吉与日本政府》等，不一而足有十数种之多。

根据笔者在中国国家图书馆检索，中国学者研究福泽的专著尚不多见，在中国大陆只见河南大学出版社1991年出版的王中江的《严复与福泽谕吉》，安徽教育出版社2013年出版的占峰的《吴汝纶与福泽谕吉教育思想比较研究》，此外还有东京大学出版会2010年出版的中国学者周程的《福泽谕吉と陈独秀：东アジア近代科学启蒙思想の黎明》，另外，中国少年儿童出版社2001年出版过鲍成学编著的《福泽谕吉与〈文明论概略〉》，但这只是一本介绍性的著作。此外还有部分以福泽谕吉为研究对象的博士、硕士论文，在此就不一一列举了。在中国台湾有远流出版事业公司1993年出版的吕理州的《改造日本的启蒙大师》，以及出版者不详的林正珍的《近代日本的国族叙事：福泽谕吉的文明论》等专著。

第三节　"自由主义"还是"帝国主义"，关于福泽谕吉思想的一个争论

虽然在日本涉及福泽的专著非常多，但专门围绕其政治思想展开讨论的却并不多，其中最为重要的作者便是丸山真男，同时，涉及福泽的亚洲观的著作也只有安川寿之辅的《福泽谕吉的亚洲观》[①]。由于两者之间存在不同的看法，而且两者的主题都和

[①] 此外安川先生还著有：『福沢諭吉と丸山眞男』、高文研、2003、『福沢諭吉の戦争論と天皇制論』、高文研、2006、等著作。

笔者的论题相近，因此关于福泽理论研究的介绍主要以他们的争论为中心而展开。

如果用一句话来概括他们的分歧，则可以说丸山真男认为福泽是一个"自由主义者"，安川寿之辅则认为福泽是一个"帝国主义者"。丸山真男认为福泽思想的本质并非是国权主义的，而是人本主义的，他认为福泽"把人本主义推到了极端的境地"①。实际上，如果说丸山的该说法有道理，那也必须在人本主义前面加上"日本"这个定语。福泽谕吉的思想具有明显的民族主义色彩，其人本主义是以日本人为中心的人本主义，并不具有普遍性。通常情况下，福泽主张的人本主义特指日本人，外国人并不在其人本主义的考量之内。福泽的这种民族主义色彩至今仍然体现在不少日本右翼作者的思想中，他们一方面对第二次世界大战中日本的死难者表示同情甚至尊敬，同时又完全忽视乃至否认日本给他国人民所带来的灾难，对这些国家的受害者也毫无同情。尽管福泽曾在其《时事大势论》中提出："保全财产生命荣誉乃人之权理，若无道理，丝毫不许相互害之。"②但甲午战争后，获知日本在占领台湾的过程中遇到抵抗时，福泽却说："倘若（台湾人）抵抗我军，则可不问军民之别，一人不剩地屠戮之。"③从这里可以看出，福泽的思想中存在着明显的差别意识，而丸山却认为福泽的思想"始终贯穿着同样的问题观察方法与价值判断方法"④，显然有失偏颇。当然，如果从更深层的意义上发掘，可以

---

① 【日】丸山真男：《福泽谕吉与日本近代化》，区建英译，北京师范大学出版社2018年版，第67页。
② 『福澤諭吉全集』第五卷、二三七頁。
③ 『福澤諭吉全集』第十五卷、二七〇頁。
④ 【日】丸山真男：《福泽谕吉与日本近代化》，区建英译，北京师范大学出版社2018年版，第10页。

第九章 关于福泽谕吉的著述、影响与争论

说丸山对福泽的这一判断并没有错,但丸山的错误在于,他认为福泽一以贯之的是"自由精神",然而实际上,福泽一贯的思想基础乃是"民族(国家)主义意识"。

丸山认为无论将福泽视为个人主义者还是国家主义者都是片面的,他认为福泽是两者的结合体,"应该说,正因为他是地道的个人主义者,所以才是国家主义者"①,这里,丸山对福泽的评价带上了他自己作为一个民主主义者的理想色彩。在丸山那里,作为个人主义者的福泽是如何与国家主义者统一在一起的呢?或许是由于丸山将给日本人带来重大损失的战争归因于缺失个人主义的"举国一致"体制,因此对丸山来说,由于不能给国家带来福祉,没有个人主义的国家主义只能是伪国家主义,国家主义的真正实现必须要以国民的个人独立为前提。这种观点固然无可厚非,但却不符合福泽的思想。包括丸山在内的不少学者都因为,福泽曾提出"一身独立则一国独立"的名言,因而认为福泽"把国家主义的理想放在了个人主义的基础上"②,但笔者认为更恰当的表述应该是福泽"把个人主义的理想放在国家主义的基础上"。从其主张的目的来看,福泽是一个明显的国家主义者,而其个人主义的主张却经常是机会主义或实用主义的③。实际上丸山的评价也应该反过来,即"正因为他是国家主义者,所以才是个

---

① 【日】丸山真男:《福泽谕吉与日本近代化》,区建英译,北京师范大学出版社2018年版,第5页。

② 参见【日】松本三之介《国权与民权的变奏》,李冬君译,东方出版社2005年版,第14页。

③ 尽管丸山认为,对于福泽来说个人主义乃是"正道",而国家主义则是"权道",并认为福泽更注重"正道"。然而根据笔者的观察,福泽思想中特别是关于"行动"的部分是以国家利益为核心的。参见【日】丸山真男:《福泽谕吉与日本近代化》,区建英译,北京师范大学出版社2018年版,第5页。

人主义者"。

　　战后为了重新确立日本在思想上的自信，丸山开始在明治时期的思想家那里寻找支撑这种自信的基础，为此他选择了福泽。不过，这一选择却忽视了（不管是有意还是无意地）这样一个事实，那就是福泽的思想可以说正是后来日本日渐膨胀的军国主义思想的源头之一。福泽所要唤起的并非是民众独立思考做出判断的自由，而是一种将自身利益（个人独立）与国家利益（国家独立）捆绑在一起的献身精神。也就是说，福泽想造就的是自觉而非被迫地为国牺牲的国民，他并不想造就一种能够从个人利益出发，对国家政策提出质疑，并在国家政策与自己主张不同时，敢于表达反对意见的更强调个人独立的民众。福泽心目中的理想民众是从国家利益出发，即便是对国家的政策提出质疑，也应该是站在象征国家的天皇的立场上，去对作为实务执行者的政府提出批评，从这一点上看，福泽与他阅读过的如穆勒等西方古典自由主义思想家之间还存在着相当大的差异。

　　丸山对福泽的评价，虽然意在从战前的思想史中发掘出一种被军国主义湮没的自由主义传统，但实际上他的这种做法反而阻碍了对军国主义的深入反思。而且，尽管丸山自己是一个自由主义者，他也认为自由主义在某些方面是抵抗军国主义的有效武器，但至少在福泽身上，并不存在丸山所认为的一以贯之的自由主义精神。福泽思想中确实存在某种民主思想，至少他认为任何政令都应该在取得大多数国民支持的情况下才可以实行，然而在福泽所处的时代，一方面民主还不像今天这样成熟，另一方面多数民众的观点也未必正确。以日本为例，近代以来日本发动的对

第九章 关于福泽谕吉的著述、影响与争论

外战争，几乎都得到了绝大多数日本民众的支持①，福泽在其中发挥的作用毋宁说是助推了民众的战争狂热，而非让更多民众能够独立做出对战争的反思。

丸山认为在福泽身上反映出了自由主义与民族主义的矛盾②，但实际上自由主义与民族主义并非一组逻辑上二元对立的矛盾。在自由主义的早期思想家那里，民族主义已经隐然作为前提出现在对自由主义的提倡中，比如约翰·穆勒在《论自由》一书的开始就提出：非自由主义国家的统治者之所以危险，是因为"统治者的权力被认为是必要的，但也是高度危险的，因为作为武器它不仅可以用来抵御外敌，还会被用来对付其臣民"③。这里可以看出，穆勒反对的并非是权力的残酷，而是反对将残酷的权力施于本国国民。接下来穆勒还写道："爱国者的目标就是为统治者应被容许施用于群体的权力设置某些限制，这种限制就是他们所谓的自由。"④从这里的主语"爱国者"就可以看出，穆勒并非试图与国家为敌，而是试图在国家与统治者之间划出清晰的界线。对于穆勒来说，那些认为实现了民主选举就实现了自由主义政治的

---

① 这种举国一致开动战争机器的情况并非虚言，很多经历过战争的日本人都记忆犹新。根据德国《星期日法兰克福汇报》2005年8月7日《回顾可以避免的悲剧》一文，日本游客米藏辉夫说："当时99%的日本人都支持战争，我们受的就是这样的教育。"而他73岁的妻子说："1945年我12岁，在飞机厂里干活。当时我们的情绪完全被煽动起来了，我们一心想着胜利。"（转引自《参考消息》，2005年8月15日。）当然即使在战争时期，日本也存在反战的声音，只不过与大部分民众战争时期对战争的热情相比，该声音非常微弱，以至于难以发挥影响。

② 【日】丸山真男：《福泽谕吉与日本近代化》，区建英译，北京师范大学出版社2018年版，第236页。

③ 【英】约翰·穆勒：《论自由》，孟凡礼译，上海三联书店2019年版，第2页。

④ 同上。

"前一代"自由主义思想家的观点是错误的,至少是不充分的,因为他们认为:"只要能切实让统治者对民意负责,可据民意及时撤换,国民就可以将能够自主行使的权力托付给他们。他们的权力即是国民自己的权力。"①穆勒自己对民主怀有深刻的警惕,因为在他看来,仅仅依靠民主并不能阻止"多数的暴政"的发生,因此他认为即使在民主政治中,也必须对政府施用于个人的权力加以限制,以避免发生"多数的暴政"。穆勒认为这种"多数的暴虐"非常可怕:"当社会集体地凌驾于组成它的各别个体之上时,暴政的实施就并不限于借助政治机构之手而行的各种措施……(社会)便是实行了一种比其它各种政治压迫更为可怕的社会暴政,它虽然不常以严厉的惩罚为支撑,但却由于更深入地渗透到了人们生活的细节之中,甚至束缚了人们的心灵本身。"②由此可见,福泽的思想其实更接近穆勒所说的对"多数的暴政"缺乏警惕的"前一代"自由主义思想家,而不是穆勒本人。

丸山认为福泽是"伟大的思想家"③。不过,如果衡量思想家伟大的标准是看是否对整个人类的思想进步有所助益,那福泽并未达到这一水平。福泽的思想可以说只是对日本的现代化实践有所助益,而且即便是这种助益,如果考虑到日后日本走上灾难性的军国主义道路与其思想之间的渊源,也难以认同这种助益。当然,我们并不能苛求福泽,毕竟在他所处的环境和时代背景下,从日本的国家利益出发思考问题或许是别无选择的视角。在面临外来压力的情况下,即便是更注重抽象思维的"出世"思想者,

---

① 【英】约翰·穆勒:《论自由》,孟凡礼译,上海三联书店2019年版,第3页。
② 同上书,第5页。
③ 【日】丸山真男:《福泽谕吉与日本近代化》,区建英译,北京师范大学出版社2018年版,第238页。

第九章　关于福泽谕吉的著述、影响与争论

也未必能超然地从普遍的角度去思考问题，更何况福泽本人还是一位热衷于就现实发表意见的"入世"思想者。

安川寿之辅对丸山真男提出的质疑正是出于他对丸山为福泽勾画的"自由主义者"形象的不满。在他的著作《福沢諭吉のアジア認識》的第一章"福沢諭吉研究の七不思議（福泽谕吉研究的七个不可思议之处）"中就从七个方面对丸山真男的研究提出批评。实际上安川对丸山的批评是相当准确的，不过安川本人的问题在于：从某种意义上说，他和丸山一样，存在类似的偏颇之处，那就是他过于强调福泽作为"帝国主义者"的一面，而忽视福泽作为"自由主义者"的意义。严格地说，福泽既不是一个彻底的"自由主义者"，也不是一个彻底的"帝国主义者"，他其实是一个一切以日本国家利益为价值基准的民族主义者。有必要指出的是，虽然在福泽的著作中经常出现"自由主义话语"与"帝国主义话语"之间的矛盾[1]，福泽的思想表面上也存在不少冲突，但这种矛盾或冲突毋宁说是福泽针对不同的具体问题提出的不同的具体看法。在早期的福泽那里，当他认为日本必须走西方道路才能实现他所说的"文明"的时候，自由主义的"启蒙"话语就成为他论述的主题；而到了晚期，日本的现代化已经取得了相当大的进展，有能力采取和西方类似的帝国主义手段通过战争获取利益的时候，他又开始积极鼓吹侵略战争。可以说，福泽的思想构成了一个表面上存在矛盾，但内在统一的体系。正是因为他将日本的国家利益视为超越一切的标准，反而限制了他思想中的积极意义。

作为日本帝国主义受害国的国民，我们也很容易简单地给福

---

[1] 参见【日】安川寿之輔、『福沢諭吉のアジア認識』、高文研、2000、第一章。

泽贴上军国主义者的标签而忽视其思想的价值。不过，现在日本已经迈入发达国家的行列，从日本实现现代化的曲折过程中，我们可以为后发现代化国家汲取某种经验及教训。尽管福泽的思想中带有浓厚的帝国主义色彩，但这并不妨碍我们从其思想，特别是其早期思想中汲取养分。由于福泽的思想在日本产生了广泛且深远的影响，而且这种影响至今仍然存在，所以了解他的思想也对我们了解现时的日本有所助益。在对福泽思想进行考察时，如何避免先入为主的成见，通过了解丸山与安川的两种相互对立的解读或可为我们提供某种借鉴。

参考文献

中文文献

【德】黑格尔：《历史哲学》，王造时译，上海世纪出版集团，2006年。

【德】卡尔·马克思、弗·恩格斯：《马克思恩格斯选集》第一卷，中共中央马克思 恩格斯 列宁 斯大林著作编译局编译，人民出版社，2012年。

【法】安田朴，谢和耐等著：《明清间入华耶稣会士和中西文化交流》，耿昇译，巴蜀书社，1993年。

【法】谢和耐：《中国社会史》，耿昇译，江苏人民出版，1997年。

【法】基佐：《欧洲文明史》，程洪逵、沅芷译，商务印书馆，2005年。

【法】佩雷菲特：《停滞的帝国》，王国卿译，生活·读书·新知三联书店，1993年。

【古希腊】亚里士多德：《政治学》，吴寿彭译，商务印书馆，1965年。

【荷】格劳秀斯：《战争与和平法》，何勤华等译，上海人民出版社，2005年。

【荷】卡瑞尔·范·沃尔夫伦：《日本权力结构之谜》，任颂华译，中信出版集团，2020年。

【美】安德鲁·戈登：《日本的起起落落》，李朝津译，广西师范大学出版社，2008年。

【美】本尼迪克特·安德森：《想象的共同体》，吴睿人译，上海世纪出版集团，2003年。

【美】布赖恩·卡普兰：《理性选民的神话——为何民主制度选择不良政策》，刘艳红译，上海人民出版社，2016年。

【美】戴维·贝尔加米尼：《日本天皇的阴谋》，张振久译，商务印书馆，1984年。

【美】丹尼尔·丹尼特：《直觉泵》，冯文婧、傅金岳、徐韬译，浙江教育出版社，2018年。

【美】丹尼尔·E.弗莱明：《民主的古代先祖》，杨敬清译，华东师范大学出版社，2017年。

【美】丹尼尔·卡尼曼：《思考，快与慢》，胡晓姣、李爱民、何梦莹译，中信出版集团，2012年。

【美】德·F.拉赫：《欧洲形成中的亚洲》一至三卷，周宁总校译，人民出版社，2013年。

【美】杜赞奇：《文化、权力与国家》，王福明译，江苏人民出版社，1996年。

【美】费正清：《美国与中国》，孙瑞芹、陈泽宪译，商务印书馆，1971年。

【美】费正清、刘广京编：《剑桥中国晚清史》下卷，中国社会科学院历史研究所编译室译，中国社会科学出版社，1993年。

【美】弗朗西斯·福山：《政治秩序的起源》，毛俊杰译，广西师范大学出版社，2012年。

【美】格林菲尔德：《资本主义精神——民族主义与经济增长》，张京生、刘新义译，上海人民出版社，2004年。

【美】何天爵：《真正的中国佬》，鞠方安译，光明日报出版社，1998年。

【美】何伟亚：《怀柔远人》，邓常春译，社会科学文献出版社，2002年。

【美】贾雷德·戴蒙德：《剧变》，曾楚媛译，中信出版集团，2020

年。

【美】基辛格：《世界秩序》，胡利平、林华、曹爱菊译，中信出版集团，2015年。

【美】柯文：《在中国发现历史》，林同奇译，中华书局，2002年。

【美】理查德·塞勒：《"错误"的行为》，王晋译，中信出版集团，2018年。

【美】林恩·亨特、杰克·R.森瑟：《法国大革命和拿破仑》，董子云译，中信出版集团，2020年。

【美】罗伯·萨波斯基：《行为》，吴芠译，八旗文化，2019年。

【美】罗伯特·A.达尔：《论民主》，李风华译，中国人民大学出版社，2012年。

【美】麦克莱恩：《日本史》，王翔、朱慧颖译，海南出版社，2009年。

【美】梅斯奎塔：《预言家的博弈》，钱静、赵文嘉译，浙江人民出版社2014年。【美】明恩溥：《中国人的特性》，匡雁鹏译，光明日报出版社，1998年。

【美】莫尔斯·克莱因：《数学：确定性的丧失》，李宏魁译，湖南科学技术出版社，1997年。

【美】普特南：《事实与价值二分法的崩溃》，应奇译，东方出版社，2006年。

【美】乔纳森·海特：《正义之心》，舒明月、胡晓旭译，浙江人民出版社，2014年。

【美】萨义德：《东方学》，王宇根译，生活·读书·新知三联书店，1999年。

【美】塞缪尔·P.亨廷顿：《谁是美国人》，程克雄译，新华出版社，2010年。

【美】塞缪尔·P.亨廷顿：《文明的冲突与世界秩序的重建》，周琪、刘绯、张立平、王圆译，新华出版社，2010年。

【美】塞缪尔·P.亨廷顿：《变化社会中的政治秩序》，王冠华、刘为等译,上海人民出版社,2015年。

【美】斯蒂芬·平克:《人性中的善良天使》,安雯译,中信出版集团,2019年。

【美】所罗门:《大问题》,张卜天译,广西师范大学出版社,2004年。

【美】特拉维斯·黑尼斯三世、弗兰克·萨奈罗:《鸦片战争》,周辉荣译,生活·读书·新知三联书店,2005年。

【美】威廉·戈兹曼:《千年金融史》,张亚光、熊金武译,中信出版集团,2017年。

【美】许田波:《战争与国家的形成》,徐进译,上海人民出版社,2018年。

【美】伊恩·莫里斯:《西方将主宰多久》,钱峰译,中信出版集团,2014年。

【美】约翰·W.道尔:《拥抱战败》,胡博译,生活·读书·新知三联书店,2008年。

【美】詹森主编:《剑桥日本史》第五卷,王翔译,浙江大学出版社,2014年。

【葡】曾德昭:《大中国志》,何高济译,上海古籍出版社,1998年。

【日】安冈昭男:《日本近代史》,林和生、李心纯译,中国社会科学出版社,1996年。

【日】村上专精:《日本佛教史纲》,杨曾文译,商务印书馆,1999年。

【日】大隈重信:《日本开国五十年史》,(译者没有署名),上海社会科学出版社,2007年。

【日】荻生徂徕:《政谈》,龚颖译,中央编译出版社,2004年。

【日】福泽谕吉:《福泽谕吉自传》,马斌译,商务印书馆,1980年。

【日】福泽谕吉:《劝学篇》,群力译,商务印书馆,1984年。

【日】福泽谕吉：《福翁百话》，唐沄、张新华、蔡院森、侯侠译，上海三联书店，1993年。

【日】福泽谕吉：《文明论概略》，北京编译社译，商务印书馆，1995年。

【日】福泽谕吉：《西洋国情》，杜勤译，上海译文出版社，2018年。

【日】后藤俊夫：《工匠精神》，王保林、周晓娜译，中国人民大学出版社，2018年。

【日】吉村武彦：《岩波日本史·日本社会的诞生》，刘小珊、陈访泽译，新星出版社，2020年。

【日】加藤祐三：《黑船异变》，蒋丰译，东方出版社，2014年。

【日】近代日本思想史研究会：《近代日本思想史》，马采译，商务印书馆，1983年

【日】井上清：《日本的军国主义》第一册，（译者没有署名），商务印书馆，1959年。

【日】久米政雄：《伊藤博文传》，林其模译，团结出版社，2003年。

【日】弥津正志：《天皇裕仁和他的时代》，李玉、吕永和译，世界知识出版社，1988年。

【日】浅田实：《东印度公司》，顾珊珊译，社会科学文献出版社，2016年。

【日】三谷博：《黑船来航》，张宪生 谢跃译，社会科学文献出版社，2013年。

【日】杉本勋编：《日本科学史》，郑彭年译，商务印书馆，1999年。

【日】升味准之辅：《日本政治史》，董果良译，商务印书馆，1997年。

【日】石原慎太郎、江藤淳：《日本坚决说不》，军事科学院外国军事研究部译，军事科学出版社，1992年。

【日】式亭三马：《浮世理发馆》，周作人译，中国对外翻译出版公司，2001年。

【日】松本三之介：《国权与民权的变奏》，李冬君译，东方出版社，2005年。

【日】穗积陈重：《法窗夜话》，曾玉婷、魏磊杰译，法律出版社，2015年。

【日】丸山真男：《福泽谕吉与日本近代化》，区建英译，学林出版社，1992年。

【日】丸山真男：《日本政治思想史研究》，王中江译，生活·读书·新知三联书店，2000年。

【日】丸山真男：《现代日本政治中的思想与行动》，陈力卫译，商务印书馆，2018年。

【日】信夫清三郎：《日本政治史》，周启乾等译，上海译文出版社，1988年。

【日】新井白石：《折焚柴记》，周一良译，北京大学出版社，1998年。

【日】野村秀行：《明治维新政治史》，陈轩译，时代文艺出版社，2018年。

【日】永田广志：《日本哲学思想史》，陈应年、姜晚成、尚永清等译，商务印书馆，1983年。

【日】永田广志：《日本封建制意识形态》，刘绩生译，商务印书馆，2003年。

【日】远山茂树：《福泽谕吉》，翟新译，中国社会科学出版社，1990年。

【日】中村哲：《东亚近代史理论的再探讨》，陈应年等译，商务印书馆，2002年。

【意】利玛窦：《利玛窦中国札记》，何高济译，中华书局，1983年。

【意】维柯：《新科学》，朱光潜译，人民文学出版社，1997年。

【英】博克舍编注：《十六世纪中华南部行纪》，何高济译，中华书局，1990年。

【英】大卫·贝尔：《发明民族主义》，成沅一译，浙江大学出版社，2020年。

【英】丹尼尔·汉南：《自由的基因》，徐爽译，广西师范大学出版社，2015年。

【英】哈耶克：《经济、科学与政治》，冯克利译，江苏人民出版社，2000年。

【英】霍布斯：《利维坦》，黎思复、黎廷弼译，商务印书馆，1997年。

【英】科林伍德：《历史的观念》，何兆武等译，北京大学出版社，2010年。

【英】洛克：《政府论·下篇》，叶启芳、瞿菊农译，商务印书馆，1964年。

【英】马特·里德利：《理性乐观派》，闾佳译，机械工业出版社2017年。

【英】马尔萨斯：《人口原理》，朱泱、胡企林、朱和中译，商务印书馆，1992年。

【英】尼格尔·弗格森：《文明》，曾贤明、唐颖华译，中信出版集团，2012年。

【英】佩里·安德森：《绝对主义国家的系谱》，刘北城、龚晓庄译，上海人民出版社，2016年。

【英】齐格蒙特·鲍曼：《共同体》，欧阳景根译，江苏人民出版社，2003年。

【英】萨道义：《明治维新亲历记》，谭媛媛译，文汇出版社，2017年。

【英】休谟：《休谟政治论文选》，张若衡译，商务印书馆，2018年。

【英】休谟：《人性论》，关文运译，商务印书馆，1980年。

【英】以赛亚·伯林：《反潮流》，冯克利译，译林出版社，2002年。

【英】约翰·格雷：《自由主义》，曹海军、刘训练译，吉林人民出版社，2005年。

【英】约翰·穆勒：《论自由》，孟凡礼译，上海三联书店，2019年。

艾永明：《清朝文官制度》，商务印书馆，2003年。

陈独秀：《陈独秀著作选》第1卷，上海人民出版社，1993年。

陈独秀：《陈独秀文集》，人民出版社，2013年。

冯天瑜：《千岁丸上海行》，商务印书馆，2001年。

冯友兰：《中国哲学简史》，北京大学出版社，1996年。

葛荣晋主编：《中日实学史研究》，中国社会科学出版社，1992年。

顾肃：《自由主义基本理念》，中央编译出版社，2003年。

郭建龙：《中央帝国的财政密码》，鹭江出版社，2017年。

韩立红：《石田梅岩与陆象山比较研究》，天津人民出版社，1999年。

韩东育：《日本近世新法家研究》，中华书局，2003年。

胡澎：《战时体制下的日本妇女团体》，吉林大学出版社，2003年。

胡适：《中国哲学史大纲》，东方出版社，1996年。

胡炜权：《菊花王朝》，浙江人民出版社，2020年。

黎英亮：《何谓民族》，社会科学文献出版社，2015年。

李文：《武士阶级与日本的近代化》，河北人民出版社，2003年。

李玉、汤重南主编：《21世纪中国与日本》，北京大学出版社，1996年。

李卓：《中日家族制度比较研究》，人民出版社，2004年。

梁启超：《梁启超文选》，中国广播电视出版社，1992年。

刘金才：《町人伦理思想研究》，北京大学出版社，2001年。

刘萍：《津田左右吉研究》，中华书局，2004年。

刘岳兵：《日本近代儒学》，商务印书馆，2003年。

吕理州：《明治维新》，海南出版社，2007年。

茅海建：《天朝的崩溃》，生活·读书·新知三联书店，1995年。

茅海建：《苦命天子》，生活·读书·新知三联书店，2006年。

钱穆：《中国历代政治得失》，九州出版社，2012年。

上海书店编:《民国世说》，上海书店，1997年。

沈定平：《明清之际中西文化交流史》，商务印书馆，2001年。

沈予：《日本大陆政策史1869—1945》，社会科学文献出版社，2005年。

施展：《枢纽》，广西师范大学出版社，2018年。

司马迁：《史记》，中华书局，1982年。

宋念申：《发现东亚》，新星出版社，2018年。

孙雪梅：《清末民初中国人的日本观》，天津人民出版社，2001年。

孙政：《战后日本新国家主义研究》，人民出版社，2005年。

田建荣：《中国考试思想史》，商务印书馆，2004年。

王道成：《科举史话》，中华书局，1988年。

王桂编：《日本教育史》，吉林教育出版社，1987年。

王辑五：《中国日本交通史》，商务印书馆，1998年。

王家骅：《儒家思想与日本文化》，浙江人民出版社，1990年。

王金林：《简明日本古代史》，天津人民出版社，1984年。

王柯：《民族与国家》，中国社会科学出版社，2001年。

王屏：《近代日本的亚细亚主义》，商务印书馆，2004年。

王青：《日本近世儒学家荻生徂徕研究》，上海古籍出版社，2005年。

王芸生编著：《六十年来中国与日本》，生活·读书·新知三联书店，2005年。

汪向荣、汪皓：《中世纪的中日关系》，中国青年出版社，2001年。

魏源：《海国图志》，中州古籍出版社，1999年。

魏徵等撰：《隋书》，中华书局，1973年。

武寅：《近代日本政治体制研究》，中国社会科学出版社，1997年。

熊月之：《西学东渐与晚清社会》，上海人民出版社，1995年。

熊月之等选编：《上海的外国人》：上海古籍出版社，2003年。

徐海松：《清初士人与西学》，东方出版社，2000年。

徐珂编撰：《清稗类钞》，中华书局，1984年。

薛立峰主编：《日本政治概论》，东方出版社，1995年。

严绍璗：《日本中国学史》，江西人民出版社，1991年。

杨齐福：《科举制度与近代文化》，人民出版社，2003年。

杨曾文主编：《日本近现代佛教史》，浙江人民出版社，1996年。

于建胜、刘春蕊：《落日的挽歌》，商务印书馆，2003年。

俞辛焞，熊沛彪：《孙中山宋庆龄与梅屋庄吉夫妇》，中华书局，1991年。

张允起编：《日本明治前期法政史料选编》，清华大学出版社，2016年。

郑彭年：《日本西方文化摄取史》，杭州大学出版社，1996年。

钟叔河：《走向世界》，中华书局，2000年。

周辅成编：《西方伦理学名著选辑》，商务印书馆，1996年。

朱福惠等主编：《世界各国宪法文本汇编·亚洲卷》，厦门大学出版社，2012年。

朱谦之编著：《日本的古学及阳明学》，人民出版社，2000年。

朱谦之：《日本的朱子学》，人民出版社，2000年。

朱谦之：《日本哲学史》，人民出版社，2000年。

朱寿朋编：《光绪朝东华录·五》，中华书局，1958年。

宗泽亚：《清日战争》，世界图书出版公司，2012年。

外文文献

【日】安川寿之輔：『福沢諭吉のアジア認識』、高文研、2000年。

【日】本居宣長：『宣長選集』、筑摩書房、1986年。

【日】德富蘇峰：『蘇峰自伝』、中央公論社、1935年。

【日】荻生徂徠：「辯名·下·性情才」，『日本思想大系·36·荻生徂徠』、岩波書店、1973年。

【日】荻生徂徠：「萱園六筆」，『荻生徂徠全集』十七、みすず書房、1976年。

【日】福沢諭吉：『福沢諭吉全集』、岩波書店、1970年。

【日】福沢諭吉：『福沢諭吉選集』、岩波書店、1981年。

【日】古屋哲夫編：『近代日本のアジア認識』、緑蔭書房、1996年。

【日】和辻哲郎：『倫理学』、岩波書店、1942年。

【日】戸沢行夫：『明六社の人びと』、築地書館、1991年。

【日】荒木重雄、板垣雄三編：『新アジア学』、亜紀書房,1987年。

【日】吉田精一、山本健吉編：『日本文学史』、角川書店、1989年。

【日】家永三郎：『日本近代思想史研究』、東京大学出版会、1980年。

【日】井上哲次郎編：『日本倫理彙編』四、育成会、1901年。

【日】栗山潜鋒：「保建大記·下」、『水戸学大系·七·三宅観瀾·栗山潜鋒集』、井田書店、1941年。

【日】林羅山：「本朝神社考·序」、『日本思想闘争史料·一』、名著刊行会、1969年。

【日】鹿野政直編著：『福沢諭吉と福翁自伝』、朝日新聞社、1998年。

【日】明治文化研究会編：『明治文化全集·十四·自由民権篇』、日本評論社、1968年。

【日】杉田聰：『天は人の下に人を作る——"福沢諭吉神話"を超えて』、インパクト出版会、2015年。

【日】杉田聰：『福沢諭吉と帝国主義イデオロギー』、花伝社、2016年。

【日】山鹿素行：『山鹿素行全集』十一巻、岩波書店、1940年。

【日】山崎正董編：『横井小楠遺稿』、日新書院、1942年。

【日】上野千鶴子：『ナショナリズムとジエンダー』、青土社、1998年。

【日】石河幹明：『福沢諭吉伝』、岩波書店、1981年。

【日】石田雄：『日本近代思想史における法と政治』、岩波書店、1976年。

【日】市川太一、梅垣理郎、柴田平三郎、中道寿一編：『現場としての政治学』、日本経済評論社、2007年。

【日】田村安興：『ナショナリズムと自由民権』、清文堂、2004年。

【日】丸山真男：『日本の思想』、岩波書店、1961年。

【日】丸山真男：『丸山真男講義録』、東京大学出版会、1999年。

【日】小川原正道：『福沢諭吉、"官"との闘い』、文芸春秋社、2011年。

【日】小熊英二：『民主と愛国』、新曜社、2002年。

【日】沼野誠介：『孫文と日本』、株式会社キャロム、1993年。

【日】中江兆民：『中江兆民全集』、岩波書店、1983年。

W.G.Beasley: *Japan Encounters the Barbarian*, Yale University press, 1995.

后　记

这本小书是在笔者博士论文的基础上补充完成的，由于个人的疏懒，本该早已完成的工作却一直拖到今天，此时距博士论文的写作已经过去了十几年。尽管期间关于福泽思想的看法也产生了一些变化，但整体的框架及主要观点并无改变，希望这本小书依然能对国内福泽谕吉思想的研究有所助益。在本书即将付梓之时，在此要特别感谢导师严绍璗先生，没有他在写作博士论文期间以及此后的悉心指导，则本书不可能完成。另外也感谢社科院哲学所同研究室的王青老师，在平时关于日本思想的讨论中获益良多。最后还要特别感谢北大出版社的张冰老师和严悦老师，为了本书的面世，他们付出了辛勤的努力，特别是严悦老师，在审读中纠正了笔者很多文字语句上的错误，使本书更为流畅易读。

本书虽然告一段落，但对福泽以及日本近代思想史的研究却没有止境，笔者亦将继续努力，从中发掘更多的问题与答案，同时在今后的研究中努力补充本书没有涉及的方面，以求使关于福泽谕吉思想的研究更为丰富、立体。

另外，在此还想特别说明一下，在笔者看来，学术生产主要包括知识生产与思想生产，当然两者并非泾渭分明的，特别是思想史研究，在生产知识的同时经常会引发很多新的想法，而这也是研究思想史的乐趣之一。本书在介绍福泽谕吉思想的同时，自然也产生了一些新的想法,这些想法未必成熟,但笔者依然尝试将这些想法整合在书中,毕竟这也是写作本书的"成果",由此可能有个别章节会给读者带来突兀之感,还望原谅。

最后再次对帮助此书面世的各位师友表示感谢,在此就不一一列举了。